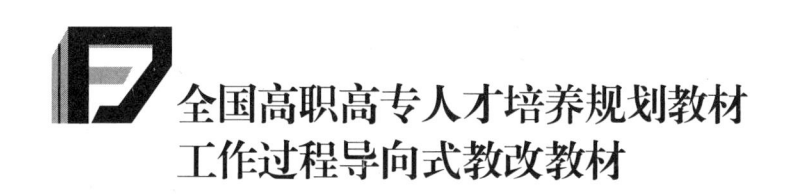

全国高职高专人才培养规划教材
工作过程导向式教改教材

会计基础与实训

曹世凤　黄明卿　主　编
周建珊　张秀霞　欧阳春云　副主编
屈　焰　林卫芝　郑致远　黄继清　参　编
梁　宇　主　审

经济科学出版社

图书在版编目（CIP）数据

会计基础与实训／曹世凤，黄明卿主编．—北京：经济科学出版社，2013.8
全国高职高专人才培养规划教材
ISBN 978－7－5141－3707－1

Ⅰ.①会… Ⅱ.①曹… ②黄… Ⅲ.①会计学－高等职业教育－教材 Ⅳ.①F230

中国版本图书馆 CIP 数据核字（2013）第 190029 号

责任编辑：王东萍
责任校对：杨晓莹
技术编辑：李 鹏

会计基础与实训

曹世凤 黄明卿 主编
周建珊 张秀霞 欧阳春云 副主编
经济科学出版社出版、发行 新华书店经销
社址：北京市海淀区阜成路甲 28 号 邮编：100142
教材分社电话：010－88191344 发行部电话：010－88191522
网址：www.esp.com.cn
电子邮件：espbj3@esp.com.cn
天猫网店：经济科学出版社旗舰店
网址：http://jjkxcbs.tmall.com
北京密兴印刷有限公司印装
787×1092 16 开 20.25 印张 490000 字
2013 年 8 月第 1 版 2013 年 8 月第 1 次印刷
ISBN 978－7－5141－3707－1 定价：39.80 元
(图书出现印装问题，本社负责调换．电话：010－88191502)
(版权所有 翻印必究)

全国高职高专人才培养规划教材编写指导委员会

主　　任　吕兆海　王　江
常务副主任　何颂锋
副　主　任　（以姓氏笔画为序）

　　　　　　于雁翎　　王　峻　　刘　阳
　　　　　　刘瑞华　　孙金平　　李立新
　　　　　　吴东泰　　张　凯　　张　涛
　　　　　　张友瑞　　张志红　　陈　伟
　　　　　　周建珊　　胡秦葆　　胡智敏
　　　　　　郭　平　　郭梓仁　　黄佑军
　　　　　　曾令香　　潘伟洪

序

在我国企业会计准则体系逐步健全、会计国际趋同、资本市场的发展对会计信息不断提出新的要求、会计诚信受到普遍关注的背景下，会计专业教育无论从教学理念，还是教学内容与手段都在发生变化。为此，经济科学出版社和广州市道锋图书发行有限公司组织广东农工商职业技术学院、广东理工职业学院等四十多家高职院校的一线教师、专家、学者联合编写了这套"全国高职高专人才培养规划教材（会计系列）"。该系列教材以高职高专会计专业学生为使用对象，涵盖了高职高专会计专业的核心课程，其中一些教材也适用于高职高专财务管理、审计以及工商管理等专业教学。

本系列教材编写结合高职高专教育的特点和要求，以国家最新财经法规和会计准则、审计准则等规范为依据，力求突出以下特点：

1. 体现工学结合理念。按照高职高专教育突出能力培养的要求，将应用案例（项目）作为教材的引领主线。通过实际业务案例设计，引导学生进入专业知识应用的真实环境，通过实际操作，亲身体会所学知识的运用，掌握实用操作技能。

2. 强调知识与能力并重。在体现工学结合，突出高职高专教育特色的前提下，本系列教材强调知识与能力并重。在教材内容选取和业务案例设计上，强调课程内容的科学和知识体系的严谨与完整。在体现能力培养的同时，阐述的理论知识力求讲清讲透，注重培养学生运用所学知识分析问题和解决问题的能力。

3. 通俗易懂，利于教学，方便学生自学。在内容安排和体例设计上，本着易于高职学生接受、理解的原则，尽可能地贴近业务实际及高职高专学生特点，按照学习和理解知识的规律来安排教材的结构、层次和内容。理论知识的教学，尽可能融入实际案例（项目）的实际操作中，重点放在概念、方法和结论的实际应用上。尽量做到准确提炼、深入浅出，突出实用性、可操作性，使学生易学易懂易掌握。

编写出版一套内容新颖、结构科学、符合高职高专教育人才培养规律要求的会计、审计系列教材，既是高职高专教育发展的客观要求，也是会计教育工作者的重要使命。我认为该系列教材的优势：一是新颖性和前瞻性——本系列教材既密切联系中国会计、审计准则，又反映会计理论与实务在世界范围的现状和发展趋势，既立足当前，又着眼于未来；二是科学性——本系列教材力求材料充实，方法多样，理论透彻，在展现各种会计方法和手段时，注意引导学生从实际应用中加深认识和有效把握；三是先进性——本系列教材配有教学软件，既能供教师授课演示之用，又能满足学生练习之需，从而使学生能够熟练地运用电脑辅助系统处理实际业务。

吕兆海

前　言

我国高职教育人才培养目标是培养具有高端技能型的专门人才，而职业技能是培养目标的核心内容。掌握职业技能的最有效方法就是"做"，即在工作过程中学习，因此产生了基于工作过程导向的教学模式。高职基于工作过程导向的教学采用"实践——理论——实践……"的循环模式，学生在"做"的过程中遇到需要解决的问题而主动学习专业理论知识，然后用专业理论知识指导工作，这样增强学生学习的积极性和主动性。

本教材是学校与企业合作开发的基于工作过程导向的项目课程教材，以一家企业实例为主线索，按照企业会计工作过程设计教学任务，做学合一。在理论介绍方面，根据每项任务的需要来引入展开。用通俗易懂的语言来阐述会计的基本原理、基本技术和基本方法，力求使初学者不至于因大量的专业术语而对学习会计产生畏惧心理。本教材具有以下特色：

1. 基于工作过程导向的教学设计。教材重构了基础会计的内容体系，以企业会计账务处理一个完整的工作程序为主线，以企业会计业务流程所涉及的证、账、表等为载体，基于工作过程导向来进行教学设计。每一个工作环节首先提出任务，然后教师进行操作示范，接着是学生模拟操作。学生可以通过真实的企业经济业务资料，完成凭证、账簿和报表等一个完整的会计账务处理基本操作，仿真效果强，突显了职业能力的培养。同时结合每一步的实践内容，介绍相关的会计基本理论和基本方法，做到理论知识与实践操作的深度融合，实现教、学、做一体化。

2. 校企合作开发课程。本教材由广东工程职业技术学院与广州诚泰企业管理咨询有限公司、湛江千福田会计师事务所共同设计完成。企业的会计行业专家按最新的会计资料，设计了一个经济业务既全面又不太复杂的适合初学者实训的模拟企业，通过对该企业一个月经济业务的账务处理，完整介绍会计的基本职业活动，可操作性强。

3. 与会计资格考试相结合。本教材同时与会计资格考试紧密结合，按照会计从业资格最新的大纲要求编排了相关内容，围绕会计从业资格考试要求，提供了配套练习，为学生顺利通过会计资格考试提供了非常好的学习与训练资料。

本教材由广东工程职业技术学院曹世凤、黄明卿任主编，湛江千福田会计师事务所注册会计师梁宇主审。广东工程职业技术学院周建珊、张秀霞、欧阳春云、屈焰、林卫芝，广州诚泰企业管理咨询有限公司注册会计师黄继清，湛江千福田会计师事务所注册会计师郑致远参与了编写。具体分工为：黄明卿和屈焰编写会计基础知识部分的模块一、模块二和模块三；曹世凤和郑致远编写会计工作过程部分的项目一和项目二；张秀霞和黄继清编写项目三和项目六;周建珊和曹世凤编写项目四,欧阳春云和林卫芝编写项目五。曹世凤负责总纂全书。

在本书写作过程中,参阅了大量的相关资料文献和已出版的相关教材与学术成果,得到了院系领导、老师和相关企业同行的支持和帮助,在此表示衷心的感谢!

本书是基于工作过程导向教学模式在基础会计课程教学中所做的尝试,需要进一步研究、改进,难免存在疏漏与不周之处,欢迎广大同仁及读者批评指正,以便以后不断完善。

编 者

2013 年 7 月

目 录

第一部分　会计基础知识

模块一　会计的概述　/ 3

一、会计的产生与发展 …………………………………………………（ 3 ）
二、会计的职能、会计对象与会计要素 ………………………………（ 6 ）
三、会计核算基本前提和会计信息质量要求 …………………………（ 9 ）
四、会计核算方法 ………………………………………………………（ 10 ）
五、会计基础 ……………………………………………………………（ 12 ）
六、会计计量属性 ………………………………………………………（ 13 ）
巩固与训练 ……………………………………………………………（ 13 ）

模块二　会计科目和账户　/ 18

一、会计等式 ……………………………………………………………（ 18 ）
二、会计科目 ……………………………………………………………（ 24 ）
三、账户 …………………………………………………………………（ 32 ）
四、会计科目和账户的联系与区别 ……………………………………（ 33 ）
巩固与训练 ……………………………………………………………（ 33 ）

模块三　复式记账　/ 39

一、单式记账法 …………………………………………………………（ 39 ）
二、复式记账法 …………………………………………………………（ 40 ）
巩固与训练 ……………………………………………………………（ 48 ）

第二部分　会计工作过程

项目一　期初建账　/ 55

任务一　建总账 …………………………………………………………（ 55 ）

任务二　建日记账 ·· (66)
　　　任务三　建明细账 ·· (67)
　　　巩固与训练 ··· (70)

项目二　日常填制和审核会计凭证　/　72

　　　任务一　填制和审核原始凭证 ·· (72)
　　　任务二　填制和审核记账凭证 ·· (109)
　　　巩固与训练 ··· (138)

项目三　日常登记会计账簿　/　145

　　　任务一　登记日记账 ·· (145)
　　　任务二　登记明细账 ·· (149)
　　　任务三　登记总账 ··· (151)
　　　任务四　更正错账 ··· (168)
　　　巩固与训练 ··· (177)

项目四　期末对账和结账　/　184

　　　任务一　对账 ··· (184)
　　　任务二　结账 ··· (198)
　　　巩固与训练 ··· (203)

项目五　期末编制财务会计报告　/　209

　　　任务一　编制资产负债表 ·· (209)
　　　任务二　编制利润表 ·· (218)
　　　巩固与训练 ··· (223)

项目六　会计档案的管理　/　231

　　　任务一　会计档案的整理与装订 ··· (231)
　　　任务二　保管和使用会计档案 ·· (238)
　　　巩固与训练 ··· (242)

实训耗材清单　/　246

参考文献　/　247

实训裁剪用原始凭证　/　249

第一部分　会计基础知识

【案例导入】

天河百货公司2012年6月份发生以下经济业务：
1. 6月2日，收回上月的应收账款10 000元；
2. 6月3日，支付上月份水费5 000元；
3. 6月10日，收到本月的营业收入款4 000元；
4. 6月15日，支付本月应负担的办公费1 200元；
5. 6月20日，应收营业收入30 000元，款项尚未收到；
6. 6月22日，支付下季度保险费3 600元；
7. 6月28日，预收客户货款8 000元；
8. 6月30日，负担上季度已经预付的保险费900元。

要求：
1. 试按权责发生制原则确定天河百货公司6月份的收入和费用；
2. 试按收付实现制原则确定天河百货公司6月份的收入和费用；
3. 权责发生制原则和收付实现制原则分别是什么含义？
4. 以上经济业务涉及哪些会计要素？会计要素又是什么？
5. 该企业应当用什么记账方法？记账方法是什么？

请同学们在老师的指导下打开"会计"这扇门。

模块一

会计概述

知识目标

本模块要求掌握的知识：(1) 会计的含义；(2) 会计的产生与发展；(3) 会计要素及各要素的定义、确认条件；(4) 会计核算的基本前提；(5) 会计信息质量要求；(6) 会计核算方法；(7) 会计基础；(8) 会计计量属性。

技能目标

本模块要求掌握的技能：(1) 能够区分不同的会计要素；(2) 能够辨别会计核算的基本前提；(3) 判断会计信息质量要求是否得到满足；(4) 区分不同的会计核算方法所具有的功能；(5) 能够区分两种会计基础；(6) 能够区分不同的会计计量属性的含义。

一、会计的产生与发展

(一) 会计的含义

会计是以货币为主要计量单位，以提高经济效益为主要目标，运用专门方法对国家机关、企业、事业单位和其他组织的经济活动进行全面、综合、连续、系统地核算和监督，提供会计信息，并随着社会经济的发展，从 20 世纪四五十年代开始，会计逐步发展形成财务会计和管理会计两大分支，是经济管理活动的重要组成部分。

(二) 中国会计的产生与发展

会计在中国有着悠久的历史。据史籍记载，早在西周时代就设有专门核算官方财赋收支的官职——司会，并对财物收支采取了"月计岁会"(零星算之为计，总合算之为会)的方法。在西汉还出现了名为"计簿"或"簿书"的账册，用以登记会计事项。以后各朝代都设有官吏管理钱粮、赋税和财物的收支。宋代官厅中,办理钱粮报销或移交,要编造"四柱清册",通过"旧管(期初结存)+新收(本期收入)=开除(本期支出)+实在(期末结存)"的平衡公式进行结账,结算本期财产物资增减变化及其结果。这是中国会计学科发展过程中的一个重大成就。明末清初,随着手工业和商业的发展,出现了以四柱为基础的"龙门账",它把全部账目划分为"进"(各项收入)、"缴"(各项支出)、"存"(各项资产)、"该"(各项负债)四大类,运用"进-缴=存-该"的平衡公式进行。古代账簿核算,设总账进行"分类记录",并编制"进缴表"(即利润表)和"存该表"(即资产负债表),实行双轨计算盈亏,在两表上计算得出的盈亏数应当相等,称为"合龙门",以此核对全部账目的正误。之后,又产生了"四脚账"(也称"天地合账"),这种方法是:对每一笔账项既登记"来账",又登记"去账",以反映同一账项的来龙去脉。"四柱清册"、"龙门账"和"四脚账"显示了中国不同历史时期核算收支方式的发展。

在我国,会计作为一门独立的学科,则是由我国的会计学者,在借鉴外国会计学术的成就,总结我国会计实践经验的基础上,于清末民初逐步建立起来的。

中华人民共和国成立以后,逐步建立了社会主义的会计理论和会计方法,制定了各种会计法规,建立了一套适应于不同时期经济管理体制需要的财务会计制度体系,中央及各地还相继成立了会计学会,开展了会计学科研究。1992年11月30日,财政部发布的《企业财务通则》和《企业会计准则》,更是新中国成立以来财务会计改革方面的一次模式性的转变,它极大地推动了我国社会主义市场经济体制的建立和发展。

在认真总结我国会计改革的实践经验,借鉴国际通行做法的基础上,全国人民代表大会常务委员会分别于1993年12月29日、1999年10月31日对1985年1月21日制定的《中华人民共和国会计法》进行了修正与修订,这对完善会计法律制度,规范会计行为,提高会计信息质量,具有非常重要的意义,必将更有效地发挥会计在经济建设中的作用。

2000年以后,我国资本市场发展迅速,上市公司数量逐步增多。为了适应我国经济的快速发展,财政部相继出台的了以下几项规定:

(1)拟订《企业财务报告条例》,由国务院于2000年6月发布。该条例在会计改革方面最大的贡献,就是重新定义"资产"要素,资产是指过去的交易、事项形成并由企业拥有或者控制的资源,该资源预期会给企业带来经济利益。预期会给企业带来经济利益,这一点非常重要,换句话说,如果某项资源不能给企业带来经济利益,那么该项资源就不能作为企业的资产。

(2)2000年12月财政部发布《企业会计制度》。《企业会计制度》的发布意义非常重大。它将会计的确认、计量、记录、报告四项功能融为一体,在一本《会计制度》中进行全面规范。便于企业实务操作。

(3)2001年11月财政部发布《金融企业会计制度》。我国加入世界贸易组织后,金融业面临着新的发展机遇和严峻的挑战,因为加入世界贸易组织后,我国将面临全面开放金融服务市场。金融业是风险性比较大的行业,防范金融风险,会计应体现稳健的会计政策;亚洲金融危机的暴发,给我们敲响了警钟,会计的透明度十分重要。为了体现稳健的会计政策,提高会计信息质量,增强透明度,财政部及时出台了《金融企业会计制度》。

(4)2004年4月财政部发布《小企业会计制度》。大家知道,我国工业企业法人中有96%是小企业,小企业创造的最终产品和服务的价值占全国国内生产总值近50%,小企业在我国市场经济中具有举足轻重的作用。对我国民间投资的启动，新增就业人员等方面发挥重要作用。所以，出台《小企业会计制度》非常必要，意义也十分重大。

伴随着企业会计制度改革的步伐，企业会计准则的建设始终没有停止过。最早提出建立我国企业会计准则体系，是1991年财政部制定的《会计改革纲要（试行）》。第一次形成部门规章是在1992年，由财政部以部长令的形式发布了《企业会计准则》，相当于新准则中的基本准则，也相当于国际财务报告准则的概念框架，它规定了会计核算的基本前提、一般原则、会计要素以及会计报表的一般要求。自1992年以后，财政部始终致力于具体准则的研究和制定，同时关注国际会计准则的改革动向，从1997年《关联方关系及其交易披露》发布到2003年为止，本着成熟一个发一个的原则，财政部陆续发布了16项会计准则，其中7项准则在所有企业施行，9项准则在股份有限公司施行。同时规定，准则与制度不一致的，以会计准则为准，实质上，会计准则的地位高于会计制度，这样做也使广大财会工作者逐步转变对会计准则重要性的认识。但是，会计准则不成体系，不能涵养企业所有经济业务，不能独立实施。（2001~2005年，没有出台准则的原因是国际会计准则理事委员会改组）

（5）2006年2月，财政部印发《企业会计准则体系》。2005年的会计改革思路有了重大调整，由建立企业会计制度体系为主转变为以建立企业会计准则体系为主。2005年纪念《会计法》20周年之后，财政部研究决定，会计准则的制定开始提速，经过艰苦努力，准则于2006年2月发布。因此，2005年是重大会计改革的分水岭。改革的目标是，建立与我国市场经济可适应的，与国际会计准则趋同的，涵盖各类企业、各类经济业务的，能独立实施的会计准则体系，这套体系包括一项基本准则和38项具体会计准则。

（三）西方会计的产生与发展

现代会计是商品经济的产物。14、15世纪，由于欧洲资本主义经济的迅速发展，促进了会计的发展。其主要标志：一是利用货币计量进行价值核算；二是广泛采用复式记账法，从而形成现代会计的基本特征和发展基石。20世纪以来，特别是第二次世界大战结束后，资本主义的生产社会化程度得到了空前的发展，现代科学技术与经济管理科学的发展突飞猛进。受社会政治、经济和技术环境的影响，传统的财务会计不断充实和完善，财务会计核算工作更加标准化、通用化和规范化。与此同时，会计学科在20世纪30年代成本会计的基础上，紧密配合现代管理理论和实践的需要，逐步形成了为企业内部经营管理提供信息的管理会计体系，从而使会计工作从传统的事后记账、算账、报账，转为事前的预测与决策、事中的监督与控制、事后的核算与分析。管理会计的产生与发展，是会计发展史上的一次伟大变革，从此，现代会计形成了财务会计和管理会计两大分支。随着现代化生产的迅速发展，经济管理水平的提高，电子计算机技术广泛应用于会计核算，使会计信息的搜集、分类、处理、反馈等操作程序摆脱了传统的手工操作，大大地提高了工作效率，实现了会计科学的根本变革。从不同角度考察会计，可对会计本质得出不同的认识。这些认识可概括为：（1）会计是反映和监督物质资料生产过程的一种方法，是管理经济的工具。（2）会计是一个收集、处理和输送经济信息的信息系统。（3）会计是通过收集处理和利用经济信息，对经济活动进行组织、控制、调节和指导，促使人们比较分析，讲求经济效益的一种以价值活动为对象的管理活动。早期的会计包括审计。习惯上，对担任会计工作的专业人员简称为会计，有时把会计作为会计学的同义语。

第二次世界大战以后，由于科学技术突飞猛进，现代数学方法和电子计算技术被引进了会计领域，引发了会计领域的深刻变化，原来的"手写簿记系统"，逐步为电子数据处理所代替，使会计信息系统变得很灵敏，提供的信息更加及时准确。

二、会计的职能、会计对象与会计要素

（一）会计的职能

会计的职能是会计在经济管理中所具有的功能。会计主要有两个基本职能：即核算（反映）职能和监督（控制）职能。参与经济预测、决策则是会计进一步发展的派生职能。

1. 会计的核算职能。核算职能又称反映职能，它贯穿于经济活动的全过程，是会计最基本的职能。核算职能是指会计以货币为主要计量单位，通过确认、计量、记录、计算、报告等环节，对特定的对象（主体）的经济活动进行记录、算账和报账，为有关方面提供会计信息的功能。

2. 会计的监督职能。会计的监督职能又称控制职能，是指会计人员在进行会计核算的同时，对特定对象经济业务的合法性、合理性进行审查。合法性审查是保证各项经济业务的发生符合国家的有关法律法规，遵守财经纪律，执行国家的各项方针政策，杜绝违法乱纪行为；合理性审查是指检查各项财务收支是否符合特定对象的财务收支计划，是否有利于预算目标的实现，是否有奢侈浪费行为，是否有违背内部控制制度要求等现象，为增收节支，提高经济效益严格把关。

上述两项基本会计职能是相辅相成、辩证统一的关系。会计核算是会计监督的基础，没有核算所提供的各种信息，监督就失去了依据；而会计监督又是会计核算质量的保障，只有核算，没有监督，就难以保证核算所提供信息的真实性、可靠性。

（二）会计对象

会计对象是指会计所要核算和监督的内容，即会计核算和监督的客体。

任何有经济活动的组织都要进行会计管理，但是各个单位的会计对象不尽相同。关于会计对象问题应该从两个方面来理解：一是从各单位的会计对象的共同点，说明会计的一般对象。二是从各单位的会计对象的不同点，了解各种组织的会计的具体对象。

1. 会计的一般对象。一般地讲，会计对象是企业、行政、事业等单位在社会再生产过程中发生的能够用货币表现的经济活动。

首先，会计的对象总的来讲是经济活动，而且是能够用货币表现的经济活动。由于在社会再生产过程中有些经济活动是不能用价值形式来表现的，因而会计并不能核算和监督社会再生产过程中的全部经济活动，而只能核算和监督社会再生产过程中能够用货币来表现的那些经济活动。

其次，企业、行政和事业单位的工作性质和任务虽然不同，但它们的许多经济活动都或多或少地与社会产品的生产、交换、分配和消费有关，它们的这些经济活动都是社会再生产过程的组成部分。社会再生产过程是通过各个企业、行政和事业单位的经济活动和财务收支活动来进行的。会计核算与监督的具体工作，主要是在这些千千万万个企业、行政和事业等

单位之间或内部进行的。显然，会计的对象，也应该是这些单位自身的经济活动。正如《企业会计准则》第3条所规定的："企业会计应当以企业发生的各项交易或者事项为对象，记录和反映企业的各项经营活动。"所谓交易或者事项，是指企业、行政和事业等单位在经济活动中发生的能够以货币计量的各项经济活动事项。企业、行政和事业等单位，在社会再生产过程中能够用货币表现的经济活动，就是会计所要核算和监督的内容，即会计的一般对象。

由于企业、行政和事业单位在社会再生产过程中所处的地位不同，担负的任务不同，其经济活动的具体内容和方式不同，经济业务的具体内容也不相同，因此，会计核算和监督的内容，会计对象的具体表现形式不一样，有着各自的特点。概括起来，会计对象又可以分为两类：企业单位的会计对象和行政事业单位的会计对象。

2. 企业单位的会计对象。企业是组织生产经营活动的基本单位，是按照经济核算的原则，独立进行生产经营活动的经济实体。其中工业企业和商品流通企业的会计对象具有代表性。

（1）工业企业的会计对象。工业企业的主要生产经营过程大体可分为供应过程、生产过程和销售过程三个阶段。其中供应过程是生产的准备过程，在供应过程中，企业用现金或银行存款等货币资金购买各种材料物资，支付采购费用，随着采购业务的完成，企业要计算材料的采购成本。生产过程既是产品的制造过程，也是各种财产物资的耗费过程。在生产过程中，劳动者运用劳动手段加工劳动对象，生产出一定质量标准的工业产品入库。在这个过程中，发生材料消耗、工资支付、固定资产损耗、水电动力费用支付等业务。当产品制成后，要计算完工产品的制造成本。销售过程是产品价值的实现过程。在销售过程中，企业通过市场将产品销售出去，取得销售收入，收回货币。从销售收入中扣除已销产品成本，补偿企业耗费后，便形成企业利润。于是，就发生了成本费用结转、货款结算、负债偿还、税金交纳、利润分配等经济业务。

综上所述，工业企业的资金从货币资金形态出发，随着供应过程、生产过程和销售过程的不间断的进行，周而复始地运动着。由此引起的各种经济业务也呈现着规律性的变化，即以货币资金采购材料物资，然后投入生产，变为在产品，继而加工为产成品，将产品销售出去，收回货币资金，再用以购买材料、物资，投入再生产。这些经济业务，及其引起的资金循环和周转，都是会计要核算和监督的内容。所以工业企业会计的对象是指在工业企业生产经营过程中发生的，能够用货币表现的各项经济业务。

（2）商品流通企业的会计对象。商品流通企业的经济活动主要是组织商品流通，把社会产品从生产领域转移到消费领域。商品流通企业的经营活动过程，主要包括商品购进和商品销售两个过程。在商品购进过程中，主要经济业务是采购商品，引起货币资金转换为商品资金形态。在商品销售过程中卖出商品，又使商品资金形态再转换为货币资金形态。在商品经营过程中，要消耗一定人力、物力和财力，它们用货币来表现就是商品流通费用。在销售过程中，又获得销售收入和经营成果。商业企业的资金是沿着"货币资金——商品资金——货币资金（增多的）"的形式，周而复始地进行。商品流通业在商品购销活动中，发生支付工资及经营费用、货款结算、成本计算、上交税金、利润分配等经济业务，都是商品流通企业会计所要核算和监督的内容，即商品流通企业会计的对象。

完整地理解和把握企业的会计对象还必须注意两点：第一，在企业生产经营活动开始前，首先要从一定渠道和来源取得一定数量的资金（包括部分货币资金），例如投资者投入和债权人投入。第二，一个经营过程结束后，企业会有一部分资金因种种原因退出企业的经营过程，不再参加企业的资金循环和周转，例如偿还借款、支付税金、向投资者分配利润等。

3. 行政事业单位的会计对象。行政事业单位也是社会再生产过程的基本单位，包括国家行政机关、司法机关、教育文化、医疗卫生等单位。行政事业单位为了完成国家赋予的各项任务，同样需要具备一定数量的资金。行政事业单位的资金有国家行政拨款投入的，有自身业务收入的。国家投入的称为预算收入，单位自筹的称预算外收入。同样，支出也可以分为预算内支出和预算外支出。因此，行政事业单位的经济活动一方面是通过预算内（外）收入货币资金，另一方面，要发生预算内（外）支出，以货币资金支付各种行政费用和业务费用。行政事业单位经济活动中发生的预算内（外）财务收支活动，就是行政事业单位的会计对象。

以上对工业企业、商品流通企业、行政事业单位的会计对象分别作了简要说明。这些单位会计的对象虽然各有特点，具体内容也不尽相同，但本质还是相同的。这些单位都是社会再生产中的基本单位，会计核算和监督的对象都是能够用货币表现的经济活动。所以会计的一般对象可以概括为：企业、行政、事业等单位在社会再生产过程中发生的能够用货币表现的经济活动。

（三）会计要素

会计要素是对会计对象按经济特性所作的基本分类，是构成会计对象具体内容的主要因素，又是会计报表的框架和基础，因此又称为会计对象要素或会计报表要素。

依据我国财政部颁布的《企业会计准则——基本准则》，会计要素包括：资产、负债、所有者权益、收入、费用和利润。其中，资产、负债和所有者权益反映企业的财务状况，收入、费用和利润反映一定时期的经营收支及成果。

1. 资产。

（1）资产的定义。资产是指企业过去的交易或者事项形成的、由企业拥有或者控制的、预期会给企业带来经济利益的资源。

企业过去的交易或者事项包括购买、生产、建造行为或其他交易或者事项。预期在未来发生的交易或者事项不形成资产。

由企业拥有或者控制，是指企业享有某项资源的所有权，或者虽然不享有某项资源的所有权，但该资源能被企业所控制。

预期会给企业带来经济利益，是指直接或者间接导致现金和现金等价物流入企业的潜力。

（2）资产的确认条件。符合会计准则资产定义的资源，在同时满足以下条件时，确认为资产：①与该资源有关的经济利益很可能流入企业；②该资源的成本或者价值能够可靠地计量。

2. 负债。

（1）负债的定义。负债是指企业过去的交易或者事项形成的、预期会导致经济利益流出企业的现时义务。

现时义务是指企业在现行条件下已承担的义务。未来发生的交易或者事项形成的义务，不属于现时义务，不应当确认为负债。

(2) 负债的确认条件。符合会计准则规定的负债定义的义务，在同时满足以下条件时，确认为负债：①与该义务有关的经济利益很可能流出企业；②未来流出的经济利益的金额能够可靠地计量。

3. 所有者权益。所有者权益是指企业资产扣除负债后由所有者享有的剩余权益。公司的所有者权益又称为股东权益。

所有者权益的来源包括所有者投入的资本、直接计入所有者权益的利得和损失、留存收益等。

直接计入所有者权益的利得和损失，是指不应计入当期损益、会导致所有者权益发生增减变动的、与所有者投入资本或者向所有者分配利润无关的利得或者损失。利得是指由企业非日常活动所形成的、会导致所有者权益增加的、与所有者投入资本无关的经济利益的流入。损失是指由企业非日常活动所发生的、会导致所有者权益减少的、与向所有者分配利润无关的经济利益的流出。

所有者权益金额取决于资产和负债的计量。

4. 收入。收入是指企业在日常活动中形成的、会导致所有者权益增加的、与所有者投入资本无关的经济利益的总流入。

收入只有在经济利益很可能流入从而导致企业资产增加或者负债减少、且经济利益的流入额能够可靠计量时才能予以确认。

5. 费用。费用是指企业在日常活动中发生的、会导致所有者权益减少的、与向所有者分配利润无关的经济利益的总流出。

费用只有在经济利益很可能流出从而导致企业资产减少或者负债增加、且经济利益的流出额能够可靠计量时才能予以确认。

企业为生产产品、提供劳务等发生的可归属于产品成本、劳务成本等的费用，应当在确认产品销售收入、劳务收入等时，将已销售产品、已提供劳务的成本等计入当期损益。

企业发生的支出不产生经济利益的，或者即使能够产生经济利益但不符合或者不再符合资产确认条件的，应当在发生时确认为费用，计入当期损益。

企业发生的交易或者事项导致其承担了一项负债而又不确认为一项资产的，应当在发生时确认为费用，计入当期损益。

6. 利润。利润是指企业在一定会计期间的经营成果。利润包括收入减去费用后的净额、直接计入当期利润的利得和损失等。

直接计入当期利润的利得和损失，是指应当计入当期损益、会导致所有者权益发生增减变动的、与所有者投入资本或者向所有者分配利润无关的利得或者损失。

利润金额取决于收入和费用、直接计入当期利润的利得和损失金额的计量。

三、会计核算基本前提和会计信息质量要求

(一) 会计核算基本前提

1. 会计主体假设。会计主体是会计核算和监督的特定单位，是一种空间界定。企业应当对其本身发生的交易或者事项进行会计确认、计量和报告。值得注意的是，会计主体与法

律主体（法人）并非对等。法人可以作为会计主体，而会计主体不一定是法人。

2. 持续经营假设。持续经营是指会计主体在可预见的未来不会破产清算，所持有的资产和负债均正常运作，是一种时间界定。企业会计确认、计量和报告应当以持续经营为前提。

会计主体持续经营假设是会计核算处理原则、会计处理方法建立的前提。

3. 会计分期假设。企业的经营活动被人为划分为若干个相等的会计期间，分期结算账目和编制财务会计报告。会计期间分为年度和中期，按公历确定起讫日期。中期是指短于一个完整的会计年度的报告期间。

会计分期为权责发生制、划分收益性支出与资本性支出等会计原则奠定了基础。

4. 货币计量假设。会计核算以货币作为统一计量单位。企业会计核算以人民币为记账本位币，编制的财务会计报告应当以人民币为记账本位币。业务收支以人民币以外的货币为主的单位，可以选定其中一种货币作为记账本位币，但是编报的财务会计报告应当折算为人民币。

（二）会计信息质量要求

1. 可靠性要求。企业应当以实际发生的交易或者事项为依据进行会计确认、计量和报告，如实反映符合确认和计量要求的各项会计要素及其他相关信息，保证会计信息真实可靠、内容完整。

2. 相关性要求。企业提供的会计信息应当与财务会计报告使用者的经济决策需要相关，有助于财务会计报告使用者对企业过去、现在或者未来的情况做出评价或者预测。

3. 可理解性要求。企业提供的会计信息应当清晰明了，便于财务会计报告使用者理解和使用。

4. 可比性要求。企业提供的会计信息应当具有可比性。

同一企业不同时期发生的相同或者相似的交易或者事项，应当采用一致的会计政策，不得随意变更。确需变更的，应当在附注中说明。

不同企业发生的相同或者相似的交易或者事项，应当采用规定的会计政策，确保会计信息口径一致、相互可比。

5. 实质重于形式要求。企业应当按照交易或者事项的经济实质进行会计确认、计量和报告，不应仅以交易或者事项的法律形式为依据。

6. 重要性要求。企业提供的会计信息应当反映与企业财务状况、经营成果和现金流量等有关的所有重要交易或者事项。

7. 谨慎性要求。企业对交易或者事项进行会计确认、计量和报告应当保持应有的谨慎，不应高估资产或者收益、低估负债或者费用。

8. 及时性要求。企业对于已经发生的交易或者事项，应当及时进行会计确认、计量和报告，不得提前或者延后。

四、会计核算方法

会计方法是会计人员为反映和监督会计的具体内容、完成会计目标的手段。会计方法包括会计核算方法、会计分析方法和会计检查方法，其中会计核算方法是最基本的方法。会计核算的主要方法有：设置会计账户（以下简称"账户"）；复式记账；填制和审核凭证；登记会计账簿；成本计算；财产清查；编制会计报表。

（一）设置账户

设置账户是对会计核算的具体内容进行分类核算和监督的一种专门方法。由于会计对象的具体内容是复杂多样的，要对其进行系统地核算和经常性监督，就必须对经济业务进行科学的分类，以便分门别类地、连续地记录，据以取得多种不同性质、符合经营管理所需要的信息和指标。

（二）复式记账

复式记账是指对所发生的每项经济业务，以相等的金额，同时在两个或两个以上相互联系的账户中进行登记的一种记账方法。采用复式记账方法，可以全面反映每一笔经济业务的来龙去脉，而且可以防止差错和便于检查账簿记录的正确性和完整性，是一种比较科学的记账方法。

（三）填制和审核凭证

会计凭证是记录经济业务，明确经济责任，作为记账依据的书面证明。正确填制和审核会计凭证，是核算和监督经济活动财务收支的基础，是做好会计工作的前提。

（四）登记账簿

登记会计账簿简称记账，是以审核无误的会计凭证为依据在账簿中连续、系统、完整地记录各项经济业务事项，以便分类、汇总、检查、校正各种会计信息，为经济管理提供完整、系统的会计核算资料。账簿记录是重要的会计资料，是进行会计分析、会计检查的重要依据。

（五）成本计算

成本计算是按照一定对象归集和分配生产经营过程中发生的各种费用，以便确定各对象的总成本和单位成本的一种专门方法。产品成本是综合反映企业生产经营活动的一项重要指标。正确地进行成本计算，可以考核生产经营过程的费用支出水平，同时又是确定企业盈亏和制定产品价格的基础。并为企业进行经营决策，提供重要数据。

（六）财产清查

财产清查是指通过盘点实物，核对账目，以查明各项财产物资实有数额的一种专门方法。通过财产清查，可以提高会计记录的正确性，保证账实相符。同时，还可以查明各项财产物资的保管和使用情况以及各种结算款项的执行情况，以便对积压或损毁的物资和逾期未收到的款项，及时采取措施，进行清理，加强对财产物资的管理。

（七）编制报表

编制会计报表是以特定表格的形式，定期并总括地反映企业、行政事业单位的经济活动情况和结果的一种专门方法。会计报表主要以账簿中的记录为依据，经过一定形式的加工整理而产生一套完整的核算指标，用来考核、分析财务计划和预算执行情况以及编制下期财务和预算的重要依据。以上会计核算的七种方法，虽各有特定的含义和作用，但并不是独立的，而是相互联系，相互依存，彼此制约的。它们构成了一个完整的方法体系。在会计核算中，应正确地运用这些方法。一般在经济业务发生后，按规定的手续填制和审核凭证，并应用复式记账法在有关账簿中进行登记；一定期末还要对生产经营过程中发生的费用进行成本计算和财产清查，在账证、账账、账实相符的基础上，根据账簿记录编制会计报表。

七种会计核算专门方法组成一个完整的体系，是相互联系，紧密结合的。必须一环紧扣一环，综合运用，才能保证核算工作的顺利进行。在实际会计业务处理过程中，复式记账是处理经济业务的基本方法，设置账户和填制凭证是会计工作的开始，登记账簿是会计工作的中间过程，成本计算和财产清查诸方法是保证会计信息准确、正确的科学手段，而编制报表是一个会计期间工作的终结。

五、会计基础

会计基础是指会计人员确认、计量和编报一定会计期间的收入和费用等会计事项的基本原则和方法。会计基础有两种，权责发生制和收付实现制。

1. 权责发生制。权责发生制，是按照权利和义务的发生与否来确认一项收入或费用。以收入创造的时间和费用服务的期间为主要判断标准，无论收入或费用的款项是否已经收到或支付。

例如：（以权责发生制为基础）（1）A公司2013年7月1日销售产品价款500万元，于当月25日收到款项，应当确认为7月份的销售收入；若当月没收到款项，款项于当年8月份收到，这笔销售仍确认为7月的销售收入。（2）A公司2013年7月1日-30日发生水电费10万元，该款项于下月（当年8月）支付，应当确认该项支出为7月份的费用。

企业应当以权责发生制为基础进行会计确认、计量和报告。

2. 收付实现制。权责发生制的相对概念是收付实现制。收付实现制，是以收到款项或支付款项作为确定本期收入或费用的标准。一项收入按收到款项的日期来确认，一项费用按支付款项日期来确认。

例如：（以收付实现制为基础）（1）A公司2013年7月1日销售产品价款500万元，于当月25日收到款项，应当确认为7月份的销售收入；若当月没收到款项，款项于当年8月份收到，这笔销售确认为8月份的销售收入。（2）A公司2013年7月1日-30日发生水电费10万元，该款项于下月（当年8月）支付，则应当确认该项支出为8月份的费用。

收付实现制适用于行政单位和不实行成本核算的事业单位。

六、会计计量属性

企业在将符合确认条件的会计要素登记入账并列报于会计报表及其附注（又称财务报表，下同）时，应当按照规定的会计计量属性进行计量，确定其金额。会计计量属性主要包括：

1. 历史成本。在历史成本计量下，资产按照购置时支付的现金或者现金等价物的金额，或者按照购置资产时所付出的对价的公允价值计量。负债按照因承担现时义务而实际收到的款项或者资产的金额，或者承担现时义务的合同金额，或者按照日常活动中为偿还负债预期需要支付的现金或者现金等价物的金额计量。

2. 重置成本。在重置成本计量下，资产按照当前的市场条件购买相同或者相似资产所需支付的现金或者现金等价物的金额计量。负债按照当前的市场条件偿付该项债务所需支付的现金或者现金等价物的金额计量。

3. 可变现净值。在可变现净值计量下，资产按照其正常对外销售所能收到现金或者现金等价物的金额扣减该资产至完工时估计将要发生的成本、估计的销售费用以及相关税费后的金额计量。

4. 现值。在现值计量下，资产按照预计从其持续使用和最终处置中所产生的未来净现金流入量的折现金额计量。负债按照预计期限内需要偿还的未来净现金流出量的折现金额计量。

5. 公允价值。在公允价值计量下，资产和负债按照在公平交易中，熟悉情况的交易双方自愿进行资产交换或者债务清偿的金额计量。

企业在对会计要素进行计量时，一般应当采用历史成本，采用重置成本、可变现净值、现值、公允价值计量的，应当保证所确定的会计要素金额能够取得并可靠计量。

巩固与训练

一、单选题

1. 企业在取得资产时，一般应按（　　）计量。
   A. 历史成本　　　B. 重置成本　　　C. 可变现净值　　　D. 现值

2. 会计核算的最终环节是（　　）。
   A. 确认　　　B. 计量　　　C. 计算　　　D. 报告

3. 下列方法中，不属于会计核算方法的有（　　）。
   A. 填制会计凭证　　　　　　　B. 登记会计账簿
   C. 编制财务预算　　　　　　　D. 编制会计报表

4. 企业计提固定资产折旧首先是以（　　）假设为前提的。
   A. 会计主体　　　B. 会计分期　　　C. 持续经营　　　D. 货币计量

5. 投资人投入的资金和债权人投入的资金，投入企业后，形成企业的（　　）。
   A. 成本　　　B. 费用　　　C. 资产　　　D. 负债

6. 在会计核算的基本前提中，界定会计工作和会计信息的空间范围的是（　　）。
   A. 会计主体　　　B. 持续经营　　　C. 会计期间　　　D. 货币计量

7. 关于货币计量假设，下列说法中不正确的是（　　）。
   A. 货币计量假设并不表示货币是会计核算中唯一的计量单位
   B. 假定货币的币值是基本稳定的
   C. 存在多种货币的情况下，我国境内的企业均要求以人民币作为记账本位币
   D. 货币计量假设为历史成本计量奠定了基础
8. 会计分期是建立在（　　）基础上的。
   A. 会计主体　　　B. 持续经营　　　C. 权责发生制原则　　D. 货币计量
9. 负债是指由于过去交易或事项所引起的企业的（　　）。
   A. 过去义务　　　B. 现时义务　　　C. 将来义务　　　　D. 永久义务
10. 在会计核算中产生权责发生制和收付实现制两种记账基础的会计基本假设是（　　）。
    A. 会计主体假设　　　　　　　　B. 持续经营假设
    C. 会计分期假设　　　　　　　　D. 货币计量假设
11. 下列项目中，不属于收入范围的是（　　）。
    A. 商品销售收入　B. 劳务收入　　　C. 租金收入　　　D. 代收款项
12. 下列项目中，不属于资产要素的是（　　）。
    A. 应收账款　　　B. 预收账款　　　C. 债券　　　　　D. 专利权
13. 下列各会计要素，（　　）不是反映财务状况的会计要素。
    A. 资产　　　　　B. 负债　　　　　C. 收入　　　　　D. 所有者权益
14. 企业将以融资租入形式引进的设备作为固定资产核算，体现了会计信息质量要求的（　　）。
    A. 谨慎性　　　　B. 重要性　　　　C. 可比性　　　　D. 实质重于形式
15. 下列各会计要素，（　　）不属于所有者权益。
    A. 资本公积金　　B. 盈余公积金　　C. 未分配利润　　D. 累计折旧
16. 下列有关会计主体的表述不正确的是（　　）。
    A. 企业的经济活动应与投资者的经济活动相区分
    B. 会计主体可以是独立的法人，也可以是非法人
    C. 会计主体可以是营利组织，也可以是非营利组织
    D. 会计主体必须要有独立的资金，并独立编制财务会计报告对外报送
17. 下列属于企业资产的有（　　）。
    A. 受托代销商品　　　　　　　　B. 委托代销商品
    C. 经营租入的房屋　　　　　　　D. 霉变的商品
18. 下列属于反映企业经营成果的会计要素是（　　）。
    A. 资产　　　　　B. 负债　　　　　C. 利润　　　　　D. 所有者权益
19. 会计是以（　　）为主要目的的核算和管理活动。
    A. 实现利润最大化　　　　　　　B. 提供会计信息
    C. 实现股东权益最大化　　　　　D. 实现企业价值最大化
20. 下列各项中不属于负债的是（　　）。
    A. 代收的门票费　　　　　　　　B. 代扣代缴的个人所得税
    C. 销售产品的收入　　　　　　　D. 短期借款

二、多选题

1. 会计是（　　）。
   A. 经济管理活动　　　　　　　　B. 以凭证为依据
   C. 以货币为主要计量单位　　　　D. 针对一定主体的经济活动

2. 下列组织可以作为一个会计主体进行核算的有（　　）。
   A. 合伙企业　　　　　　　　　　B. 分公司
   C. 股份有限公司　　　　　　　　D. 母公司及其组成的企业集团

3. 会计有为企业外部各有关方面提供信息的作用，主要是指（　　）。
   A. 为政府提供信息　　　　　　　B. 为投资者提供信息
   C. 为债权人提供信息　　　　　　D. 为社会公众提供信息

4. 下列各项关于会计核算和会计监督之间的关系说法正确的是（　　）。
   A. 两者之间存在着相辅相成、辩证统一的关系
   B. 会计核算是会计监督的基础
   C. 会计监督是会计核算的保障
   D. 会计监督和会计监督没有什么必然的联系

5. 企业资金周转环节包括（　　）。
   A. 资金的投入过程　　　　　　　B. 资金的供应过程
   C. 资金的生产过程　　　　　　　D. 资金的销售过程

6. 下列各项属于资金退出的有（　　）。
   A. 偿还债务　　　　　　　　　　B. 上交税金
   C. 向投资者分配利润　　　　　　D. 购买原材料

7. 会计核算的基本前提有（　　）。
   A. 会计主体　　B. 继续经营　　C. 会计期间　　D. 货币计量

8. 企业收入的取得可能影响的会计要素有（　　）。
   A. 资产　　　　B. 负债　　　　C. 费用　　　　D. 利润

9. 下列方法中，属于会计核算方法的有（　　）。
   A. 成本计算　　　　　　　　　　B. 财产清查
   C. 设置会计科目和账户　　　　　D. 复式记账

10. 我国《企业会计准则》规定，会计期间分为（　　）。
    A. 年度　　　　B. 半年度　　　C. 季度　　　　D. 月度

11. 在下列组织中，可以作为会计主体的是（　　）。
    A. 事业单位　　B. 分公司　　　C. 生产车间　　D. 销售部门

12. 下列各会计要素中，资金运动的静态表现是（　　）。
    A. 资产　　　　B. 负债　　　　C. 所有者权益　　D. 费用

13. 下列关于负债和所有者权益的说法正确的是（　　）。
    A. 负债是对内对外所承担的经济责任，企业负有偿还的义务
    B. 企业清算时，所有者权益具有优先清偿权
    C. 负债不能参与利润分配
    D. 所有者权益中的基本部分可以参与企业的利润分配

14. 下列会计要素反映经营成果的是（　　）。
    A. 收入　　　　　B. 费用　　　　　C. 利润　　　　　D. 负债
15. 会计计量属性包括（　　）。
    A. 历史成本　　　B. 重置成本　　　C. 可变现净值　　D. 现值
16. 下列项目中，不属于所有者权益内容的是（　　）。
    A. 长期投资　　　B. 盈余公积　　　C. 投资收益　　　D. 营业外收入
17. 资产的特点有（　　）。
    A. 必须是有形的　　　　　　　　　B. 必须是企业所拥有的
    C. 必须给企业带来未来经济利益　　D. 必须是经济资源
18. 企业资金运动的动态表现的会计要素是（　　）。
    A. 资产　　　　　B. 费用　　　　　C. 所有者权益　　D. 利润
19. 利润包括的内容有（　　）。
    A. 营业利润　　　　　　　　　　　B. 投资损失
    C. 营业外收支净额　　　　　　　　D. 代收款项
20. 收入的特点有（　　）。
    A. 可能带来资产增加　　　　　　　B. 可能使负债减少
    C. 一定会导致所有者权益的增加　　D. 可能会引起费用的减少

三、判断题

1. 会计的最基本功能是会计监督。（　　）
2. 谨慎性要求企业应该高估资产和收益，低估负债和费用。（　　）
3. 签订经济合同是一项经济活动，因此属于会计对象。（　　）
4. 凡是特定对象中能够以货币表现的经济活动，都是会计对象。（　　）
5. 业务收支以人民币以外的货币为主的企业，也可以选定某种人民币以外的货币作为记账本位币，但编制的会计报表应当折算为人民币反映。（　　）
6. 按照相关规定，我国所有单位都应以权责发生制作为会计核算基础。（　　）
7. 没有会计主体，就不会有持续经营；没有持续经营，就不会有会计分期；没有货币计量，就不会有现代会计。（　　）
8. 能给企业带来经济利益的资源，就应确认为企业的一项资产。（　　）
9. 我国的《企业会计准则》规定，企业的会计核算应当以权责发生制为基础。（　　）
10. 会计只能以货币为计量单位的。（　　）
11. 利润是企业在日常活动中取得的经营成果，因此它不包括企业在偶发事件中产生的利得和损失。（　　）
12. 法律主体一定是会计主体，但会计主体不一定是法律主体。（　　）
13. 历史成本计量属性是指各项财产物资应当按取得时的实际成本计价，物价变动时不得调整其账面价值。（　　）
14. 负债是现在交易或事项所引起的现有义务。（　　）
15. 企业代扣代缴的个人所得税应作为收入处理。（　　）
16. 对于一项财产物资，企业必须拥有其所有权，才能作为企业的资产予以确认。（　　）
17. 在企业负债金额既定的情况下，企业本期净资产的增减额就是企业当期的利润额或

发生的亏损额。（　　）
18. 会计是以货币为主要计量单位。（　　）
19. 留存收益包括盈余公积和未分配利润。（　　）
20. 我国会计年度是从每年的1月1日至12月31日。（　　）

四、实务题

【实务题一】

1. 目的：练习收付实现制和权责发生制。

2. 资料：湘东有限公司2012年6月份的有关经济业务如下：

(1) 销售产品一批，售价50 000元，货款尚未收回。
(2) 预付下半年的财产保险费5 600元。
(3) 摊销本月份负担的报刊费2 000元。
(4) 支付上月份的水电费3 500元。
(5) 预收销货款60 000元。
(6) 收到上月销售产品的货款54 000元。
(7) 计提本月借款利息500元。

3. 要求：分别按收付实现制和权责发生制计算本月份的收入、费用和利润。

【实务题二】

1. 目的：会计基础、会计前提和会计信息质量要求的辨析。

2. 资料：正大会计师事务所是由吴青、张辉合伙创建的，最近发生了下列经济业务，并由会计做了相应的处理：

(1) 8月10日，吴青从事务所出纳处拿了380元现金给自己的孩子购买玩具，会计将380元记为事务所的办公费支出，理由是：吴青是事务所的合伙人，事务所的钱也有吴青的一部分。

(2) 8月15日，会计将7月1日~15日的收入、费用汇总后计算出半个月的利润，并编制了财务报表。

(3) 8月30日，事务所收到某外资企业支付的业务咨询费3 000美元，会计没有将其折算为人民币反映，而借记到美元账户中。（事务所以人民币为记账本位币）

(4) 8月30日，计提固定资产折旧。采用年数总和法，而此前计提折旧均采用直线法。

(5) 8月30日，在事务所编制的对外报表中显示"应收账款"80 000元，但没有"坏账准备"项目。

(6) 8月30日，预付下季度办公室租金30 000元，会计将其作为8月份的管理费用处理。

3. 要求：根据上述资料，分析该事务所的会计在处理这些经济业务时是否完全正确，若有错误，主要是违背了哪项会计前提或会计信息质量要求？

模块二

会计科目和账户

知识目标

本模块要求掌握的知识：(1) 静态会计等式与动态会计等式；(2) 经济业务事项的发生不会影响会计等式平衡；(3) 会计科目及其分类，总分类科目与明细科目的关系；(4) 会计科目设置的原则；(5) 账户的含义及其分类；(6) 不同类型的账户的结构；(7) 会计科目与账户的主要联系与区别。

技能目标

本模块要求掌握的技能：(1) 能够判断静态会计等式与动态会计等式的变型是否正确；(2) 能够根据经济业务事项的发生重新计算会计等式中各会计要素的变化及其变化后的金额，并通过计算证明不会影响会计等式平衡；(3) 能够区分不同类型的会计科目，能够辨别总分类科目与明细科目；(4) 能够区分不同类型的账户及其结构；(5) 能够辨析会计科目与账户的主要联系与区别。

一、会计等式

我国《企业会计准则——基本准则》将企业会计核算和监督的内容划分为六个会计要素：资产、负债、所有者权益、收入、费用和利润。这六个会计要素又可分为两大类：反映企业财务状况的会计要素和反映企业经营成果的会计要素。反映企业财务状况的会计要素包括资产、负债、所有者权益，反映企业经营成果的会计要素包括收入、费用、利润。

（一）会计要素之间的关系

1. **反映资产、负债、所有者权益要素关系的会计等式。** 企业为进行生产经营活动，必须拥有一定数量的资产，它们以各种不同的形态分布于生产经营活动的各个方面，成为企业生产经营活动的基础。资产的来源不外乎两个方面，一方面是由企业的投资者（国家、个人或企业法人）投入的，另一方面是向债权人借入的。由于投资者和债权人向企业提供了资产，因此对这些资产具有一定的要求权。把所有者和债权人对企业资产的要求权统称为权益。其中，投资者权益称为所有者权益，债权人权益称为负债。

资产与权益是同一资源的两个方面，资产表明企业所拥有或者控制的资源的规模及其在企业的存在形态，权益则表明企业所拥有或者控制的资源的来源，以及资源提供者对其的要求权。因此，资产与权益之间必然存在相互依存、互相制约的关系。从数量上看，一个单位有多少资产，就必然有多少权益；有多少权益，也必然有多少资产。

资产与权益的这种数量关系可以表示为：

$$资产 = 权益$$

由于权益又可分为所有者权益和负债，所以上式可进一步分解表示为：

$$资产 = 负债 + 所有者权益$$

负债与所有者权益虽然都是对企业资产的要求权，但却是两种性质不同的权益，企业的资产应首先满足债权人的权益，剩余的才用来满足所有者权益，因而所有者权益是一种剩余权益，其内容可用等式表示为：

$$资产 - 负债 = 所有者权益$$

资产、负债、所有者权益之间的等式关系，反映了企业在某一特定时点资源的规模及其来源，反映企业的财务状况。由于该等式所反映的是在相对静止状态下的资产与权益的关系，因而又被称为静态的会计等式。静态会计等式是设置账户、复式记账、设计和编制资产负债表、进行试算平衡的理论基础。

2. 反映收入、费用、利润要素的会计等式。企业将其所拥有或控制的经济资源投入到日常生产经营活动，将会给企业带来经济利益，即收入；而为了取得收入，企业在日常生产经营活动中必然会发生经济利益的流出，即费用。

企业在一定会计期间的收入与费用配比为企业的经营成果，具体表现为营业利润。收入、费用、利润之间存在的这种数量关系可用式表示为：

$$收入 - 费用 = 利润$$

收入、费用、利润之间的等式关系反映了企业在某一特定时期的经营成果。

广义而言，企业一定时期内所获得的收入扣除所发生的各项费用后的余额，即为利润。但在我国实务中，由于收入和费用均不包括利得和损失，因而这里的利润仅是企业的营业利润，不包括非日常活动带来的直接计入当期损益的营业外收入和营业外支出。由于该等式所反映的是在一定时期内企业收入、费用发生的动态过程，又被称为动态的会计等式。

动态会计等式是企业确定利润、设置损益类账户、设计和编制利润表的理论基础。

3. 反映会计六要素关系的综合会计等式。上述两类会计等式分别反映了在某一特定时点的资产、负债、所有者权益之间的静态等式关系，以及在某一特定时期收入、费用、利润之间的动态等式关系，将上述两类等式的内容相结合，可以得到反映会计六要素关系的综合会计等式。在会计期初，企业尚未发生当期的收入与费用，期初时存在"资产＝负债＋所有者权益"的平衡关系；在该会计期间内，企业发生了各项收入与费用，其中收入的发生表现为资产的增加或负债的减少，费用的发生表现为资产的减少或负债的增加。

当收入发生时，会使等式左边的资产同量增加，或者使等式右边的负债同量减少，基本会计等式变形为：

$$资产 = 负债 + 所有者权益 + 收入$$

而当费用发生时，会使等式左边的资产同量减少，或者使等式右边的负债同量增加，因而收入与费用的发生形成了新的平衡关系：

$$资产 = 负债 + 所有者权益 - 费用$$

合并收入和费用对等式的影响，会计基本等式变形为：

$$资产 = 负债 + 所有者权益 + 收入 - 费用 \rightarrow$$
$$资产 = 负债 + 所有者权益 + （收入 - 费用）\rightarrow$$
$$资产 = 负债 + 所有者权益 + 利润$$

至期末，当利润转入所有者权益，等式重新表示为：

$$资产 = 负债 + 所有者权益$$

即等式回到静态时的状态。

反映了在收入、费用发生的情况下，在某一会计期间内，会计六要素之间的数量关系，称为会计综合等式。

（二）经济业务事项及其对会计等式的影响

在一个会计主体中，随着业务过程的开展，必然会发生各种各样的经济活动，如投入资金购买原材料、进行生产活动、支付职工薪酬、销售产品、交纳税款、分配利润等，这些经济活动都通过会计来记录和反映，称为交易、经济业务或会计事项。经济业务的发生必然会引起会计要素在数量上的增减变化。企业在一定时期内发生的全部经济业务，根据其对会计要素的影响不同，分为两大类，一类涉及资产、负债和所有者权益数量上的增减变化；另一类涉及收入、费用和利润的增减变化。但无论它们怎样变化，其结果都不会破坏会计等式的平衡关系。也就是说，任何经济业务的发生所引起的会计等式中各要素的增减变化，都不会破坏会计等式的成立。每一时点上企业所有的资产总额必然等于权益总额，即永远是资产总额 = 负债总额 + 所有者权益总额。为什么任何经济业务的发生会引起会计要素的各种变化，却不会打破会计等式的恒等关系呢？

这是因为，借贷记账法是一种复式记账法，其内在平衡关系的内涵决定了会计主体发生任何经济业务，平衡关系仍然存在。

无论经济业务多么复杂和千变万化，它所引起的会计要素的变化，归纳起来不外乎以下几种情况：

（1）某个会计要素内部两个项目一增一减，会计等式保持恒等关系。

（2）会计等式的左右两边的两个要素项目同时增加，会计等式保持恒等关系。

（3）会计等式的左右两边的两个要素项目同时减少，会计等式保持恒等关系。

（4）会计等式右边的两个要素项目一增一减，会计等式保持恒等关系。

1. 影响基本会计等式的经济业务不会影响会计等式平衡。假设2012年12月31日顶峰探月有限责任公司的会计要素和项目余额见表A2-1所示。

表 A2-1　　　　　　　　　　顶峰探月有限责任公司余额表
2012年12月31日　　　　　　　　　　　　　　　　　　　　单位：元

资　产	金　额	负债及所有者权益	金　额
库存现金	500.00	短期借款	500 000.00
银行存款	7 000 000.00	应付账款	2 000 000.00
应收账款	650 000.00	长期借款	12 000 000.00
原材料	4 050 000.00	负债合计	14 500 000.00
生产成本	550 000.00	实收资本	10 000 000.00
库存商品	6 543 210.00	资本公积	2 000 000.00
固定资产	8 952 000.00	盈余公积	1 245 710.00
		所有者权益合计	13 245 710.00
资产总计	27 745 710.00	负债与所有者权益总计	27 745 710.00

会计等式的平衡关系成立。

顶峰探月有限责任公司2013年1月发生的经济业务如下：

（1）从银行提取现金2万元备用。这一项业务表现为一项资产减少2万元，另一项资产增加2万元，资产的总金额不变，会计等式左右相等。

（2）向银行借入短期借款30万元，用于归还应付账款30万元。这一项业务表现为一项负债增加30万元，另一项负债减少30万元，负债的总金额不变，会计等式左右相等。

（3）召开董事会，决定将盈余公积20万元转增实收资本，办理结转手续。此项业务表现为一项所有者权益减少20万元，另一项所有者权益增加20万元，所有者权益的总金额不变，会计等式左右相等。

上述三种情况属于前述第一类事项，某个会计要素内部两个项目一增一减，会计等式保持恒等关系。

（4）一位新的投资者向公司增加货币投资100万元，资金已存入本公司银行账户。此项业务表现为资产增加100万元，所有者权益增加100万元。会计等式的左右两边同时增加100万元，会计等式左右相等。

（5）公司向银行借入短期借款60万元存入银行。这一项业务表现为资产增加60万元，负债增加60万元。会计等式的左右两边同时增加60万元，会计等式左右相等。

上述两种情况属于前述第二类事项，即会计等式的左右两边的两个要素项目同时增加，会计等式保持恒等关系。

（6）公司的原有投资者之一减少对本公司的投资50万元，即本公司退还投资50万元，用银行存款支付。这一项业务表现为资产减少50万元，所有者权益减少50万元。会计等式的左右两边同时减少50万元，会计等式左右相等。

（7）公司归还短期借款20万元，用银行存款支付。这一项业务表现为资产减少20万元，负债减少20万元。会计等式的左右两边同时减少20万元，会计等式左右相等。

上述两种情况属于前述第三类事项，即会计等式的左右两边的两个要素项目同时减少，会计等式保持恒等关系。

（8）投资者代本公司偿还到期的银行短期贷款35万元，并同意作为对华明公司的追加投资，已办理有关手续。此项业务表现为负债减少35万元，所有者权益增加35万元。会计等式右边的两个会计要素一增一减，会计等式左右相等。业务（8）属于前述第四类事项，即会计等式右边的两个要素项目一增一减，会计等式保持恒等关系。

（9）收回应收账款40万元，款项已经转入本公司的银行账户。此项业务使应收账款减少40万元，银行存款增加40万元。是资产这一会计要素内部两个项目一增一减（属于第一类事项），会计等平衡关系仍成立（即没有失去平衡）。

（10）偿还长期借款100万元，已经从本公司银行账户转账支付。此项业务使长期借款减少100万元，同时银行存款减少100万元，会计等式两边同时减少100万元，等式保持平衡，属于第三类事项。

（11）车间领用原材料30万元，用于生产产品。此项业务使原材料减少30万元，生产成本增加30万元，是资产内部两个项目的一增一减，不影响会计等式平衡，属于第一类事项。

公司在上述业务结束后，计算会计要素项目的金额，如表A2-2、表A2-3所示。

表 A2-2　　　　　　　　　　　资产类要素项目金额计算表

资　产	金　额
库存现金	500 + (1)20 000 = 20 500
银行存款	7 000 000 - (1)20 000 + (4)1 000 000 + (5)600 000 - (6)500 000 - (7)200 000 + (9)400 000 - (10)1 000 000 = 7 280 000
应收账款	650 000 - (9)400 000 = 250 000
原材料	4 050 000 - (11)300 000 = 3 750 000
生产成本	550 000 + (11)300 000 = 850 000
库存商品	6 543 210
固定资产	8 952 000
资产总计	27 645 710

表 A2-3　　　　　　　　　　　权益类要素项目金额计算表

负债及所有者权益	金　额
短期借款	500 000 + (2)300 000 + (5)600 000 - (7)200 000 - (8)350 000 = 850 000
应付账款	2 000 000 - (2)300 000 = 1 700 000
长期借款	12 000 000 - (10)1 000 000 = 11 000 000
负债合计	13 550 000
实收资本	10 000 000 + (3)200 000 + (4)1 000 000 - (6)500 000 + (8)350 000 = 11 050 000

续表

负债及所有者权益	金额
资本公积	2 000 000
盈余公积	1 245 710 – (3)200 000 = 1 045 710
所有者权益合计	14 095 710
负债与所有者权益总计	27 645 710

将上述的各项目变化后的余额填入2013年1月31日顶峰探月有限公司余额表，得到表A2-4的结果。

表A2-4　　　　　　　　　顶峰探月有限责任公司余额表

2013年1月31日　　　　　　　　　　　　　　单位：元

资产	金额	负债及所有者权益	金额
库存现金	20 500	短期借款	850 000
银行存款	7 280 000	应付账款	1 700 000
应收账款	250 000	长期借款	11 000 000
原材料	3 750 000	负债合计	13 550 000
生产成本	850 000	实收资本	11 050 000
库存商品	6 543 210	资本公积	2 000 000
固定资产	8 952 000	盈余公积	1 045 710
		所有者权益合计	14 095 710
资产总计	27 645 710	负债与所有者权益总计	27 645 710

以上余额表显示："资产＝负债＋所有者权益"经过发生若干经济业务后仍然是成立的。即，发生经济业务，不会破坏会计等式的平衡关系。

2. 动态平衡关系式同样在经济业务发生后保持平衡。在静态平衡的基础上，加入动态的因素，会计等式仍然会保持平衡，举例说明如下：

在前述11笔经济业务的基础上，增加3笔涉及损益的经济业务，再进行试算平衡。

（1）发生销售产品收入500万元，形成应收账款。

说明：收入的确认，即收入增加500万元，收入的表现形式为应收账款500万元，即动态等式两边同时增加500万元。

（2）结转销售成本150万元。

说明：结转销售成本，即库存商品减少150万元（结转即是将已经销售的商品从账上转销）。同时，已经销售的商品成本形成费用150万元。在等式平衡关系中表现为资产增加，费用增加（费用在等式右边是负号）。这一经济业务使等式两边同时减少150万元。

（3）发生管理费用50万元，通过银行转账支付。

说明：银行存款减少50万元，是用于支付费用。资产减少，费用增加，在等式平衡关系表现为资产减少，费用增加（费用在等式右边是负号），这一经济业务使等式两边同时减少50万元。

根据：

$$收入 - 费用 = 利润$$

计算如下：

500 - 150 - 50 = 300（万元）

根据：

$$资产 = 负债 + 所有者权益 + 收入 - 费用$$

具体计算如表 A2 - 5 所示。

表 A2 - 5　　　　　　资产、负债和所有者权益金额变动计算表

会计要素	资产总计（等式左边）	负债和所有者权益总计（等式右边）
静态因素变动结果	27 645 710	13 550 000 + 14 095 710 = 27 645 710
收入引起变动	+（12）3 000 000	+（12）5 000 000
结转销售成本变动	-（13）1 500 000	-（13）1 500 000
发生管理费用变动	-（14）500 000	-（14）500 000
动态平衡结果	27 945 710	27 945 710

以上计算结果显示：动态平衡关系成立。

二、会计科目

在企业的生产经营过程中，会经常发生各种各样的经济业务，这些业务的发生必然会引起各项会计要素发生增减变化。这些变化或涉及会计要素间发生变化（如从银行取得一年期借款，引起资产和负债发生变化），或涉及会计要素各内部项目发生变化（如购进原材料，货款已付）。这些变化是如何进行的，变化的结果是什么？就需要借助会计来记录，提供变化过程和结果的信息。如果只按六大会计要素作为会计数据的归类标准，就过于笼统、概括，不能完整提供管理上所需的资料。因此，还必须在会计要素的基础上作进一步的分类，即设置会计科目。

（一）会计科目的分类

1. 按经济内容分类。会计科目主要的、基本的分类是按其经济内容分类，可以划分为资产类科目、负债类科目、共同类科目、所有者权益类科目、成本类科目及损益类科目。

其中，共同类科目具有资产或负债的双重性质，某一共同类科目在特定时点是负债，而在另一时点可能是资产；成本类科目本质上反映的是在产品价值，即是一种资产；损益类包括收入和费用。

（1）反映资产的科目，按流动性质可以分为两类。

①反映流动资产的科目，如"库存现金"、"银行存款"、"原材料"、"库存商品"、"应收账款"、"其他应收款"等科目。②反映非流动资产的科目，如"固定资产"、"累计折旧"等科目。

(2) 反映负债的科目，按流动性质也可分为两类。

①反映流动负债的科目，如"短期借款"、"应付账款"、"其他应付款"等科目。②反映长期负债的科目，如"长期借款"等科目。

(3) 反映共同类的科目，如"衍生工具"、"套期工具"等科目。

(4) 反映所有者权益的科目，如"实收资本"、"资本公积"等科目。

(5) 反映成本的科目，如"生产成本"、"制造费用"科目。

(6) 反映损益的科目，根据企业经营损益形成的内容又可以分为两类。

①反映收入的科目，如"主营业务收入"和"营业外收入"等科目。②反映费用的科目，如"主营业务成本"、"销售费用"、"营业税金及附加"、"管理费用"等科目。

2. 按提供核算指标详细程度分类。为了既能提供总括的会计核算指标，又能提供详细的会计核算指标，会计科目应分层次设置。同一会计科目纵向的层次关系即为会计科目的级次。会计科目按其提供指标的详细程度不同，可分为以下两类：

(1) 总分类科目。总分类科目也称总账科目，是对会计要素具体内容进行的总括分类，是反映会计核算资料总括指标的科目。总分类科目原则上由国家统一会计制度（《企业会计准则》）规定，企业在不违反会计准则中确认、计量和报告规定的前提下，可以根据本单位的实际情况自行增设、分拆、合并会计科目。企业不存在的交易或者事项，可不设置相关会计科目。对于明细科目，企业可以比照本附录中的规定自行设置。会计科目编号供企业填制会计凭证、登记会计账簿、查阅会计账目、采用会计软件系统参考，企业可结合实际情况自行确定会计科目编号。企业会计准则规定的总分类会计科目如下表 A2-6 所示。

表 A2-6　　　　　　　　　总分类会计科目表

顺序号	编号	会计科目名称
		一、资产类
1	1001	库存现金
2	1002	银行存款
3	1003	存放中央银行款项
4	1011	存放同业
5	1012	其他货币资金
6	1021	结算备付金
7	1031	存出保证金
8	1101	交易性金融资产
9	1111	买入返售金融资产
10	1121	应收票据
11	1122	应收账款
12	1123	预付账款

续表

顺序号	编号	会计科目名称
13	1131	应收股利
14	1132	应收利息
15	1201	应收代位追偿款
16	1211	应收分保账款
17	1212	应收分保合同准备金
18	1221	其他应收款
19	1231	坏账准备
20	1301	贴现资产
21	1302	拆出资金
22	1303	贷款
23	1304	贷款损失准备
24	1311	代理兑付证券
25	1321	代理业务资产
26	1401	材料采购
27	1402	在途物资
28	1403	原材料
29	1404	材料成本差异
30	1405	库存商品
31	1406	发出商品
32	1407	商品进销差价
33	1408	委托加工物资
34	1411	周转材料
35	1421	消耗性生物资产
36	1431	贵金属
37	1441	抵债资产
38	1451	损余物资
39	1461	融资租赁资产
40	1471	存货跌价准备
41	1501	持有至到期投资
42	1502	持有至到期投资减值准备
43	1503	可供出售金融资产

续表

顺序号	编号	会计科目名称
44	1511	长期股权投资
45	1512	长期股权投资减值准备
46	1521	投资性房地产
47	1531	长期应收款
48	1532	未实现融资收益
49	1541	存出资本保证金
50	1601	固定资产
51	1602	累计折旧
52	1603	固定资产减值准备
53	1604	在建工程
54	1605	工程物资
55	1606	固定资产清理
56	1611	未担保余值
57	1621	生产性生物资产
58	1622	生产性生物资产累计折旧
59	1623	公益性生物资产
60	1631	油气资产
61	1632	累计折耗
62	1701	无形资产
63	1702	累计摊销
64	1703	无形资产减值准备
65	1711	商誉
66	1801	长期待摊费用
67	1811	递延所得税资产
68	1821	独立账户资产
69	1901	待处理财产损溢
		二、负债类
70	2001	短期借款
71	2002	存入保证金
72	2003	拆入资金
73	2004	向中央银行借款
74	2011	吸收存款

续表

顺序号	编　号	会计科目名称
75	2012	同业存放
76	2021	贴现负债
77	2101	交易性金融负债
78	2111	卖出回购金融资产款
79	2201	应付票据
80	2202	应付账款
81	2203	预收账款
82	2211	应付职工薪酬
83	2221	应交税费
84	2231	应付利息
85	2232	应付股利
86	2241	其他应付款
87	2251	应付保单红利
88	2261	应付分保账款
89	2311	代理买卖证券款
90	2312	代理承销证券款
91	2313	代理兑付证券款
92	2314	代理业务负债
93	2401	递延收益
94	2501	长期借款
95	2502	应付债券
96	2601	未到期责任准备金
97	2602	保险责任准备金
98	2611	保户储金
99	2621	独立账户负债
100	2701	长期应付款
101	2702	未确认融资费用
102	2711	专项应付款
103	2801	预计负债
104	2901	递延所得税负债
		三、共同类
105	3001	清算资金往来
106	3002	货币兑换

续表

顺序号	编　号	会计科目名称
107	3101	衍生工具
108	3201	套期工具
109	3202	被套期项目
		四、所有者权益类
110	4001	实收资本
111	4002	资本公积
112	4101	盈余公积
113	4102	一般风险准备
114	4103	本年利润
115	4104	利润分配
116	4201	库存股
		五、成本类
117	5001	生产成本
118	5101	制造费用
119	5201	劳务成本
120	5301	研发支出
121	5401	工程施工
122	5402	工程结算
123	5403	机械作业
		六、损益类
124	6001	主营业务收入
125	6011	利息收入
126	6021	手续费及佣金收入
127	6031	保费收入
128	6041	租赁收入
129	6051	其他业务收入
130	6061	汇兑损益
131	6101	公允价值变动损益
132	6111	投资收益
133	6201	摊回保险责任准备金
134	6202	摊回赔付支出
135	6203	摊回分保费用
136	6301	营业外收入
137	6401	主营业务成本
138	6402	其他业务成本
139	6403	营业税金及附加

续表

顺序号	编　号	会计科目名称
140	6411	利息支出
141	6421	手续费及佣金支出
142	6501	提取未到期责任准备金
143	6502	提取保险责任准备金
144	6511	赔付支出
145	6521	保单红利支出
146	6531	退保金
147	6541	分出保费
148	6542	分保费用
149	6601	销售费用
150	6602	管理费用
151	6603	财务费用
152	6604	勘探费用
153	6701	资产减值损失
154	6711	营业外支出
155	6801	所得税费用
156	6901	以前年度损益调整

（2）明细分类科目。明细分类科目亦称明细科目或细目，是对总分类科目的经济内容所作的进一步分类，是用来辅助总分类科目反映会计核算资料详细、具体指标的科目。

总分类与明细分类科目设置举例如表 A2－7 所示。

表 A2－7　　　　　　总分类与明细分类科目关系表　　　　　　单位：万元

总分类科目	二级科目	三级科目	四级科目
库存现金 5			
应收账款 430	华南区 240	广东省 180	格力电器有限公司 10
			美的电器 20
			格兰仕电器 50
			国美电器 100
		广西区 60	玉柴机器 20
			三金药业 10
			柳化股份 30
	华中区 130	湖北省 80	武汉钢铁 15
			汉商股份 25
			中商股份 40
		湖南省 50	长沙百货 50
	华北区 60	河北省 60	石家庄百货 60

续表

总分类科目	二级科目	三级科目	四级科目	
原材料 340	燃料 170	汽油 130	90#	50
			93#	60
			97#	20
		柴油 40	0#	10
			5#	30
	铁 80			
	铜 70			
	水泥 20			
应付债券 35	面值 40			
	利息调整 -10			
	应计利息 5			

有的总分类科目无需设置明细分类科目，如"累计折旧"、"本年利润"等。在实际的会计核算工作中，若一个总分类科目下设置的明细分类科目过多，往往会使得记账、稽核、查对等工作变得很复杂。为解决这类问题，可在总分类科目与明细分类科目之间增设子目，将总分类科目称为一级科目，将子目称为二级科目，将明细科目称为三级科目，甚至根据需要设置四级、五级、六级明细科目。前述举例中，应收账款和原材料科目就设置到第四级明细科目。

同一会计科目内部的纵向级次关系，它们之间是总括与详细、统驭与从属的关系。前述的应收账款总分类科目余额为430万元，是逐级科目汇总的结果，总分类科目是二级科目的汇总，二级科目是三级科目的汇总，三级科目是四级科目的汇总。上级科目统驭下级科目，下级科目是上级科目的细分（分解）。

概括地说，总分类会计科目与明细分类会计科目的关系如下：

①总分类会计科目对明细分类会计科目具有统驭控制作用；②明细分类会计科目对总分类会计科目具有补充说明作用；③总分类会计科目与其所属明细分类会计科目在总金额上应当相等。

（二）科目设置原则

会计科目的设置过程应努力做到科学、合理、适用，遵循以下三个原则：

1. **合法性原则**：要求所设置的会计科目应当符合国家统一的会计制度的规定，保证会计信息的可比性。对于国家统一会计制度规定的会计科目，企业可以在不影响会计核算要求和会计报表指标汇总，以及对外提供统一的财务会计报表的前提下，根据自身的生产经营特点，自行增设、减少或合并某些会计科目。

2. **相关性原则**：要求设置会计科目时，充分考虑会计信息使用者的需要，提高会计核算所提供的会计信息相关性，满足相关各方的信息需求。

3. **实用性原则**：要求在合法性的基础上，根据企业自身特点，设置符合企业需要的会计科目。

三、账户

(一) 账户的概念

账户是根据会计科目设置的,具有一定格式和结构,用于分类反映会计要素增减变动情况及其结果的载体。设置账户是会计核算的专门方法之一。

(二) 账户的基本结构和内容

账户划分为左右两方,在借贷记账法下,左边称为借方,右边称为贷方,一方登记增加,另一方登记减少。资产(备抵类账户除外)、成本、费用类账户借方表示增加、贷方表示减少,期末费用类账户一般没有余额,资产和成本类账户余额一般在借方。负债、所有者权益、收入类账户贷方表示增加、借方表示减少,收入类账户没有余额,负债和所有者权益类账户期末余额一般在贷方。

三栏式账页的基本结构(内容)如图 A2-1 所示

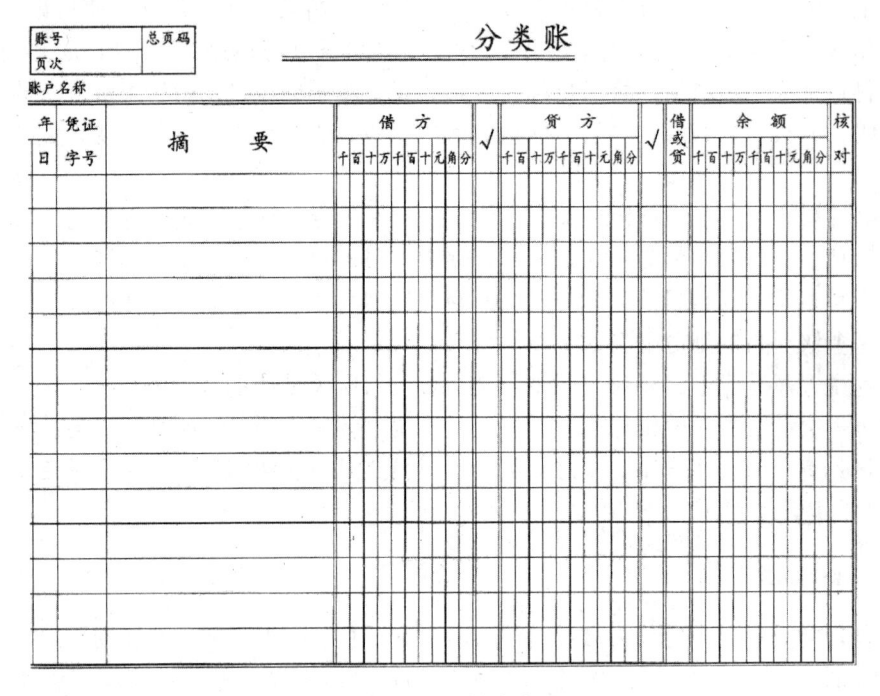

图 A2-1 三栏式账页

在教学中,因为追求简便和节约,易于在稿纸上书写和排版,人们常用"T"型账。"T"型账的结构举例如图 A2-2 所示。

借方	银行存款	贷方
期初余额：…		
本期增加记录…		本期减少记录…
本期借方发生额合计		本期贷方发生额合计
期末余额：…		

图 A2-2 "T"型账结构图

说明：不同类型的账户的"结构"是不相同的。具体结构的规定，在复式记账法中详细介绍。

四、会计科目和账户的联系与区别

会计科目与账户是会计学中的两个重要概念，它们既有联系又有区别。

（一）两者主要联系

1. 会计科目是设置账户的依据，是账户的名称，或者说账户是根据会计科目设置的。
2. 账户是会计科目的具体运用，即会计科目的核算内容就是账户所要登记的内容。

（二）两者的主要区别

1. 会计科目是对会计要素内容具体分类的项目名称，本身没有结构与格式，因而不能记录经济内容的增减变动情况。
2. 而账户不仅有名称，还有相应的结构与格式，能够具体地记录经济内容的增减变动情况及其结果。
3. 设置账户是会计核算的一种专门方法。
4. 开设会计科目为设置账户提供必要的条件，为账户核算的经济内容做出界定。

由于会计科目界定的经济内容与账户的核算内容是一致的，因而在实际工作中通常将会计科目与账户作为同义语。

巩固与训练

一、单选题

1. 下列经济业务中，（　　）不会发生。
   A. 资产增加，权益增加　　　　　　B. 资产减少，权益增加
   C. 权益不变，资产有增有减　　　　D. 资产不变，权益有增有减
2. 会计科目是对（　　）的具体内容进行分类核算的项目。
   A. 经济业务　　　B. 会计主体　　　C. 会计对象　　　D. 会计要素
3. 在下列项目中，与管理费用属于同一类会计科目的是（　　）。
   A. 无形资产　　　　　　　　　　　B. 本年利润
   C. 投资收益　　　　　　　　　　　D. 应交税费

4. 在下列项目中，属于一级会计科目的是（　　）。
   A. 应交增值税　　B. 应付账款　　C. 房屋　　D. 专利权
5. 在下列项目中，同于负债类会计科目的是（　　）。
   A. 应收账款　　B. 预收账款　　C. 长期股权投资　　D. 实收资本
6. 会计账户是根据（　　）分别设置的。
   A. 会计对象　　B. 会计要素　　C. 会计科目　　D. 经济业务
7. 会计账户按提供指标的（　　）分类，可分为总分类账户和明细分类账户。
   A. 结构　　B. 会计科目　　C. 流动性　　D. 详细程度
8. 以银行存款购买原材料，属于（　　）类型经济业务。
   A. 负债内部有增有减　　B. 资产与负债同增
   C. 资产内部有增有减　　D. 资产与负债同减
9. 某企业月初资产总额为250万元，当月发生了两笔经济业务：向银行借款20万元存入银行，用收到应收账款10万元存入银行，月末其资产总额为（　　）。
   A. 280万元　　B. 270万元　　C. 260万元　　D. 250万元
10. 用以反映企业所有者权益的账户是（　　）。
    A. 银行存款　　B. 短期投资　　C. 资本公积　　D. 应收账款
11. 收入类账户是用以反映企业在一定时期内（　　）的账户。
    A. 经营成果　　B. 留存收益　　C. 经济利益流入　　D. 利润形成
12. 会计科目与账户的本质区别在于（　　）。
    A. 反映的经济内容不同　　B. 记录资产和权益的内容不同
    C. 记录资产和权益的方法不同　　D. 会计账户有结构，而会计科目无结构
13. 下列总分类账与明细分类账关系的表述中，不正确的是（　　）。
    A. 总分类账与明细分类账所反映的经济业务是相同的
    B. 总分类账与明细分类账所反映的经济业务的详细程度是相同的
    C. 总分类账与其所属明细分类账在总金额上是相等的
    D. 总分类账对所属明细分类账起着统驭控制作用，明细分类账对有关总分类账起着补充说明作用
14. 下列各项有关会计账户与会计科目的说法错误的是（　　）。
    A. 两者反映的内容是一致的，性质相同
    B. 没有会计科目，会计账户便失去了设置的依据
    C. 没有账户，就无法发挥会计科目的作用
    D. 会计科目以会计账户为名称
15. "坏账准备"科目属于（　　）。
    A. 成本类　　B. 损益类　　C. 负债类　　D. 资产类
16. 企业的资产总额与权益总额（　　）。
    A. 一定相等　　B. 有时相等　　C. 仅期末时相等　　D. 一定不等
17. 某项经济业务的发生不可能引起以下哪一选项的发生（　　）。
    A. 资产与收入同时增加　　B. 资产与负债同时减少
    C. 资产与负债同时增加　　D. 资产不变，负债和所有者权益同时增加

18. 以下各业务中，不能引起负债变化的经济业务是（　　）。
    A. 以库存现金偿还短期借款　　　B. 以库存现金缴纳营业税
    C. 以支票偿还到期借款　　　　　D. 赊销一批商品

二、多选题

1. 下列属于会计等式的是（　　）。
    A. 本期借方发生额合计＝本期贷方发生额合计
    B. 本期借方余额合计＝本期贷方余额合计
    C. 资产＝负债＋所有者权益
    D. 收入－费用＝利润

2. 下列各等式，可作为会计等式的是（　　）。
    A. 资产＝负债＋所有者权益　　　B. 资产＝债权人权益＋投资者权益
    C. 资产＝权益　　　　　　　　　D. 利润＝收入－费用

3. 经济业务的类型包括（　　）。
    A. 引起资产与权益同时增加的业务
    B. 引起资产与权益同时减少的业务
    C. 引起资产内部项目有增有减，总额不变的业务
    D. 引起资产增加、权益减少，总额不变的业务

4. 会计科目与会计账户的一致性主要体现在（　　）。
    A. 完全一致　　　　　　　　　　B. 反映的经济内容一致
    C. 会计科目是设置会计账户的依据　D. 名称一致

5. 下列科目中，属于损益类科目的有（　　）。
    A. 生产成本　　　　　　　　　　B. 主营业务收入
    C. 公允价值变动损益　　　　　　D. 累计折旧

6. 按照提供核算指标详细程度，会计科目可分为（　　）。
    A. 总分类科目　　　　　　　　　B. 资产类科目
    C. 明细分类科目　　　　　　　　D. 负债类科目

7. 下列各项属于资产类项目的有（　　）。
    A. 现金　　　B. 固定资产　　　C. 无形资产　　　D. 银行存款

8. 下列各项中，属于收入类账户的有（　　）。
    A. 应收账款　　B. 主营业务收入　　C. 其他业务收入　　D. 本年利润

9. 下列项目中，不属于成本类的会计科目是（　　）。
    A. 生产成本　　B. 财务费用　　C. 主营业务成本　　D. 制造费用

10. 下列项目中，属于所有者权益的会计科目是（　　）。
    A. 实收资本　　B. 资本公积　　C. 盈余公积　　D. 利润分配

11. 会计账户的各项金额的关系可用（　　）表示。
    A. 期末余额＝期初余额＋本期增加发生额－本期减少发生额
    B. 期末余额－期初余额＝本期增加发生额－本期减少发生额
    C. 期末余额－期初余额－本期增加发生额＝本期减少发生额
    D. 期末余额＋本期减少发生额＝期初余额＋本期增加发生额

12. 下列各项，属于损益类科目的是（　　）。
    A. 主营业务收入　　B. 其他业务收入　　C. 制造费用　　　　D. 管理费用
13. 下列各项中，属于总分类科目的是（　　）。
    A. 原材料　　　　　B. 应收账款　　　　C. 应交税费　　　　D. 库存商品
14. 会计科目的设置应当（　　）。
    A. 符合国家经济政策的有关规定
    B. 符合会计制度的规定——合法性
    C. 满足管理者的需要——相关性
    D. 根据行业的不同，会计科目有所区别——实用性
15. 在下列项目中，属于期间费用账户的是（　　）。
    A. 销售费用　　　　B. 制造费用　　　　C. 财务费用　　　　D. 管理费用
16. 下列经济业务中引起资产和负债同时增加的有（　　）。
    A. 向银行借款存入银行　　　　　　　B. 用银行存款购入原材料
    C. 赊购原材料　　　　　　　　　　　D. 用银行存款偿还借款
17. 下列各项是资产类账户的是（　　）。
    A. 本年利润　　　　B. 应收账款　　　　C. 预收账款　　　　D. 预付账款
18. 会计账户反映的内容包括（　　）。
    A. 会计要素的增加额　　　　　　　　B. 会计要素的减少额
    C. 会计要素的期初余额　　　　　　　D. 会计要素的期末余额

三、判断题

1. 凡是资产其所有权一定归企业。　　　　　　　　　　　　　　　　　　　　（　　）
2. 所有会计账户都是根据会计科目开设的。　　　　　　　　　　　　　　　　（　　）
3. 会计科目可以根据企业自身要求，增补或合并会计科目。　　　　　　　　　（　　）
4. 总分类会计科目对明细分类科目具有控制作用，而明细分类会计科目则是对总分类会计科目的补充和说明。　　　　　　　　　　　　　　　　　　　　　　　（　　）
5. 任何明细会计科目都对应着一个总分类会计科目。　　　　　　　　　　　　（　　）
6. 企业收到一笔到期借款，该项经济业务会引起会计等式左右的会计要素同时增加。
　　　　　　　　　　　　　　　　　　　　　　　　　　　　　　　　　　　（　　）
7. 对于明细科目较多的会计科目，可在总分类科目下设置二级或多级明细科目。（　　）
8. 一项资产的增加必然会引起另一项负债的减少。　　　　　　　　　　　　　（　　）
9. 会计账户是以会计科目为名称的，两者反映的内容是一致的。　　　　　　　（　　）
10. 在账户记录中，本期增加数不一定大于本期减少数。　　　　　　　　　　　（　　）
11. 账户的简单格式分为左右两方，其中：左方表示增加，右方表示减少。　　　（　　）
12. 会计科目有结构和格式，而会计账户没有结构和格式。　　　　　　　　　　（　　）

四、实务题

【实务题一】

1. 目的：练习分析经济业务导致会计要素变动的情况。
2. 资料：湘东有限公司2012年1月发生以下业务。
（1）企业接受投资存款30 000元。

(2) 企业用存款购入设备一台，价值 50 000 元。
(3) 企业从银行借入 2 年期借款 700 000 元存入银行。
(4) 企业以存款偿还前欠 A 公司货款 60 000 元。
(5) 企业签发商业汇票偿还前欠 B 公司货款 40 000 元。
(6) 经批准企业以现金退还职工个人投资 250 000 元。
(7) 经批准企业以资本公积转增资本金 70 000 元。
(8) 企业前欠 D 公司货款 90 000 元，经双方协商转为 D 公司对本企业的投资。
(9) 企业决定向投资者分配利润 32 000 元（尚未支付）。
3. 要求：分析判断以上经济业务导致会计要素变动的情况。

【实务题二】
1. 目的：练习会计等式
2. 资料：湘东有限公司 2012 年 5 月初资产总额为 200 万元，所有者权益为 120 万元。5 月发生下列经济业务。
(1) 接受投资者投资 50 万元，存入银行。
(2) 从银行借入 2 年期借款 60 万元，存入银行。
(3) 以存款偿还前欠甲公司货款 20 万元。
(4) 收到乙公司偿还的欠款 10 万元，存入银行。
(5) 经批准以现金退还职工个人投资 40 万元。
(6) 经批准以资本公积转增注册资本 18 万元。
3. 要求：计算该公司期末资产总额、负债总额、所有者权益总额并验证会计等式。

【实务题三】
1. 目的：练习会计科目，会计要素并验证会计等式。
2. 资料：湘东有限公司 2012 年 6 月 30 日有关资产、负债和所有者权益状况（部分）如表 A2-8 所示。

表 A2-8　　　　　　　　　　　　2012 年 6 月 30 日资料

序号	经济内容	会计科目	资产	负债	所有者权益
1	存放在出纳处的现金 2 000 元				
2	存放在银行里的款项 243 000 元				
3	向银行借入三个月期限的临时借款 400 000 元				
4	仓库中存放的材料 280 000 元				
5	仓库中存放的已完工产品 95 000 元				
6	正在加工中的在产品 60 000 元				
7	向银行借入一年以上期限的借款 550 000 元				
8	房屋及建筑物 1 200 000 元				
9	所有者投入的资本 2 000 000 元				
10	机器设备 650 000 元				
11	应收外单位的货款 120 000 元				

续表

序号	经济内容	会计科目	资产	负债	所有者权益
12	应付外单位的材料款 140 000 元				
13	以前年度积累未分配利润 260 000 元				
14	外购的专利权 700 000 元				
15	合　　计				

3. 要求：判断表 A2-8 中各项经济内容的会计科目名称及所属要素并验证会计等式，填入表中相应栏目。

模块三

复式记账

知识目标

本模块要求掌握的知识：（1）单式记账法及其特点；（2）复式记账法及其特点，复式记账法的种类，复式记账法的原理；（3）借贷记账法及其主要内容。

技能目标

本模块要求掌握的技能：（1）能够区分复式记账与单式记账法；（2）熟悉借贷记账法的记账符号、记账规则；（3）能够辨别不同类型的账户结构；（4）能够根据经济业务事项，计算各会计要素的变化金额及其变化的结果，进行试算平衡。

为了对会计要素进行核算与监督，按一定原则设置了会计科目，并按会计科目开设账户后，就需要采用一定的方法将会计要素的增减变动登记在账户中。在账户中登记经济业务的方法就是记账方法，它是根据一定的记账原理、记账符号、记账规则，采用一定的计量单位，利用文字和数字记录经济活动的一种专门方法。作为现代社会记录经济业务的方式，记账方法包括的要素有：记账符号、记账规则和试算平衡公式等。

记账方法按记账方式不同，可分为单式记账法和复式记账法。会计核算中最早采用的是单式记账法，复式记账法是随着市场经济的发展，在单式记账法的基础上逐步演变而成的。现在，我国行政、企事业单位均采用借贷记账法，借贷记账法是一种复式记账法。

一、单式记账法

（一）单式记账法的概念

单式记账法是相对于复式记账法而言的。为了更好地理解复式记账法，先简要介绍单式记账法。

单式记账法是指对发生经济业务之后所产生会计要素的增减变动，只在一个账户中记录现金的收付业务以及应收、应付款的结算业务的记账方法。例如，用现金500元购买办公用品，在记账时，只记"库存现金"减少500元，至于办公用品增加500元则略而不记。这种方法主要考虑的是现金、银行存款和债权债务方面发生的经济业务，因此一般只设置有限的几个账户，例如："库存现金"、"银行存款"、"应收账款"等。

（二）单式记账法的特点

单式记账法的优点为记账手续简单，易学易懂。

缺点如下：

（1）账户设置没有完整的体系，一般只设货币资金和结算性质的账户。对涉及应收、应付现金的收付业务，要在两个账户中记录，既要记应收应付款的增减，又要记现金的增减；对于其他经济业务只在一个账户中记录或不予记录（有关实物的收发），不能反映企业所发生的经济业务的全部情况。

（2）由于只设置少数几个账户，而且反映的经济业务只是一个侧面或一个全面，所以许多经济业务发生以后无法在相关账户中相互联系地反映出来，不能体现经济业务的来龙去脉。

（3）由于对于所发生的经济业务只是孤立地反映资金运动的某一方面变化，每笔经济业务都无法从会计账簿记录中进行试算平衡。因此，在一定时期内所发生的经济业务无法根据会计记录进行总体平衡验算，难以保证账户记录的正确性，也不便于检查账户记录的正确性、真实性。

总之，在单式记账法下，由于账户之间没有形成相互对应的关系，因而不能全面、完整地反映经济业务的来龙去脉，也不便于检查账户记录的正确性。随着社会经济的发展和市场竞争的加剧，企业的经济业务日趋复杂，单式记账必然让位于另一种记账方法——科学的复式记账法。因此，单式记账法只能在商品经济不发达、经济业务十分简单的情况下采用，但可在采用复式记账法时于备查账簿中采用。

二、复式记账法

复式记账法是相对单式记账法而言的，是从单式记账法发展起来的一种比较完善的记账方法。它以资产与权益的平衡关系作为记账基础，对每项经济业务都以相等的金额在两个或两个以上的相互联系的账户中进行登记，系统地反映资金运动变化结果的一种记账方法（即作双重记录，这也是这一记账法被称为"复式"的由来）。各账户之间客观上存在对应关系，可以进行试算平衡。例如，将现金500元存入银行，这项经济业务的发生，一方面使企业的银行存款增加了500元，另一方面使企业的库存现金减少了500元。复式记账法一方面在"银行存款"账户登记增加500元，另一方面在"库存现金"账户登记减少500元。这样，一笔经济业务的来龙去脉就非常清楚地反映出来。运用复式记账法处理经济业务，一笔业务所涉及的几个账户之间必然形成一种相互依存的关系，称为"账户对应关系"，存在对应关系的账户称为"对应账户"。通过账户对应关系，能够正确地反映资金运动的来龙去脉，清楚地了解经济业务的内容，便于进行监督。

复式记账法较好地体现了资金运动的内在规律，能够全面地、系统地反映资金增减变动的来龙去脉及经营成果，并有助于检查账户处理和保证账簿记录结果的正确性。借贷记账法是世界上最早产生的一种复式记账法，也是世界各国普遍采用的一种复式记账方法。它本身具有相当高的科学性，不仅可以清晰地反映经济业务，而且能够进行试算平衡。

（一）复式记账的基本原则

（1）以会计等式作为记账基础。会计等式是将会计对象的内容，即会计要素之间的相互关系，运用数学等式的原理进行描述而形成的。它是客观存在的必然经济现象，同时也是资金运动规律的具体化。为了揭示资金运动的内在规律性，复式记账必须以会计等式作为其记账的基础。

（2）对每项经济业务，必须在来龙与去脉两个方面的两个或两个以上相互对应的账户中进行等额记录。经济业务的发生必然要引起资金的增减变动，而这种变动势必导致会计等式中有两个要素或同一要素中至少两个项目发生等量变动。为反映这种等量变动关系，会计上就必须在来龙与去脉两个方面的账户中进行等额记录。

（3）经济业务记录的结果应符合会计等式的影响类型。尽管企业单位发生的经济业务复杂多样，但对会计等式的影响无外乎两种类型：一种是影响会计等式等号两边会计要素同时发生变化的经济业务。这类业务能够改变企业资金总额，使会计方程式等号两边等额同增或等额同减。另一种是影响会计等式等号一边会计要素发生变化的经济业务，这类经济业务不会影响企业资金总额变动，使会计等式等号一边等额的增减。对第一类经济业务，应在方程式等号两边的账产中等额记录同增或同减；对第二类业务，应在方程式等号一边的账户中等额记录有增有减。

（二）复式记账的作用

通过以上分析不难看出，复式记账就是利用会计等式的平衡原理来记录经济业务，其主要作用如下：

（1）复式记账能够把所有的经济业务相互联系地、全面地记入有关账户中，从而使账户能够全面地、系统地核算和监督经济活动的过程和结果，能够提供经营管理所需要的数据和信息。

（2）复式记账的每笔会计分录都是相互对应地反映每项经济业务所引起资金运动的来龙去脉，因此，运用复式记账原理记录各项经济业务，可以通过账户之间的对应关系了解经济业务的内容，检查经济业务是否合理、合法。

（3）根据复式记账结果必然相等的平衡关系，通过全部账户记录的试算平衡，可以检查账户记录有无差错。

（三）复式记账法的特点

复式记账法是以会计等式为依据建立的一种记账方法，与单式记账法相比较，有以下几个显著特点：

（1）设有完整的账户体系。复式记账法是针对单式记账法的不足而设计的一种科学的记账方法。在这种方法下，要对企业所发生的每一笔经济业务，在相互联系的两个或两个以上的账户中进行全面反映。因此，必须设置一整套科学的账户体系，用以反映各种各样的经济业务。如企业既要设置所有资产类账户，又要设置各种权益类账户；既要设置各种收入类账户，同时还要设置各种成本费用类账户和各种利润类账户。所有账户形成一个科学的体系，用来对企业各项经济业务进行综合反映。

（2）会计记录的二重性，体现了各项经济业务的来龙去脉，便于检查账户记录的正确性。会计记录的二重性包括：账簿的二重性，即总账和明细账；账户的二重性，即左方和右方；经济业务记录的二重性，即每一项经济业务的发生，都要在两个或两个以上的账户中相互联系地进行记录。通过账户的双重记录，不仅可以了解经济业务的来龙去脉，而且可以通过会计要素的增减变动全面、系统地了解经济活动的过程和结果，还能够据以对账户记录进行试算平衡，以检查账户记录的正确性。这种方法如实地反映了资金运动的过程和结果，从经济业务相互联系的两个方面反映了来龙去脉，账户之间具有严格的对应关系和数字的钩稽关系。

（3）全部账簿记录的平衡性。每一项经济业务的发生，都要以相等金额在两个或两个以上账户中全面反映。例如，从银行提取现金50 000元，一方记"库存现金"账户增加50 000元，另一方记"银行存款"账户减少50 000元。

（四）复式记账法的种类

复式记账法根据记账符号的不同，可以分为借贷记账法，增减记账法（以增减作为记账符号来反映资金运动增减变动的一种复式记账方法，它实质上是根据复式借贷记账法演变过来的一种复式记账方法，过去被商品流通企业应用），收付记账法（以收付作为记账符号来反映资金运动增减变动的一种复式记账方法，它实质上是在我国古代单式记账法和朴素的复式记账法的基础上，根据复式借贷记账法演变过来的一种复式记账方法，包括钱物收付记账法，过去被农村生产队会计应用；资金收付记账法，过去被行政事业单位会计应用；货币收付记账法，过去被银行会计应用）。

（五）复式记账法的原理

"会计恒等式"是复式记账的原理，即"资产＝负债＋所有者权益"所反映的资金平衡关系。复式记账的经济内容是会计要素，它们是相互联系、相互依存的，各自具有独立的含义，并以不同的具体形式存在着。企业发生的经济业务，都会引起某一个具体形式的价值数量变化，因而设置相应的账户进行登记，就使复式记账组成一个完整的、系统的记账组织体系。有了这样一个记账组织体系，不仅反映了资产、负债和所有者权益的增减变化和结存情况，而且还能确知收入、费用和利润的数额及其形成原因。这是复式记账能够全面地核算和监督企业的经济活动的根本原因。

复式记账通过价值形式的计算和记录，为经济管理提供核算指标，因而，复式记账必然有一定的记账技术方法。它以记账内容之间所表现出的数量上的平衡关系，作为记账技术方法的基础。会计恒等式即是各会计要素之间的关系表达式，它不仅是价值数量的关系表现，而且也有经济性质上的说明。它的等量双方，必然要求经济事物发生相互联系和等量的变化，为此，必须通过两个或两个以上的账户，相互联系地作双重记录，才能得到全面反映。显然，这是复式记账本身的要求所决定的，它如实地反映了经济事物的客观联系，正说明复式记账技术方法是科学的。

从复式记账法产生的历史来看，我国早在唐朝就已经有了"四柱清册"这种复式记账法的萌芽，但发展一直相当缓慢。到了明末清初，在民间运用着一种叫做"龙门账"的复式记账方法，但其理论体系还很不完善。此时地中海沿岸的威尼斯、佛罗伦萨等一些城邦国家，由于出现了资本主义萌芽，一时大大推动了其经济的迅猛发展，就给诞生借贷复式记账法提供了客观的经济基础。到了15世纪，在民间已逐渐形成比较完备的复式记账法。意大利数学家卢卡·帕乔利（Luca Pacioli）于1494年在著名的《算术、几何与比例概要》中写了一章"簿记论"，从理论上系统地总结了复式借贷记账法的原理，标志着复式借贷记账法的诞生。从此以后，意大利的复式借贷记账法就在欧洲的一些国家如德国、法国、英国，先后传播开来。借贷记账法正式传入我国始于1905年，我国以蔡锡勇、谢霖、孟森等为代表的会计学者开始学习日本的借贷记账法。中华民国时期，以潘序伦、徐永柞和赵锡禹先生为代表的会计学者创办会计学校、引进美国式的借贷记账法，改良记账方法。中华人民共和国成立后，我国的整个经济建设学习苏联，会计也学习苏联，采用借贷记账法。后来，我国的会计工作者又在借贷复式记账法的基础上，创造性地应用并改造出复式增减记账法、复式收付记账法。为了适应社会主义市场经济和改革开放的需要，1993年进行了会计改革，逐步取消复式增减记账法和复式收付记账法，全面采用借贷记账法，与国际惯例相接轨。我国《企业会计准则》规定："会计记账采用借贷记账法。"

（六）借贷记账法

1. 借贷记账法的概念。"借"、"贷"的含义最初是从借贷资本家的角度来解释的，用来表示债权和债务的增减变动。借贷资本家对于收进的存款，记在贷主的名下，表示债务；对于付出的放款，记在借主的名下，表示债权。当时的"借"、"贷"二字表示债权、债务的变化。随着社会经济的发展、经济活动的日益复杂，记账对象也日益扩大到商品和经营损益等方面。在会计账簿中，不仅要记录银钱的借贷，也要记录财产物资的增减变化。对非银钱借贷业务，也要求用"借"、"贷"二字记录其增减变动情况，以求账簿记录的统一。这样，"借"、"贷"二字就逐渐失去了最初的含义，而演变成纯粹的记账符号，成为会计上的专业术语，用来标明记账的方向，反映资产的存在形态和权益的增减变化，借贷记账法的名称由此而来。借贷记账法是指以"借"、"贷"为记账符号的一种复式记账法。借贷记账法包含记账方向的符号、账户结构、记账规则、试算平衡方法等几个重要内容。

2. 借贷记账法的记账符号。借贷记账法是以"借"、"贷"为记账符号，反映各项会计要素增减变动情况的记账方法，是各种复式记账方法中应用最广泛的一种。其中"借"表示账户的左边；"贷"表示账户的右边。借和贷与不同的账户相结合，可以表示不同的含义。最早的"借"、"贷"二字分别表示债权、债务的增减变化。随着商品经济的进一步发展，社会经济活动内容不断拓展，借贷记账法得到了广泛的运用，记账对象不再局限于债权、债务关系，而是扩大到财产物资、经营损益等方面。"借"、"贷"两字也逐渐失去原来的字面含义，而转化为纯粹的记账符号，用以标明记账的方向。

3. 借贷记账法下的账户结构。将所有账户的左方定为"借"方，右方定为"贷"方，并用一方登记增加数，一方登记减少数。其中，资产类、成本类和损益支出类账户用借方登记增加数，贷方登记减少数，期末余额在借方；负债类、所有者权益类和损益收入类账户用贷方登记增加数，借方登记减少数，期末余额在贷方。

在借贷记账法下，可以设置单一性质的账户，也可设置共同性质（或称双重性质）的账户。会计科目（或账户）实行不固定分类，会计科目（或账户）的性质由会计科目（或账户）余额的性质决定。这是借贷记账法的优点。例如，设置其他往来（供应单位往来、购买单位往来等均属于共同性质的账户）账户综合反映债权、债务的情况，债权增加（债务减少）记借方，债务增加（债权减少）记贷方，其余额在借（贷）方，表示债权大（小）于债务的差额，借方余额列示于资产负债表的资产项目下，贷方余额列示于资产负债表的负债项目下。为了简化格式，往往以"T"型账户作为账户的最基本的格式，又称为"丁"字账。

（1）资产、负债、所有者权益的账户结构。

① 资产类账户结构。期初余额记入账户的借方，资产的增加额记入账户的借方；资产的减少额记入账户的贷方。期末余额一般在借方。这类账户结构不包括"累计折旧"、"坏账准备"等备抵类资产账户，资产类账户结构举例如图 A3-1 所示。

借方	银行存款	贷方
期初余额：…		
本期增加记录…		本期减少记录…
本期借方发生额合计		本期贷方发生额合计
期末余额：…		

图 A3-1 "银行存款"账户结构图

期初余额、本期借方发生额、本期贷方发生额、期末余额之间的关系可用公式表示为：

期末余额 = 期初借方余额 + 借方本期发生额 - 贷方本期发生额

② 负债和所有者权益类账户结构。负债和所有者权益的期初余额记入账户的贷方。负债和所有者权益的增加额记入账户的贷方；负债和所有者权益的减少额记入账户的借方，期末余额一般在贷方。

对于资产类中的"坏账准备"、"累计折旧"、"存货跌价准备"、"固定资产减值准备"等备抵类账户也属于此结构。

负债和所有者权益的账户结构是相同的，举例如图 A3-2 所示。

借方	短期借款	贷方
		期初余额…
本期减少记录…		本期增加记录…
本期借方发生额合计		本期贷方发生额合计
		期末余额：…

图 A3-2 "短期借款"账户结构图

期初余额、本期借方发生额、本期贷方发生额、期末余额之间的关系可用公式表示为：

期末余额 = 期初贷方余额 + 贷方本期发生额 - 借方本期发生额

（2）收入、费用、成本类账户的结构。

① 收入类账户结构。收入类账户的结构类似于负债及所有者权益类的账户结构。增加额记在贷方，减少额或结转额记在借方。收入类账户一般期末无余额。收入、利润账户结构举例如图 A3-3 所示。

借方	主营业务收入	贷方
本期减少或结转记录…		本期增加记录…
本期借方发生额合计		本期贷方发生额合计

图 A3-3　"主营业务收入"账户结构图

② 成本、费用类账户结构。成本、费用类账户结构类似于资产类账户的结构。增加额记在借方，减少额或结转额记在贷方，成本类账户余额一般在借方，费用类账户一般期末无余额。成本、费用账户的结构举例如图 A3-4、图 A3-5 所示。

借方	管理费用	贷方
本期增加记录…		本期减少或结转记录…
本期借方发生额合计		本期贷方发生额合计

图 A3-4　"管理费用"账户结构图

借方	生产成本	贷方
期初余额：…		
本期增加记录…		本期减少或结转记录…
本期借方发生额合计		本期贷方发生额合计
期末余额：…		

图 A3-5　"生产成本"账户结构图

一般来说，各类账户的期末余额与记录增加额的方向相同，即资产类账户的期末余额一般在借方，负债及所有者权益类账户的余额一般在贷方。因此，可以根据账户余额所在的方向来判定账户性质，这也是借贷记账法的一个重要特点。

如果期初余额和期末余额的方向相同，说明账户登记项目的资产、负债和所有者权益的性质未变；如果期初余额在借方，期末余额在贷方，说明该账户登记项目已从期初的资产变为期末的负债，反之亦然。对账户的分类不能绝对化。某些账户既反映资产，又反映负债；既反映债权，又反映债务，属双重性质账户，如"应收账款"等。总之各类账户的借贷含义，如表 A3-1 所示。

表 A3-1　各类账户结构情况表

账户类型	借方	贷方	期末余额
资产类账户	登记增加数	登记减少数	余额在借方
负债类账户	登记减少数	登记增加数	余额在贷方
所有者权益类账户	登记减少数	登记增加数	余额在贷方

续表

账户类型	借方	贷方	期末余额
收入账户	登记减少或结转数	登记增加数	没有余额
成本类账户	登记增加数	登记减少或结转数	余额在借方
费用类账户	登记增加数	登记减少或结转数	没有余额

4. 借贷记账法的记账规则。借贷记账法的规则可以概括为：有借必有贷，借贷必相等。这一规则是根据以下两个方面来确定的：①根据复式记账的原理，对每一项经济业务都必须以相等的金额，在两个或两个以上相互关联的账户中进行登记。②根据借贷记账法账户结构的原理，对每一项经济业务都应当作借贷相反的记录。

也就是说，如果在一个账户中记借方，则必须在一个或几个账户中记贷方；或在一个账户中记贷方，则必须在一个或几个账户中记借方。记入借方的总额与记入贷方的总额必须相等。

【例A3-1】从银行存款中提取现金60 000元。这项经济业务的发生，使得企业资产项目的"库存现金"增加了60 000元，资产项目的"银行存款"减少60 000元，引起了资产内部两个项目之间以相等的金额一增一减的变动。资产增加记借方，资产减少记贷方，借贷金额相等。

【例A3-2】向银行借入短期借款，直接偿还应付账款50 000元。这项经济业务的发生，使得企业负债项目的"短期借款"增加了50 000元，负债项目"应付账款"减少了50 000元，引起了负债内部两个项目之间以相等的金额一增一减的变动。负债减少记借方，负债增加记贷方，借贷金额相等。

【例A3-3】接受投资者投资80 000元，款项直接存入银行。这项经济业务的发生，使得企业资产项目的银行存款增加了80 000元，所有者权益项目的"实收资本"也增加了80 000元，引起了资产项目和权益项目以相等的金额同时增加，资产增加记借方，所有者权益增加记贷方，借贷金额相等。

【例A3-4】以银行存款10 000元偿还银行短期借款。这项经济业务的发生，使得企业资产项目的"银行存款"减少了10 000元，负债项目的"短期借款"也减少了10 000元，引起了资产项目和负债项目以相等的金额同时减少，负债减少记借方，资产减少记贷方，借贷金额相等。因为经济业务只有四种类型（从影响会计等式平衡关系的角度分类可分为四种类型），而且这四种类型的经济业务均是有借有贷，借贷相等的。所以，在借贷记账法下，对任何经济业务，都是有借有贷且借贷相等，这样就形成了借贷记账法的记账规则"有借必有贷，借贷必相等"。上述所举四种类型经济业务的每项业务同时只记一个账户的借方和另一个账户的贷方，它是复式记账法的基本形式。如果经济业务内容比较复杂，需要在一个（几个）账户的借方和几个（一个）账户的贷方进行登记时，也符合"有借必有贷，借贷必相等"的记账规则。

【例A3-5】长城电器公司收回应收销货款共32 000元。其中收到银行存款31 400元，现金600元。这项经济业务的发生，使企业资产项目的"银行存款"增加了31 400元，资产项目的"库存现金"增加了600元，资产项目的"应收账款"减少了32 000元，引起了资产内部三个项目之间以相等的金额增减的变动。资产增加记借方，资产减少记贷方，两个增加的资产项目所记借方的金额之和与一个资产项目所记贷方的金额相等。记账规则是记账的依据，也是核对账目的依据。

5. 试算平衡。试算平衡，就是根据"资产＝负债＋所有者权益"这一会计等式，按照记账规则的要求，通过汇总计算和比较，来检查账户记录的正确性和完整性。按照借贷记账法的规则，每一项经济业务发生后，借贷双方的发生额必然是相等的。而且，当一定期间的所有经济业务的会计分录都记入有关账户后，所有账户的借方发生额合计也必然等于所有账户的贷方发生额合计。以此类推，所有账户的借方期末余额合计也必然等于所有账户的贷方期末余额合计。

（1）根据资产总额等于负债及所有者权益总额的关系，资产（含成本、费用）类账户的借方余额合计必然和负债及所有者权益（含收入、成果）类账户的贷方余额合计相等。其首先表现为期初余额，其次表现为期末余额。

（2）根据"有借必有贷，借贷必相等"的规则，每一笔经济业务的借方发生额等于贷方发生额。所以，全部经济业务的借方发生额合计也就等于贷方发生额合计。

（3）期初借、贷方余额合计相等，本期借、贷方发生额相等，期末借、贷方余额也就一定相等。根据以上三点，在会计工作中就可以进行期初、期末余额和本期发生额的试算平衡，以检查日常会计工作中的疏漏和错误，保证会计核算正确无误。这种平衡方法可以分别称为余额平衡法和发生额平衡法，在会计上称之为试算平衡。试算平衡一般是通过编制试算平衡表进行的，可以采用发生额平衡的方法，也可以采用余额平衡的方法。具体公式如下：

全部账户本期借方发生额合计＝全部账户本期贷方发生额合计
全部账户期末借方余额合计＝全部账户期末贷方余额合计

但需注意，试算不平衡说明记账肯定有错误，试算平衡不能说明记账一定无错误。进行试算平衡时，双方的数额相等，有可能借贷双方的方向相反，也有可能借贷科目有误，也有可能借方和贷方都多记或少记了相同的金额。为了准确反映会计信息，有必要借助其他方法进行检验。

综上所述，借贷记账法是以资产等于负债及所有者权益的会计等式作为理论基础的，用"借"、"贷"作为记账符号，按照"有借必有贷，借贷必相等"的记账规则来记载经济业务，并按账户借方余额合计与贷方余额合计，以及借方发生额合计与贷方发生额合计相等的方法进行试算平衡的一种复式记账方法。

6. 会计分录。

（1）会计分录的概念。会计分录简称"分录"。它是按照复式记账的要求，对每项经济业务以账户名称、记账方向和金额反映账户间对应关系的记录。在借贷记账法下，对每笔经济业务列示其应借和应贷账户的名称及其金额的一种记录。

会计分录的要素包括一组对应的借、贷符号；应借、应贷账户名称；相等的金额三部分。

会计分录的种类包括简单分录和复合分录两种，其中简单分录即一借一贷的分录，只涉及两个账户；复合分录则是一借多贷分录、多借一贷以及多借多贷分录，会涉及三个或三个以上的账户。

需要指出的是，为了保持账户对应关系的清楚，一般不宜把不同经济业务合并在一起，编制多借多贷的会计分录。但在某些特殊情况下，为了反映经济业务的全貌，也可以编制多借多贷的会计分录。会计分录的格式：①先借后贷，借贷分行，借方在上，贷方在下；②贷方记账符号、账户、金额都要比借方退后一格，表明借方在左，贷方在右。

（2）会计分录的编制方法。初学者在编制会计分录时，可以按以下步骤进行：①涉及的账户，分析经济业务涉及哪些账户。②账户的性质，分析涉及的这些账户的性质，即它们各属于什么会计要素，位于会计等式的左边还是右边。③增减变化情况，分析确定这些账户是增加了还是减少了，增减金额是多少。④记账方向，根据账户的性质及其增减变化情况，确定分别记入账户的借方或贷方。⑤根据会计分录的格式要求，编制完整的会计分录。

（3）会计分录的举例。在实际工作中，会计分录是通过填制记账凭证来实现的，它是保证会计记录正确可靠的重要环节。会计核算中，不论发生什么样的经济业务，都需要在登记账户以前，按照记账规则，通过填制记账凭证来确定经济业务的会计分录，以便正确地进行账户记录和事后检查。

【例A3-6】长城电器公司接受某单位公允价值为60 000元的固定资产投资，双方确认占本企业注册资本50 000元。一方面固定资产增加了60 000元，资产增加记借方；另一方面注册资本（计入实收资本账户）增加了50 000元，实收资本是所有者权益，所有者权益增加记贷方；差额10 000元，资本公积也是所有者权益，也应记贷方。会计分录如下：

借：固定资产　　　　　　　　　　　　　　　　　　　60 000
　　贷：实收资本　　　　　　　　　　　　　　　　　50 000
　　　　资本公积　　　　　　　　　　　　　　　　　10 000

如果账户对应关系清晰，多借多贷的会计分录也是可行的。

【例A3-7】长城电器公司购买了一辆办公用汽车，价值100 000元，增值税发票上注明的增值税税额为17 000元，长城电器公司用银行存款支付了110 000元，剩余款项暂欠。一方面购买了汽车，增加了固定资产，资产增加记借方100 000元；购买货物的增值税属进项税，记入借方；另一方面使用了银行存款，银行存款减少了，资产减少记贷方，由于没有全额付款，所欠款项构成应付账款，负债增加记贷方。会计分录如下：

借：固定资产　　　　　　　　　　　　　　　　　　　100 000
　　应交税费——应交增值税（进项税额）　　　　　　　17 000
　　贷：银行存款　　　　　　　　　　　　　　　　　110 000
　　　　应付账款　　　　　　　　　　　　　　　　　　7 000

巩固与训练

一、单项选择题

1. 复式记账法的基本理论依据是（　　）。
   A. 资产 = 负债 + 所有者权益　　　　B. 收入 - 费用 = 利润
   C. 有借必有贷，借贷必相等　　　　　D. 资产增加记借方，权益增加记贷方
2. 下列各项属于资产类账户记账规则的是（　　）。
   A. 增加记贷方　　B. 减少记借方　　C. 增加记借方　　D. 期末无余额
3. 借贷记账法的"借"表示（　　）。
   A. 费用增加　　B. 负债增加　　C. 所有者权益增加　　D. 收入增加

4. 有关"实收资本"账户的说法错误的是（　　）。
   A. 其属于所有者权益的账户　　　　B. 其借方登记按规定减少的资本
   C. 其贷方登记投资者投入的资本　　D. 期末无余额
5. 应收账款账户的期初余额为借方 2 000，本期借方发生额 1 000，本期贷方发生额 8 000，该账户的期末余额为（　　）。
   A. 借方 3 000　　B. 贷方 8 000　　C. 借方 5 000　　D. 贷方 5 000
6. 短期借款账户的期初余额为贷方 10 万元，本期偿还借款 2 万元，该账户期末余额为（　　）。
   A. 贷方 8 万元　　B. 借方 8 万元　　C. 借方 12 万元　　D. 贷方 12 万元
7. 应付账款账户期初贷方余额为 35 400 元，本期贷方发生额为 26 300 元，本期借方发生额为 17 900 元，该账户期末余额为（　　）。
   A. 借方 43 800 元　　B. 借方 27 000 元　　C. 贷方 43 800 元　　D. 贷方 27 000 元
8. 符合负债类账户记账规则的是（　　）。
   A. 增加记借方　　B. 增加记贷方　　C. 减少记贷方　　D. 期末无余额
9. 下列错误中，能够通过试算平衡查找的有（　　）。
   A. 重记经济业务　　B. 漏记经济业务　　C. 借贷方向相反　　D. 借贷金额不等
10. 用支票购买设备一台 50 000 元，其会计分录为（　　）。
    A. 借：原材料 50 000　贷：银行存款 50 000
    B. 借：库存商品 50 000　贷：银行存款 50 000
    C. 借：固定资产 50 000　贷：银行存款 50 000
    D. 借：制造成本 50 000　贷：银行存款 50 000
11. 用现金 1 000 元购买办公用品的会计分录为（　　）。
    A. 借：管理费用　贷：银行存款　　B. 借：管理费用　贷：库存现金
    C. 借：生产成本　贷：银行存款　　D. 借：制造成本　贷：库存现金
12. 在借贷记账法下，下列各账户中本期增加的金额计入借方的是（　　）。
    A. 实收资本　　B. 主营业务收入　　C. 盈余公积　　D. 销售费用
13. 为销售给某人而从 A 公司购入一台电脑，验收入库，则该电脑应记入（　　）账户。
    A. 材料采购　　B. 固定资产　　C. 库存商品　　D. 管理费用
14. 固定资产借方余额为 200 000，累计折旧期末贷方余额为 20 000，则固定资产净值为（　　）。
    A. 180 000　　B. 200 000　　C. 220 000　　D. 无法确定
15. 采购人员欲借差旅费，以库存现金支付，应借记（　　）账户核算。
    A. 库存现金　　B. 营业费用　　C. 管理费用　　D. 其他应收款

二、多项选择题
1. 会计记账的方法按其形式的不同可分为（　　）。
   A. 单式记账法　　B. 复式记账法　　C. 三栏式记账法　　D. 多栏式记账法
2. 复式记账法是指对发生的每一笔经济业务都要（　　）进行登记的一种记账方法。
   A. 在同一会计期间内

B. 以相等的金额
C. 在相互联系的两个或两个以上的账户中
D. 同时

3. 目前，世界各国普遍采用的记账方法是（　　）。
   A. 单式记账法　　B. 复式记账法　　C. 借贷记账方法　　D. 增减记账法

4. 复式记账法的主要特点是（　　）。
   A. 可以反映每一项经济业务的来龙去脉　　B. 可以反映账户之间的平衡关系
   C. 可以便于检查账户记录的正确性　　D. 可以便于检查账户记录的完整性

5. 借贷记账法中，登记账户的贷方有（　　）。
   A. 资产减少　　B. 负债增加　　C. 收入增加　　D. 费用增加

6. 下列情况中，不会影响借贷平衡关系的有（　　）。
   A. 漏记某项经济业务　　B. 颠倒记账方向
   C. 重复登记某项经济业务　　D. 某项经济业务记错账户的方向

7. 试算平衡表是根据（　　）确定的。
   A. 借贷记账法的记账规则（有借必有贷，借贷必相等）
   B. 经济业务的内容
   C. "资产＝负债＋所有者权益"的恒等式
   D. 经济业务的类型

8. 试算平衡表中，试算平衡的公式有（　　）。
   A. 借方科目金额＝贷方科目金额
   B. 借方期末余额＝借方期初余额＋本期借方发生额－本期贷方发生额
   C. 全部账户借方发生额合计＝全部账户贷方发生额合计
   D. 全部账户的借方余额合计＝全部账户的贷方余额合计

9. 用公式表示试算平衡关系，正确的是（　　）。
   A. 全部账户本期借方发生额合计＝全部账户本期贷方发生额合计
   B. 全部账户本期借方余额合计＝全部账户本期贷方余额合计
   C. 负债类账户借方发生额合计＝负债类账户贷方发生额合计
   D. 资产类账户借方发生额合计＝资产类账户贷方发生额合计

10. 账户的四个金额要素是（　　）。
    A. 期末余额　　B. 期初余额　　C. 本期增加发生额　　D. 本期减少发生额

11. 试算平衡表中，包括（　　）。
    A. 只有期初余额而无本期发生额的科目
    B. 没有期初余额但有本期发生额科目
    C. 既有期初余额又有本期发生额的科目
    D. 既没有期初余额也没有本期发生额的科目

12. 复合会计分录的形式有（　　）。
    A. 一借多贷　　B. 一贷多借　　C. 多借多贷　　D. 一借一贷

三、判断题

1. 复式记账法是指对发生的多个经济业务，分别在两个或两个以上的账户中进行登记

的一种记账方法。 （ ）

2. 单式记账法是指对每一项经济业务的发生只在一个账户中进行记录的记账方法。（ ）

3. 在发生经济业务时，单式记账法只在一个账户中登记，复式记账法则在两个账户中登记。 （ ）

4. 在借贷记账法下，"借"表示增加、"贷"表示减少。 （ ）

5. 会计期末进行试算平衡时，试算平衡了，也不能说明账户记录绝对正确。 （ ）

6. 复式记账法的基本理论依据是"收入－费用＝利润"的平衡原理。 （ ）

7. 会计分录是指对经济业务所涉及的会计账户名称、发生额及应借应贷的方向的记录，简称分录。 （ ）

8. 复合会计分录是由几个简单会计分录合并而成。 （ ）

9. 会计分录必须具备三个要素：记账方向、账户名称、应记金额。 （ ）

10. 负债和所有者权益类账户的期末余额一定在贷方。 （ ）

11. 累计折旧是资产类账户，故计提折旧应记入该账户的借方。 （ ）

12. 应收账款账户借方登记的是应收款项的增加数。 （ ）

13. 编制复合会计分录，能够集中反映一项经济业务的全貌，并可以简化记账手续。 （ ）

14. 所有者投入资本的增加应当认为是收入。 （ ）

15. 借贷记账法下，销售一批商品所得的收入，应该在"主营业务收入"账户的借方登记。 （ ）

四、实务题

1. 目的：练习借贷记账法、账户登记及试算平衡表的编制。

2. 资料：湘东有限公司（一般纳税人）2012年11月末各资产、负债及所有者权益账户的余额如表A3-2所示。

表A3-2　　　　　　　　　　　总账账户余额表

资产类账户	金　额	负债及所有者权益类账户	金　额
库存现金	5 000.00	短期借款	200 000.00
银行存款	300 000.00	应付账款	55 000.00
应收账款	76 000.00	应交税费	6 000.00
生产成本	98 000.00	应付职工薪酬	98 000.00
原材料	120 000.00	实收资本	900 000.00
库存商品	60 000.00		
固定资产	600 000.00		
合　计	1 259 000.00	合　计	1 259 000.00

12月份湘东有限公司（一般纳税人）发生下列经济业务：

（1）购入原材料35 100元，材料已验收入库，货款以银行存款支付（不考虑增值税）。

（2）收到其他单位投入资本200 000元，款项存入银行。

（3）从银行存款账户中提取现金2 000元。

(4) 生产车间向仓库领用材料 30 000 元用于生产产品。
(5) 以银行存款购入新汽车一辆，计价 250 000 元（不考虑增值税）。
(6) 用银行存款偿付前欠供货单位材料款 20 000 元。
(7) 收到购货单位前欠货款 40 000 元，存入银行。
(8) 以银行存款归还短期借款 60 000 元及偿还前欠供货单位货款 20 000 元。
(9) 收到购货单位前欠货款 30 000 元，其中：现金 4 000 元；支票 26 000 元存入银行。
(10) 月末，产品生产完工入库 70 000 元。

3. 要求：(1) 根据资料所列各项经济业务，用借贷记账法编制会计分录。(2) 开设账户（T 字式）登记期初余额、本期发生额、结出期末余额。(3) 编制"总分类账户试算平衡表"进行试算平衡，试算平衡表如表 A3-3 所示。

表 A3-3   总分类账户试算平衡表
年　月　日　　　　　　　　　　　　　　　　　　单位：元

会计科目	期初余额		本期发生额		期末余额	
	借方	贷方	借方	贷方	借方	贷方
合　　计						

第二部分 会计工作过程

【工作内容】

本部分以模拟企业一个会计期间所涉及的证、账、表为载体,介绍基本会计工作过程:

1. 期初建账;
2. 日常填制和审核会计凭证;
3. 日常登记会计账簿;
4. 期末对账和结账;
5. 期末编制财务会计报告;
6. 会计档案的管理。

项目一

期初建账

职业活动

新企业设立时，或老企业在新的会计年度开始时，会计人员根据单位经营规模、业务特点、机构和人员分工、会计核算手段等综合因素，确定各单位的会计账务处理程序，选择会计账簿的种类、外表形式、账页格式等，并登记各账簿的期初余额。期初建账是会计工作的起点。

职业能力

能根据单位的具体情况正确选择账页或账簿，完成启用账簿、开设账户、登记期初余额等具体建账工作。

任务一 建总账

【工作任务】

一、工作任务

会计人员要熟悉会计账簿的种类、格式和用途。在掌握总账账簿的设置方法的基础上，结合各单位的具体情况，选择合适的总账账簿，按规范完成总账账簿的设置。以下是模拟企业的资料。

（一）模拟企业概况

1. 模拟企业基本信息。
（1）公司名称：广东华天食品有限公司。

(2) 法定代表人：张浩然（董事长）。
(3) 公司地址：广州市天河区山前路 68 号，电话：37365858。
(4) 经营范围：生产各式饼干，主要生产曲奇饼干、威化饼干两个产品。
(5) 开户银行：中国工商银行广州天河支行；账号：325500224535138。
(6) 税务登记号：440102375003739。
(7) 原材料、产成品按实际成本计价，发出存货采用全月一次加权平均法计算。

2. 模拟企业会计工作岗位设置与工作职责。该公司财会相关人员分工及职责如表B1-1所示。

表 B1-1　　　　　　广东华天食品有限公司财会人员分工及职责一览表

职员	职务	职　责
肖凯	总会计师	组织制定企业会计核算方法、会计政策，制定企业的财务会计制度，编制财务计划，落实完成计划的措施，审查企业财务计划执行情况。
陈海	财务经理	负责审核会计凭证，设置和登记总账，编制会计报表，及时组织财产和债权债务的清查。
林小丽	会计	负责资产物资、资金、往来、成本、工资薪金、收入、费用、利润及涉税业务的核算。
王毅辉	出纳	办理现金收付和银行结算业务，登记库存现金日记账和银行存款日记账，负责保管票据和有价证券。

（二）模拟企业账户的期初余额

广东华天食品有限公司 2012 年 12 月的期初余额如表 B1-2、表 B1-3、表 B1-4、表 B1-5 所示。

表 B1-2　　　　　　　　　总分类账月初账户余额表

总账科目	借方金额	贷方金额
库存现金	1 800.00	
银行存款	537 490.00	
应收账款	129 000.00	
其他应收款	1 600.00	
预付账款	25 000.00	
原材料	73 500.00	
库存商品	111 540.00	
固定资产	1 342 105.00	
累计折旧		255 000.00
短期借款		100 000.00
应付账款		90 000.00
应交税费		29 250.00
应付职工薪酬		102 700.00
应付利息		1 500.00

续表

总账科目	借方金额	贷方金额
实收资本		1 500 000.00
盈余公积		10 000.00
本年利润		87 530.00
利润分配		46 055.00
合　计	2 222 035.00	2 222 035.00

表 B1-3　　　　　　　　三栏式明细分类账月初账户余额表

总账科目	明细分类科目	借或贷	金额
应收账款	上海利达商场	借	75 000.00
	海富商店	借	54 000.00
其他应收款	王力	借	1 600.00
预付账款	河南强生面粉厂	借	25 000.00
短期借款	工行（3 个月）	贷	100 000.00
应付账款	北京宏发油厂	贷	80 000.00
	供电局	贷	10 000.00
应交税费	未交增值税	贷	29 250.00
应付职工薪酬	工资	贷	10 270 000
应付利息	利息支出	贷	1 500.00
实收资本	佳美公司	贷	1 500 000.00

表 B1-4　　　　　　　　数量金额式明细分类账月初账户余额表

总账科目	品名	计量单位	数量	单价	金额
原材料	白砂糖	千克	8 000	1.60	12 800.00
	面粉	千克	30 000	0.85	25 500.00
	花生油	千克	4 000	4.80	19 200.00
	奶油	千克	2 000	8.00	16 000.00
库存商品	曲奇饼干	千克	28 000	3.18	89 040.00
	威化饼干	千克	5 000	4.50	22 500.00

表 B1-5　　　　　　　　固定资产及折旧月初明细表

使用部门	名称	数量	原值	残值（5%）	月折旧额	已提折旧	净值
生产车间	曲奇饼干机	1 台	354 000.00	17 700.00	5 605.00	67 260.00	286 740.00
	威化饼干机	1 台	432 000.00	21 600.00	6 840.00	82 080.00	349 920.00
	烤炉	1 台	135 000.00	6 750.00	2 137.50	25 650.00	109 350.00
	包装机	1 台	73 737.00	3 686.85	1 167.50	14 010.00	59 727.00
	小计		994 737.00	49 736.85	15 750.00	189 000.00	805 737.00

续表

使用部门	名称	数量	原值	残值（5%）	月折旧额	已提折旧	净值
管理部门	小轿车	1台	347 368.00	17 368.40	5 500.00	66 000.00	281 368.00
	小计		347 368.00	17 368.40	5 500.00	66 000.00	281 368.00
合 计			1 342 105.00	67 105.25	21 250.00	255 000.00	1 087 105.00

二、任务示范

（1）启用账簿。根据广东华天食品有限公司的相关资料，填写启用表，如表 B1-6 所示。

表 B1-6

账 簿 启 用 表

单位名称	广东华天食品有限公司	负责人	职别	姓名	盖章
账簿名称	总分类账	单位负责人	董事长	张浩然	张浩然
账簿编号	第 2012008 号	单位主管财会工作负责人	总会计师	肖凯	肖凯
账簿页数	本账簿共计 180 页	会计机构负责人	财务经理	陈海	陈海
启用日期	2012 年 01 月 01 日	会计主管人员			

经管人员		接管			移交			监交		印花粘贴处
姓名	盖章	年	月	日	盖章	年	月	日	盖章	姓名	盖章
林小丽	林小丽										

（2）开设总分类账户。根据表 B1-2 建"应付账款"总账，如表 B1-7 所示。

表 B1-7

总分类账

会计科目： __应付账款__

总页数	35
分户页数	1

2012年		凭证		摘要	借方										贷方										借或贷	余额									
月	日	种类	号数		千	百	十	万	千	百	十	元	角	分	千	百	十	万	千	百	十	元	角	分		千	百	十	万	千	百	十	元	角	分

（3）登记期初余额。根据表B1-2填写"应付账款"总账期初余额，如表B1-8所示。

表B1-8

总分类账

总页数　35
分户页数　1

会计科目：　应付账款

2012年		凭证		摘要	借方 千百十万千百十元角分	贷方 千百十万千百十元角分	借或贷	余额 千百十万千百十元角分
月	日	种类	号数					
12	1			期初余额			贷	9 0 0 0 0 0 0

（4）填写账户目录。根据广东华天食品有限公司的相关资料，填写总账账簿目录，如表B1-9所示。

表B1-9

账 簿 目 录 表

编号	科目	页码	编号	科目	页码	编号	科目	页码
1001	库存现金	1						
1002	银行存款	5						
	……							
	……							

三、任务实施

参照示范，根据广东华天食品有限公司2012年12月的期初余额（见表B1-2）等相关资料，建立总账账簿。

【相关知识】

会计账簿是由具有一定格式、相互联系的账页所组成的，用来序时、分类、全面地记录一个企业、单位经济业务事项的会计簿籍。

一、会计账簿的分类

在会计账簿体系中，有各种不同功能和作用的账簿，它们各自独立、又相互补充。为了便于了解和使用，必须从不同的角度对会计账簿进行分类。

(一) 会计账簿按用途分类

会计账簿按其用途不同，可分为序时账簿、分类账簿和备查账簿。

1. 序时账簿。序时账簿又称日记账，是按经济业务发生或完成时间的先后顺序进行登记的账簿。序时日记账又分为普通日记账和特种日记账。

（1）普通日记账。普通日记账是指用来逐笔记录全部经济业务的序时账簿，即把每天发生的各项经济业务逐日逐笔地登记在日记账中。

（2）特种日记账。特种日记账是用来逐笔记录某一经济业务的序时账簿。目前在我国，大多数单位一般只设库存现金日记账（如表B1-10所示）和银行存款日记账（如表B1-11所示）。

表 B1-10

库存现金日记账

2012年		凭证		摘要	对方科目	借方	贷方	借或贷	余额
月	日	种类	号数			千百十万千百十元角分	千百十万千百十元角分		千百十万千百十元角分
12	1			期初余额				借	1800 00
	1	银付	1	提取现金	银行存款	3500 00		借	5300 00
	1	现付	1	李辉预借差旅费	其他应收款		2200 00	借	3100 00

表 B1-11

银行存款日记账

2012年		凭证		摘要	结算凭证		对方科目	借方	贷方	借或贷	余额
月	日	种类	号数		种类	号数		千百十万千百十元角分	千百十万千百十元角分		千百十万千百十元角分
12	1			期初余额						借	53749 00
	1	银收	1	收到投资款	转支		实收资本	30000 00		借	83749 00
	1	银付	1	提取现金	普支	9932	库存现金		3500 00	借	83399 00

2. 分类账簿。分类账簿是对全部经济业务事项按照会计要素的具体类别而设置的分类账户进行登记的账簿。分类账簿按其提供核算指标的详细程度不同，具体分为两种：总分类账和明细分类账。

（1）总分类账。总分类账简称为总账，是根据总分类科目开设账户，用来登记全部经济业务，进行总分类核算，提供总括核算资料的分类账簿。总账格式一般采用三栏式，如表B1-12所示。

表 B1-12

总分类账

总页数 5
分户页数 1

会计科目： 银行存款

2012年		凭证		摘要	借方	贷方	借或贷	余额
月	日	种类	号数		千百十万千百十元角分	千百十万千百十元角分		千百十万千百十元角分
12	1			期初余额			借	5374900 0
	1	银收	1	收到投资款	3000000 0		借	8374900 0
	1	银付	1	提取现金		350000 0	借	8339900 0
	1	银付	2	购白砂糖		79560 0	借	8260340 0
	1	银付	3	付货款		800000 0	借	7460340 0
	7	银收	2	收货款	750000 0		借	8210340 0
	7	银收	3	缴纳增值税		292500 0	借	7917840 0
	7	银收	4	支付电费		117000 0	借	7800840 0

（2）明细分类账。明细分类账简称为明细账。是根据明细分类科目开设账户，用来登记某一类经济业务，进行明细分类核算，提供明细核算资料的分类账簿。明细账可根据具体需要选择三栏式（如表 B1-13 所示）、多栏式（如表 B1-14 所示）或数量金额式（如表 B1-15 所示）。它受总分类账的控制和统驭，起到对总分类账的补充和细化的作用。

表 B1-13

应付账款明细分类账

明细科目： 北京宏发油厂

2012年		凭证		摘要	借方	贷方	借或贷	余额
月	日	种类	号数		千百十万千百十元角分	千百十万千百十元角分		千百十万千百十元角分
12	1			期初余额			贷	800000 0

表 B1-14

制造费用

明细科目_____

2012年		凭证字号	摘要	合计	借方			
月	日				材料消耗	职工薪酬	水电费	折旧费
12	31	转8	领用材料	3280 0	3280 0			
	31	转9	分配电费	16000 0			16000 0	
	31	转10	计提折旧	157500 0				157500 0
	31	转11	分配工资费用	95000 0		95000 0		

表 B1-15

原 材 料

最高储量
最低储量
编号：　　　　　规格：　　　　　单位：千克　　　　　　　　明细科目　__白砂糖__

2012年		凭证		摘要	借方			贷方			借或贷	结存		
月	日	种类	号数		数量	单价	千百十万千百十元角分	数量	单价	千百十万千百十元角分		数量	单价	千百十万千百十元角分
12	1			期初余额							借	8000	1.6	1 2 8 0 0 0 0
	1	银付	2	购入原材料	4000	1.73	6 9 0 0 0 0				借	12000	1.64	1 9 7 0 0 0 0

3. 备查账簿。备查账簿又称辅助账簿，是对某些在序时账簿和分类账簿等主要账簿中都不进行登记或者登记不够详细的经济业务事项进行补充登记使用的账簿。这些账簿可以对某些经济业务的内容提供必要的参考资料，但是它记录的信息不须编入会计报表中，所以也称表外记录。备查账簿没有固定格式，可由各单位根据管理的需要自行设置与设计。如租入固定资产登记簿、应收票据备查簿、受托加工来料登记簿。

（二）会计账簿按外形特征分类

会计账簿按其外形特征不同，可以分为订本式账簿、活页式账簿和卡片式账簿。

1. 订本式账簿。订本式账簿也称订本账，是指在账簿启用前就把具有账户基本结构并连续编号的若干张账页固定地装订成册的账簿。这种账簿的优点是：可以避免账页散失，防止账页被随意抽换，比较安全；其缺点是：由于账页固定，不能根据需要增加或减少，不便于按需要调整各账户的账页，也不便于分工记账。这种账簿一般适用于总分类账、现金日记账和银行存款日记账。

2. 活页式账簿。活页式账簿也称活页账，是指年度内账页不固定装订成册，而是将其放置在活页账夹中的账簿，当账簿登记完毕之后（通常是一个会计年度结束之后），才能将账页予以装订，加具封面，并给各账页连续编号。这种账簿的优点是：随时取放，便于账页的增加和重新排列，便于分工记账和记账工作电算化；缺点是：账页容易散失和被随意抽换。活页账在年度终了时，应及时装订成册，妥善保管。各种明细分类账一般采用活页账式。

3. 卡片式账簿。卡片式账簿又称卡片账，是指由许多具有一定格式的卡片组成，存放在一定卡片箱内的账簿。卡片账的卡片一般装在卡片箱内，不用装订成册，随时可存放，也可跨年度长期使用。这种账簿的优点是：便于随时查阅，也便于按不同要求归类整理，不易损坏；其缺点是：账页容易散失和随意抽换。因此，在使用时应对账页连续编号，并加盖有关人员图章，卡片箱应由专人保管，更换新账后也应封扎保管，以保证其安全。在我国，单位一般只对固定资产和周转材料等资产明细账采用卡片账形式。

（三）会计账簿按账页的格式分类

会计账簿按其账页的格式不同，可以分为两栏式账簿、三栏式账簿、多栏式账簿、数量金额式账簿等。

1. 两栏式账簿。两栏式账簿，是指只有借方和贷方两个基本金额栏目的账簿。普通日记账一般采用两栏式。

2. 三栏式账簿，是指其账页的格式主要部分为借方、贷方和余额三栏或者收入、支出和余额三栏的账簿。三栏式账簿又可分为设对方科目（见表 B1-11）和不设对方科目（见表 B1-12）两种。区别是在摘要栏和借方科目栏之间是否有一栏"对方科目"栏。三栏式账簿主要适用于各种日记账、总分类账以及资本、债权债务明细账等。

3. 多栏式账簿。多栏式账簿是指根据经济业务的内容和管理的需要，在账页的"借方"和"贷方"栏内再分别按照明细科目或某明细科目的各明细项目设置若干专栏的账簿。这种账簿可以按"借方"和"贷方"分别设专栏，也可以只设"借方"专栏，"贷方"的内容在相应的借方专栏内用红字登记，表示冲减。如果只设"贷方"专栏，"借方"的内容在相应的贷方栏内用红字登记，表示冲减。成本、收入、费用明细账一般采用这种格式的账簿（见表 B1-14）。

4. 数量金额式账簿。数量金额式账簿是指在账页中分"借方"、"贷方"和"余额"或者"收入"、"发出"和"结存"三大栏，并在每一大栏内分设数量、单价和金额等三小栏的账簿，数量金额式账簿能够反映出财产物资的实物数量和价值量。原材料和库存商品等明细账一般采用数量金额式账簿（见表 B1-15）。

二、会计账簿的基本内容

各种账簿所记录的经济内容不同，账簿的格式又多种多样，不同账簿的格式所包括的具体内容也不尽一致，但各种主要账簿应具备以下基本要素：

（1）封面。主要用于表明账簿的名称，如现金日记账、银行日记账、总分类账、应收账款明细账等。具体见图 B1-1 所示。

图 B1-1　会计账簿的封面

（2）扉页。扉页主要列有账簿启用表（如表 B1-16 所示）、经管人员一览表（如表 B1-17 所示）和账簿目录表（如表 B1-18 所示），其中经管人员一览表的内容主要有：经管人员、移交人和移交日期；接管人和接管日期。

表 B1-16　　　　　　　　　　　账簿启用表

账簿启用表					
单位名称	（加盖公章）		负责人	职务	姓名
账簿名称	账簿第　册		单位领导		
账簿号码	第　号	启用日期　年　月　日	会计主管		
账簿页数	本账簿共计　页		主办会计		

表 B1-17   经管账簿人员一览表

经管账簿人员一览表											
记账人员			接管日期			移交日期			监交日员		备注
职务	姓名	盖章	年	月	日	年	月	日	职务	姓名	

表 B1-18   科目索引表

账号	科目	页码	账号	科目	页码	账号	科目	页码	账号	科目	页码

（3）账页。账页是用来记录具体经济业务的载体，其格式因记录经济业务的内容的不同而有所不同，但每张账页上应载明的主要内容有：账户的名称（即会计科目）；记账日期栏；记账凭证种类和号数栏；摘要栏（经济业务内容的简要说明）；借方、贷方金额及余额的方向、金额栏；总页数和分户页数等。账页主要内容如表 B1-19 所示。

表 B1-19

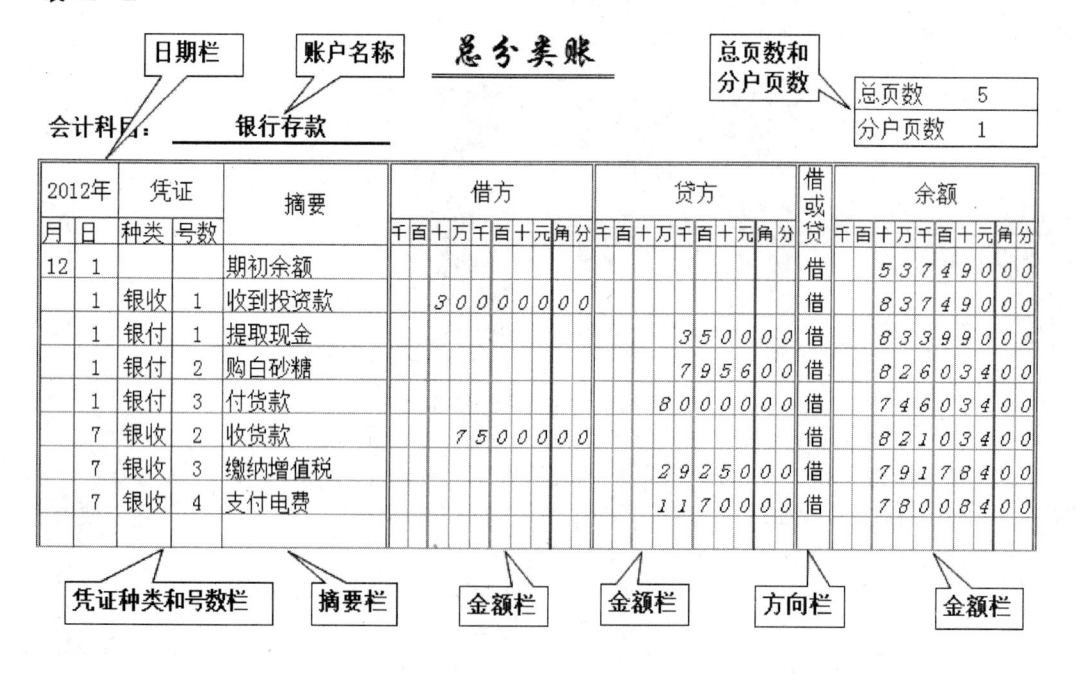

总分类账

会计科目：　银行存款　　　　　　　　　　　　　　　总页数　5
　　　　　　　　　　　　　　　　　　　　　　　　　　分户页数　1

2012年		凭证		摘要	借方	贷方	借或贷	余额
月	日	种类	号数		千百十万千百十元角分	千百十万千百十元角分		千百十万千百十元角分
12	1			期初余额			借	5 3 7 4 9 0 0 0
	1	银收	1	收到投资款	3 0 0 0 0 0 0 0		借	8 3 7 4 9 0 0 0
	1	银付	1	提取现金		3 5 0 0 0 0	借	8 3 3 9 9 0 0 0
	1	银付	2	购白砂糖		7 9 5 6 0 0	借	8 2 6 0 3 4 0 0
	1	银付	3	付货款		8 0 0 0 0 0 0	借	7 4 6 0 3 4 0 0
	7	银收	2	收货款	7 5 0 0 0 0 0		借	8 2 1 0 3 4 0 0
	7	银收	3	缴纳增值税		2 9 2 5 0 0 0	借	7 9 1 7 8 4 0 0
	7	银收	4	支付电费		1 1 7 0 0 0 0	借	7 8 0 0 8 4 0 0

三、总账账簿的设置方法

总分类账一般采用三栏式账页的订本账。总分类账由封面、扉页和账页等构成，总分类账簿的封面一般印有"总账"名称。具体设置步骤如下：

1. 启用账簿。填写扉页上的"账簿启用表"。"账簿启用表"中的内容包括：单位名称、账簿名称、账簿编号、账簿页数、启用日期、记账人员和主管人员姓名等，并加盖名章和单位公章。记账人员更换时，应办理交接手续，在"经管账簿人员一览表"中注明交接日期、移交人员、接管人员和监交人员姓名，并由交接双方签名或盖章，以明确有关人员的责任。"账簿启用表"格式见表 B1-16 所示。

2. 开设总分类账户。会计核算涉及的总账账户，应根据具体单位的经济业务，不论期初是否有余额，都需在总账中开设相应的账户（如表 B1-20 所示），按业务情况预留账页。

表 B1-20

总分类账

总页数： 15
分户页数： 1

会计科目： 应收账款

2012年		凭证		摘要	借方	贷方	借或贷	余额
月	日	种类	号数		千百十万千百十元角分	千百十万千百十元角分		千百十万千百十元角分

3. 登记期初余额。总账账户如果上一年年末有余额，要把该余额引入为本年度账户中，如表 B1-21 所示。具体操作如下：

（1）日期栏填写期初日期。
（2）摘要栏填写"上年结转"（非年初建账填写"期初余额"）。
（3）在余额栏填写"借"或"贷"方向和金额（无余额的账户不需填写）。

表 B1-21

总分类账

总页数： 15
分户页数： 1

会计科目： 应收账款

2012年		凭证		摘要	借方	贷方	借或贷	余额
月	日	种类	号数		千百十万千百十元角分	千百十万千百十元角分		千百十万千百十元角分
1	1			上年结转			借	3 1 6 0 0 0 0

4. 填写账户目录。全部总账账户设置完成后，应在账簿的"账户目录表"中填写各账户的编号、科目名称和页码，以便查找（见表 B1－18 所示）。

四、账簿的书写要求

（1）一律使用蓝黑墨水或者碳素墨水填写，不允许使用铅笔、圆珠笔，红笔按规定要求使用。

（2）账簿中书写的文字和数字紧贴底线书写，但上端不可顶格，其高度占格距的 1/2 左右，要为更正错误数字留有余地。

（3）书写时每个数字要排列有序并且数字要有一定倾斜度，字体要自右上方向左下方倾斜，倾斜度约 60 度，各数字的倾斜度要一致。书写时每个数字要大小均匀、笔画流畅，每个数码独立有形，不能连笔书写。

阿拉伯数字书写规范如图 B1－2 所示。

图 B1－2　账簿数字书写规范

任务二　建日记账

【工作任务】

一、工作任务

会计人员在期初要建立总账、日记账和明细账。根据各单位经济活动的特点，选择合适的日记账账簿，按建账步骤完成日记账账簿的设置。

二、任务示范

根据表 B1－2 建"银行存款日记账"，如表 B1－22 所示。

表 B1-22

银行存款日记账

2012年		凭证		摘要	对方科目	借方 千百十万千百十元角分	贷方 千百十万千百十元角分	借或贷	余额 千百十万千百十元角分
月	日	种类	号数						
12	1			期初余额				借	5 3 7 4 9 0 0 0

三、任务实施

参照示范，根据广东华天食品有限公司2012年12月的期初余额（见表B1-2）等相关资料，建立库存现金日记账、银行存款日记账账簿。

【相关知识】

日记账有普通日记账和特种日记账两类，企业一般只设特种日记账中的库存现金日记账和银行存款日记账。

库存现金日记账和银行存款日记账是用来核算和监督企业每天的收入、支出和结存情况的账簿，其格式有三栏式和多栏式两种。无论采用三栏式还是多栏式现金日记账，都必须使用订本账，为每一张账页顺序编号，以防止账页散失或被抽换，同时也便于查阅。

日记账账簿的设置操作与总账账簿相似，具体步骤为：
（1）启用账簿。
（2）开设日记账账户。
（3）登记期初余额。
（4）填写账户目录。

填写方法与总分类账账簿相同，不再重述。

任务三　建明细账

【工作任务】

一、工作任务

会计人员从经营管理的需要出发，在总账科目下设置若干必要的明细账。根据反映经济业务的特点，以及财产物资管理的不同要求，选择、设计明细账账页和账簿，按建账步骤完成明细账账簿的设置。

二、任务示范

（1）根据表 B1-2、表 B1-3 建"应收账款"三栏明细账，如表 B1-23、表 B1-24 所示。

表 B1-23

应收账款明细分类账

明细科目： 上海利达商场

2012年		凭证		摘要	借方	贷方	借或贷	余额
月	日	种类	号数		千百十万千百十元角分	千百十万千百十元角分		千百十万千百十元角分
12	1			期初余额			借	7 5 0 0 0 0 0

表 B1-24

应收账款明细分类账

明细科目： 海富商店

2012年		凭证		摘要	借方	贷方	借或贷	余额
月	日	种类	号数		千百十万千百十元角分	千百十万千百十元角分		千百十万千百十元角分
12	1			期初余额			借	5 4 0 0 0 0 0

（2）根据表 B1-2、表 B1-4 建"库存商品"数量金额明细账，如表 B1-25、表 B1-26 所示。

表 B1-25

库存商品

最高储量
最低储量
编号：　　　规格：　　　单位：　　　　　　　　　　　明细科目　曲奇饼干

2012年		凭证		摘要	借方			贷方			借或贷	结存		
月	日	种类	号数		数量	单价	千百十万千百十元角分	数量	单价	千百十万千百十元角分		数量	单价	千百十万千百十元角分
12	1			期初余额							借	28000	3.18	8 9 0 4 0 0 0

表 B1-26

库存商品

明细科目 __威化饼干__

2012年		凭证			摘要	借方			贷方			借或贷	结存		
月	日	种类	号数			数量	单价	千百十万千百十元角分	数量	单价	千百十万千百十元角分		数量	单价	千百十万千百十元角分
12	1				期初余额							借	5000	4.50	2250000

（3）根据表 B1-2、表 B1-5 建"固定资产项目明细账"，如表 B1-27 所示。

表 B1-27

固定资产项目明细账

资产名称 __曲奇饼干机__

2012年		凭证字号	摘要	原值			折旧			净值	
月	日			百十万千百十元角分	百十万千百十元角分	十万千百十元角分	十万千百十元角分	十万千百十元角分	十万千百十元角分	十万千百十元角分	十万千百十元角分
12	1		期初余额		3540000				672600		2867400

三、任务实施

参照示范，根据广东华天食品有限公司 2012 年 12 月的期初余额（见表 B2-2、表 B2-3、表 B2-4、表 B2-5）等相关资料，建立明细账账簿。

【相关知识】

明细分类账可根据具体需要选用三栏式、多栏式、数量金额式等多种格式。

1. 三栏式明细分类账。三栏式明细分类账账页只设有借方、贷方和余额三个金额栏，不设数量栏。其格式与三栏式总分类账相同。主要适用于债权、债务等只需要进行金额核算的明细分类账的登记，格式见表 B1-23 所示。

2. 多栏式明细分类账。多栏式明细分类账是根据经济业务的特点和经济管理的要求，在一张账页内记录某一科目及其所属的各明细科目的内容，按该总账科目的明细项目设专栏记录。可根据等级的经济业务不同，将账页格式分为借方多栏、贷方多栏和借方贷方均多栏三种格式。这种格式的账簿主要适用于成本费用、收入、利润等明细账的登记，格式见表 B1-14 所示。

3. 数量金额式明细分类账。数量金额式明细分类账是在借方、贷方、余额栏内分别设有数量、单价和金额三个栏次，适用于既要进行金额核算，又要进行实物数量核算的各种财产物资账户。如存货类"库存商品"、"原材料"等，格式见表 B1－25 所示。

明细账账簿一般采用活页式。设置明细分类账时，不用给每一明细账户预留账页，只需在相关账簿中设置有期初余额的明细账户。对期初无余额的明细账户可暂不开设，待业务发生时再设置。明细账账簿的设置操作与总账账簿相似，具体步骤为：

（1）启用账簿。
（2）开设明细账账户。
（3）登记期初余额。
（4）填写账户目录。

填写方法与总分类账账簿相同，不再重述。

巩固与训练

一、单项选择题

1. 下列明细分类账中，一般不适宜用三栏式账页格式的是（　　）。
   A. 应收账款明细账　B. 应付账款明细账　C. 实收资本明细账　D. 原材料明细账
2. 序时账、分类账和备查簿划分的主要依据是（　　）。
   A. 账页的格式不同　B. 外表形式不同　C. 账簿的用途不同　D. 登记方式不同
3. 下列无须设置明细账户进行核算的是（　　）。
   A. 应付账款　　　　B. 实收资本　　　C. 累计折旧　　　　D. 原材料
4. 下列账户中，必须采用订本式账簿的是（　　）。
   A. 原材料明细账　　B. 库存商品明细账　C. 银行存款日记账　D. 固定资产登记簿
5. "生产成本"明细账应采用（　　）。
   A. 三栏式　　　　　B. 多栏式　　　　C. 数量金额式　　　D. 横线登记式
6. 下列明细账户中，一般采用多栏式账页格式的是（　　）。
   A. 应收账款　　　　B. 主营业务收入　　C. 累计折旧　　　　D. 银行存款
7. 库存商品明细账一般都采用（　　）。
   A. 订本账簿　　　　B. 三栏式账簿　　　C. 分类账簿　　　　D. 数量金额式账簿

二、多项选择题

1. 账簿按其外表形式，可分为（　　）。
   A. 序时账簿　　　　B. 订本式账簿　　　C. 活页式账簿　　　D. 卡片账账簿
2. 订本账一般适用于（　　）。
   A. 总分类账　　　　B. 库存现金日记账　C. 银行存款日记账　D. 明细分类账
3. 下列明细账中，一般采用多栏式明细分类账的有（　　）。
   A. 应收账款明细账　B. 库存商品明细账　C. 生产成本明细账　D. 销售费用明细账
4. 下列不能采用活页式账簿的有（　　）。
   A. 应收账款明细账　B. 应收账款总账　　C. 库存现金日记账　D. 原材料总账
5. 下列账簿中，一般采用数量金额式的有（　　）。
   A. 原材料明细账　　B. 库存商品明细账　C. 应收账款明细账　D. 资本明细账

三、判断题

1. 备查账可以为某些经济业务的内容提供必要的补充资料，它没有统一的格式，各单位可以根据实际工作的需要来设置。（　）

2. 各种日记账、总账以及资本、债权债务明细账都可采用三栏式账簿。（　）

3. 总分类账一般采用订本账；明细分类账一般采用活页账。（　）

4. 多栏式账簿主要适用于既需要记录金额，又需要记录实物数量的财产物资的明细账户。（　）

5. 活页式账簿便于账页的重新排列与记账人员的分工，但账页容易散失和被随意抽换。（　）

四、实务题

目的：练习数字书写

要求：参考图B1-2，在账页（见表B1-28）或凭证上练习数字的书写。

表B1-28　　　　　　　　　　　　　三栏式账页

月	日	凭证		摘要	借方	贷方	借或贷	余额
		种类	号数		千百十万千百十元角分	千百十万千百十元角分		千百十万千百十元角分

项目二

日常填制和审核会计凭证

职业活动

单位在经济业务发生和完成时，有关人员填制或取得相应的原始凭证，以证明经济业务的发生和完成。在日常经济活动中，经济业务多种多样，反映不同内容的原始凭证其内容、格式也不尽相同，常见的有发票、收料单、领料单等。由于原始凭证种类繁多、格式不一，不便于直接记账，必须按会计核算方法进行整理，编制记账凭证，作为记账的直接依据。为了保证会计核算资料的真实、合法、正确，需要对原始凭证和记账凭证进行审核。原始凭证和记账凭证的填制与审核，是会计日常工作的一项重要的职业活动。

职业能力

能按规范填制和审核原始凭证；能运用借贷记账法熟练编制和审核记账凭证。

任务一 填制和审核原始凭证

【工作任务】

一、工作任务

会计人员在掌握原始凭证的填制和审核方法的基础上，根据经济业务的发生，取得或填制有关原始凭证，为保证会计信息的真实性和正确性，还要对填制好的原始凭证进行审核。以下是模拟企业经济业务发生的原始凭证。

广东华天食品有限公司 2012 年 12 月份发生如下经济业务。

（1）1 日，收到海威公司投资款 300 000 元的转账支票一张，存入银行。原始凭证

1-1、原始凭证1-2如图B2-1、表B2-1所示。

中国工商银行进账单（收账通知）

2012 年 12 月 1 日

收款人	全称	广东华天食品有限公司	付款人	全称	海威公司	千百十万千百十元角分
	账号	325500224535138		账号	533714342266159	￥300000000
	开户银行	工行天河支行		开户银行	工行越秀支行	

人民币（大写）	叁拾万元整
票据种类	支票
票据张数	壹张

备注：工商银行天河支行 2012.12.01 转讫

单位主管　会计　复核　记账　　　　　收款人开户行盖章

图 B2-1　进账单

表 B2-1

收款收据

年　月　日　　　　　　　　　　　　　　　No.00157

付款单位（人）		付款方式	
交款事由			
人民币（大写）			（小写）
备注			

（2）1日，出纳员填写支票一张，从银行提取现金3 500元备用。原始凭证2如图B2-2所示。

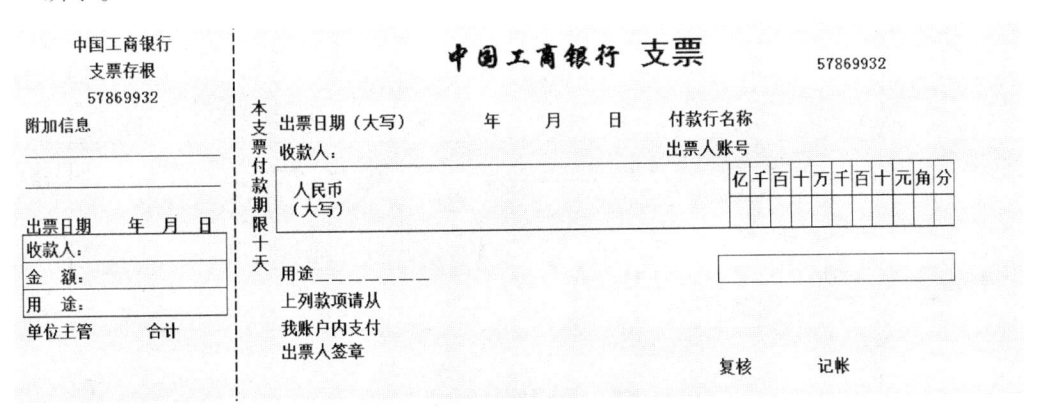

图 B2-2　支票

（3）1日，采购员李辉填写借款单，并经有关人员签字同意，预借差旅费2 200元，以现金支付。原始凭证3如表B2-2所示。

表 B2-2   借款单
                                               年 月 日   No. 21059

借款人		借款事由	
所属部门			
借款金额	人民币（大写）		¥
审批意见：	年 月 日	归还期限 年 月 日	归还方式

会计主管：   复核：   出纳：   借款人：

（4）1日，向广东国强贸易公司购入白砂糖4 000千克，每千克1.7元，价款6 800元，增值税1 156元，开出支票付款。另用现金支付运费111元（含11%增值税11元）。材料已验收入库。原始凭证4-1、4-2、4-3、4-4、4-5、4-6如图B2-3、图B2-4、图B2-5、图B2-6、图B2-7、表B2-3所示。

广东省增值税专用发票
发票联

11000937   No. 020875

开票日期：2012年12月1日

购货单位	名　　称：广东华天食品有限公司	密码区	略
	纳税人识别号：440102375003739		
	地　址、电　话：广州市天河区山前路68号 37365858		
	开户行及账号：工行天河支行 325500224535138		

货物或应税劳务名称	规格型号	单位	数量	单价	金额	税率	税额
白砂糖		千克	4000	1.70	6800.00	17%	1156.00
合计					¥6800.00		¥1156.00

价税合计（大写）	⊗柒仟玖佰伍拾陆元整	（小写）¥7956.00

销货单位	名　　称：广东国强贸易公司
	纳税人识别号：440106875617335
	地　址、电　话：广州市天河区解放路36号 86581176
	开户行及账号：工行广州岗顶支行 255437398866186

收款人：丁凡   复核：赵一   开票人：张力   销货单位（章）

图 B2-3 增值税专用发票发票联

广东省增值税专用发票

11000937　　　　　　　　　　　　　　　　　　　　　　　　No.020875

开票日期：2012 年 12 月 1 日

购货单位	名　　称：广东华天食品有限公司 纳税人识别号：440102375003739 地址、电话：广州市天河区山前路 68 号 37365858 开户行及账号：工行天河支行 325500224535138	密码区	略

货物或应税劳务名称	规格型号	单位	数量	单价	金额	税率	税额
白砂糖		千克	4000	1.70	6800.00	17%	1156.00
合计					￥6800.00		￥1156.00

价税合计（大写）	⊗柒仟玖佰伍拾陆元整　　　　　　（小写）￥7956.00

销货单位	名　　称：广东国强贸易公司 纳税人识别号：440106875617335 地址、电话：广州市天河区解放路 36 号 86581176 开户行及账号：工行广州岗顶支行 255437398866186

收款人：丁凡　　　　复核：赵一　　　　开票人：张力　　　　销货单位（章）

第三联　抵扣联

图 B2-4　增值税专用发票抵扣联

图 B2-5　支票

4403124730	货物运输业增值税专业发票			No.00430381			
				开票日期：2012年12月01日			
承运人及纳税人识别号	广东联运有限公司 812417958736267	密码区		略			
联运人及纳税人识别号	广东联运有限公司 812417958736267						
收货人及纳税人识别号	广东华天食品有限公司 440102375003739	发货人及纳税人识别号		广东国强贸易公司 440106875617335			
起运地、经由、到达地	广东省东莞市到广州天河区						
费用项目及金额	费用项目 运输费	金额 100.00		运输货物信息	2012年12月1日 白砂糖		
合计金额	¥100.00	税率	11%	税值	¥11.00	机器编号	889900027857
合计(大写)	⊗壹佰壹拾壹元整				¥111.00		
序号	0001	吨位		4t			
主管税务机关及代码	广州市天河区国家税务局管理五科 14403051400						
收款人：张明	复核人：张梅	开票人：黄强丽		承运人：(章)			

第二联：发票联

图 B2-6 运输发票发票联

4403124730	货物运输业增值税专业发票			No.00430381			
				开票日期：2012年12月01日			
承运人及纳税人识别号	广东联运有限公司 812417958736267	密码区		略			
联运人及纳税人识别号	广东联运有限公司 812417958736267						
收货人及纳税人识别号	广东华天食品有限公司 440102375003739	发货人及纳税人识别号		广东国强贸易公司 440106875617335			
起运地、经由、到达地	广东省东莞市到广州天河区						
费用项目及金额	费用项目 运输费	金额 100.00		运输货物信息	2012年12月1日 白砂糖		
合计金额	¥100.00	税率	11%	税值	¥11.00	机器编号	889900027857
合计(大写)	⊗壹佰壹拾壹元整				¥111.00		
序号	0001	吨位		4t			
主管税务机关及代码	广州市天河区国家税务局管理五科 14403051400						
收款人：张明	复核人：张梅	开票人：黄强丽		承运人：(章)			

第三联：抵扣联

图 B2-7 运输发票抵扣联

表 B2-3　　　　　　　　　　入　库　单　　　　　　　　　　No.01256
　　　　　　　　　　　　　　　年　月　日　　　　　　　　　　单位：元

发货地点			北京		供应单位			备注		第三联送交财务
名称	单位	规格	数量		实际价格					
			应收	实收	金额	运杂费	实际单价	合计		
花生油										
奶油										
合计										

仓库主管：　　　　　　　　　仓库保管：　　　　　　　　　制单：

（5）1日，偿还北京宏发油厂货款 80 000 元。原始凭证 5 如图 B2-8 所示。

工商银行电汇凭证（回单）

委托日期　2012 年 12 月 1 日　　　　第　　号

汇款人	全称	广东华天食品有限公司	收款人	全称	北京宏发油厂		
	账号	325500224535138		账号	367756459766234		
	汇出地点	广东省广州市	汇出行	工行天河支行	汇入地点	北京市昌平区	汇入行	建行北京昌平支行
金额	人民币（大写）捌万元整				千百十万千百十元角分　￥8 0 0 0 0 0 0
汇款用途：				汇出行盖章　　年　月　日

（工商银行天河支行 2012.12.01 转讫）

图 B2-8　电汇凭证

（6）6日，从北京宏发油厂购入花生油 4 000 千克，每千克 4.60 元，奶油 2 000 千克，每千克 8.20 元，共计价款 34 800 元，增值税 5 916 元，北京宏发油厂垫付了运费 666 元（含 11% 增值税 66 元）。款项未支付，材料已验收入库。原始凭证 6-1、6-2、6-3、6-4、6-5、6-6 如图 B2-9、图 B2-10、图 B2-11、图 B2-12、表 B2-4、表 B2-5 所示。

北京市增值税专用发票 发票联

12056453　　　　　　　　　　　　　　　　　　　　　　　　No. 115702

开票日期：2012 年 12 月 1 日

购货单位	名　称：广东华天食品有限公司 纳税人识别号：440102375003739 地　址、电　话：广州市天河区山前路 68 号 37365858 开户行及账号：工行广州天河支行 325500224535138	密码区	略

货物或应税劳务名称	规格型号	单位	数 量	单 价	金 额	税 率	税 额
花生油		千克	4000	4.60	18400.00	17%	3128.00
奶油		千克	2000	8.20	16400.00	17%	2788.00
合计					￥34800.00		￥5916.00

价税合计（大写）　⊗肆万零柒佰壹拾陆元整　　　　　　　　（小写）￥40716.00

销货单位	名　称：北京宏发油厂 纳税人识别号：110646583735266 地　址、电　话：北京市昌平区人民路 115 号 25667745 开户行及账号：工行北京昌平支行 367756459766234	备注	（发票专用章）

收款人：张丽　　　复核：黄渤　　　开票人：吴天力　　　销货单位（章）

图 B2－9　增值税专用发票发票联

北京市增值税专用发票 抵扣联

12056453　　　　　　　　　　　　　　　　　　　　　　　　No. 115702

开票日期：2012 年 12 月 1 日

购货单位	名　称：广东华天食品有限公司 纳税人识别号：440102375003739 地　址、电　话：广州市天河区山前路 68 号 37365858 开户行及账号：工行广州天河支行 325500224535138	密码区	略

货物或应税劳务名称	规格型号	单位	数 量	单 价	金 额	税 率	税 额
花生油		千克	4000	4.60	18400.00	17%	3128.00
奶油		千克	2000	8.20	16400.00	17%	2788.00
合计					￥34800.00		￥5916.00

价税合计（大写）　⊗肆万零柒佰壹拾陆元整　　　　　　　　（小写）￥40716.00

销货单位	名　称：北京宏发油厂 纳税人识别号：110646583735266 地　址、电　话：北京市昌平区人民路 115 号 25667745 开户行及账号：工行北京昌平支行 367756459766234	备注	（发票专用章）

收款人：张丽　　　复核：黄渤　　　开票人：吴天力　　　销货单位（章）

图 B2－10　增值税专用发票抵扣联

货物运输业增值税专业发票

2103124248　　No.00397356

开票日期：2012年12月02日

第二联：发票联

承运人及纳税人识别号	北京四通运输公司　110625376559467	密码区	略
联运人及纳税人识别号	北京四通运输公司　110625376559467		
收货人及纳税人识别号	广东华天食品有限公司　440102375003739	发货人及纳税人识别号	北京宏发油厂　110646583735266
起运地、经由、到达地	北京到广州天河区		
费用项目及金额	费用项目　运输费　金额　600.00	运输货物信息	2012年12月02日　花生油、奶油
合计金额	￥600.00　税率　11%　税值　￥66.00	机器编号	889900027857
合计(大写)	⊗陆佰陆拾陆元整		￥666.00
序号	0001　吨位　6t	备注	税号：110625376559467 发票专用章
主管税务机关及代码	北京市昌平区国家税务局管理一所　14403051400		

收款人：陈靖　　复核人：江汇　　开票人：吴海天　　承运人：(章)

图 B2-11　运输发票发票联

货物运输业增值税专业发票

2103124248　　No.00397356

开票日期：2012年12月02日

第三联：抵扣联

承运人及纳税人识别号	北京四通运输公司　110625376559467	密码区	略
联运人及纳税人识别号	北京四通运输公司　110625376559467		
收货人及纳税人识别号	广东华天食品有限公司　440102375003739	发货人及纳税人识别号	北京宏发油厂　110646583735266
起运地、经由、到达地	北京到广州天河区		
费用项目及金额	费用项目　运输费　金额　600.00	运输货物信息	2012年12月02日　花生油、奶油
合计金额	￥600.00　税率　11%　税值　￥66.00	机器编号	889900027857
合计(大写)	⊗陆佰陆拾陆元整		￥666.00
序号	0001　吨位　6t	备注	税号：110625376559467 发票专用章
主管税务机关及代码	北京市昌平区国家税务局管理一所　14403051400		

收款人：陈靖　　复核人：江汇　　开票人：吴海天　　承运人：(章)

图 B2-12　运输发票抵扣联

表 B2-4　　　　　　　　　　材料采购运杂费分配表
　　　　　　　　　　　　　　　年　月　日　　　　　　　　　　　　　　　　　单位：元

供货单位			
材料名称	分配标准（重量）	分配率	分配金额
花生油			
奶油			
合计			

会计主管：　　　　　　　　　复核：　　　　　　　　　制单：

表 B2-5　　　　　　　　　　　入　库　单　　　　　　　　　　　　　No. 01257
　　　　　　　　　　　　　　　年　月　日　　　　　　　　　　　　　　　　　单位：元

发货地点		北京		供应单位			备注		
名称	单位	规格	数量		实际价格				
			应收	实收	金额	运杂费	实际单价	合计	
花生油									
奶油									
合计									

第三联送交财务

仓库主管：　　　　　　　　　仓库保管：　　　　　　　　　制单：

（7）7日，上月托收的上海利达商场货款 75 000 元已入账。原始凭证 7 如图 B2-13 所示。

托付承付凭证（收账通知）

委托日期 2012 年 11 月 28 日

付款行	全称	上海利达商场	收款行	全称	广东华天食品有限公司
	账号	964573743522156		账号	325500224535138
	开户银行	中行上海黄浦支行		开户银行	工行广州天河支行

托收金额	人民币（大写）	柒万伍仟元整	千	百	十	万	千	百	十	元	角	分
						¥7	5	0	0	0	0	0

附件	商品发运情况	合同名称号码
附寄单证张数或册数　1	铁路	工商银行天河支行 2012.12.07　6538
备注：	本托收款项已由付款人在开户行全额划回并收入你账户内。 收款人开户行签章 2012 年 6 月 7 日	科目_____ 对方科目_____ 转账　年　月　日 单位主管：　会计： 复核：　　记账：

图 B2-13　托收承付收款通知

(8) 7日，缴纳上月应纳增值税29 250元。原始凭证8如图B2-14所示。

中国工商银行 广东省分行营业　电子缴税（回单）

No.091012001700009288

业务日期：2012年12月7日

付款人	全称	广东华天食品有限公司	收款人	全称	广州市天河区国家税务局										
	账号	440102375003739		账号	77880105590005012										
	开户银行	广州天河支行		开户银行	中华人民共和国国家金库广州天河区支库										
金额	人民币（大写）	贰万玖仟贰佰伍拾元整	千	百	十	亿	千	百	十	万	千	百	十	元	角	分
										¥	2	9	2	5	0	0	0
内容	扣缴国税款	电子税票号	0000010081286202	纳税人编码	011100106903	纳税人名称	广东华天食品有限公司								
税种	所属期	纳税金额	备注	税种	所属期	纳税金额	备注	税种	所属期	纳税金额	备注
增值税	20121101-20121130	29250.00									

附言：

工行网站：www.icbc.com.cn　　打印日期：2012年12月7日

图B2-14　缴税回单

（9）7日，王力报销差旅费1 520元，原借款1 600元，返回现金80元。原始凭证9-1、9-2如图B2-15、表B2-6所示。

差旅费报销单

单位名称：销售科　　2012年12月7日　　NO.57655

姓名	王力		出差地点	上海	出差日期	2012.12.1-2012.12.6	
事由	销售业务						
年	月	日	起	讫	车船或飞机	杂（宿）费	出差补贴
					类别	金额		
2012	12	1	广州	上海	火车	350	600	220
2012	12	6	上海	广州	火车	350		
单据张数	3张		人民币（大写）	壹仟伍佰贰拾元整		¥1520.00	
预借：1600.00元		实报：1520.00元		补付：＿＿元		退回：80.00元	

单位主管：李健华　　记账：　　复核：林小丽　　出纳：王毅辉　　报账人签字：王力

图B2-15　差旅费报销单

表 B2-6　　　　　　　　　　　收 款 收 据
　　　　　　　　　　　　　　　年　月　日　　　　　　　　　　　　　　　　　No.00158

付款单位（人）		付款方式	
交款事由			
人民币（大写）			（小写）
备注			

（10）7日，开出支票支付电费11 700元。原始凭证10-1、10-2、10-3如图B2-16、图B2-17、图B2-18所示。

广东省增值税专用发票
发票联

21000937　　　　　　　　　　　　　　　　　　　　　　　No.031652
　　　　　　　　　　　　　　　　　　　　　　开票日期：2012年12月7日

购货单位	名　　称：广东华天食品有限公司	密码区	略
	纳税人识别号：440102375003739		
	地址、电话：广州市天河区山前路68号 37365858		
	开户行及账号：工行天河支行 325500224535138		

货物或应税劳务名称	规格型号	单位	数量	单价	金额	税率	税额
工业用电					10000.00	17%	1170.00
合计					¥10000.00		¥1700.00

| 价税合计（大写） | ⊗壹万壹仟柒佰元整 | （小写）¥11700.00 |

销货单位	名　　称：广州市供电局
	纳税人识别号：440513772846653
	地址、电话：广州市沙太路986号 55241376
	开户行及账号：建行天河支行 871169537610257

收款人：丁凡　　　复核：赵一　　　开票人：张力　　　销货单位（章）

图 B2-16　增值税专用发票发票联

广东省增值税专用发票
抵扣联

21000937　　　　　　　　　　　　　　　　　　　　　　　　　No.031652

开票日期：2012 年 12 月 7 日

购货单位	名　　称	广东华天食品有限公司	密码区	略
	纳税人识别号	440102375003739		
	地址、电话	广州市天河区山前路 68 号 37365858		
	开户行及账号	工行天河支行 325500224535138		

货物或应税劳务名称	规格型号	单位	数量	单价	金额	税率	税额
工业用电					10000.00	17%	1170.00
合计					¥10000.00		¥1700.00
价税合计（大写）	⊗壹万壹仟柒佰元整				（小写）¥11700.00		

销货单位	名　　称	广州市供电局
	纳税人识别号	440513772846653
	地址、电话	广州市沙太路 986 号 55241376
	开户行及账号	建行天河支行 871169537610257

收款人：丁凡　　　复核：赵一　　　开票人：张力　　　销货单位（章）

第三联 抵扣联

图 B2-17　增值税专用发票抵扣联

图 B2-18　支票

（11）10 日，提取现金 100 500 元，准备发放工资。原始凭证 11 如图 B1-19 所示。

图 B2-19　支票

（12）10日，发放工资。原始凭证12如表B2-7所示。

表B2-7　　　　　　　　　　　　工资结算汇总表（简表）　　　　　　　　　　　　单位：元

部　门		应付工资	代扣伙食费	实发工资
生产车间	曲奇饼干	43 000	700	42 300
	威化饼干	32 500	400	32 100
车间管理人员		9 400	500	8 900
行政管理人员		17 800	600	17 200
合　计		102 700	2 200	100 500

会计主管：陈海　　　　　　　　　复核：林小丽　　　　　　　　　制单：李芳

（13）12日，用支票支付卫生清洁费500元。原始凭证13-1、13-2如图B2-20、图B2-21所示。

收　据

No.1200231　　　　　　　　　　　　　　　　　　　　　2012年12月12日

收款单位	广东省天河区环卫局	交款单位	广东华天食品制造公司	金额								
				十	万	千	百	十	元	角	分	
金额（大写）	人民币伍佰元整						¥	5	0	0	0	0
事由	卫生清洁费			备注：								

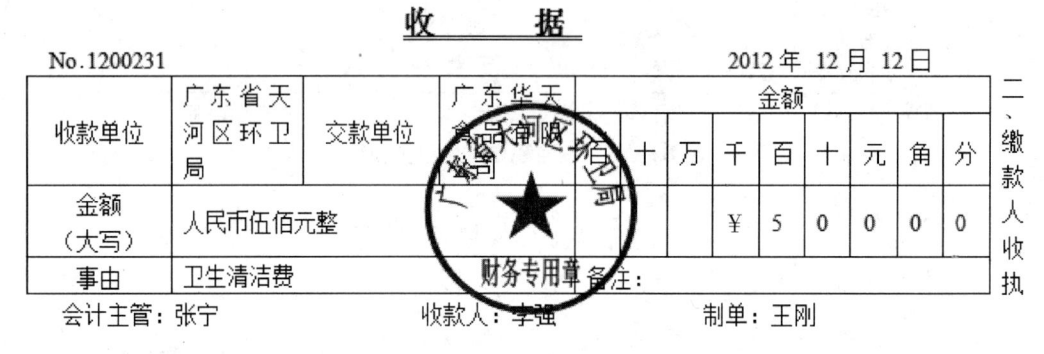

会计主管：张宁　　　　　　　收款人：李强　　　　　　　制单：王刚

图B2-20　缴款收据

中国工商银行
支票存根
57869936

附加信息
_____
_____

出票日期 2012年12月12日
收款人：市环保局
金　额：¥500.00
用　途：卫生清洁费
单位主管　　　合计

图B2-21　支票存根联

（14）13日，向广州市万胜商场（开户银行：农行广州北京路支行，账号：23758310955478，税务登记号：440256773739218，公司地址：广州市越秀区北京路788号。电话：24346588）销售曲奇饼干7 000千克，单价4.28元，价款33 740元，威化饼干3 000千克，单价5.80元，价款17 400元，增值税共计8 693.80元。收到转账支票已存入银行。见原始凭证14-1、14-2、14-3如图B2-22、图B2-23、表B2-8所示。

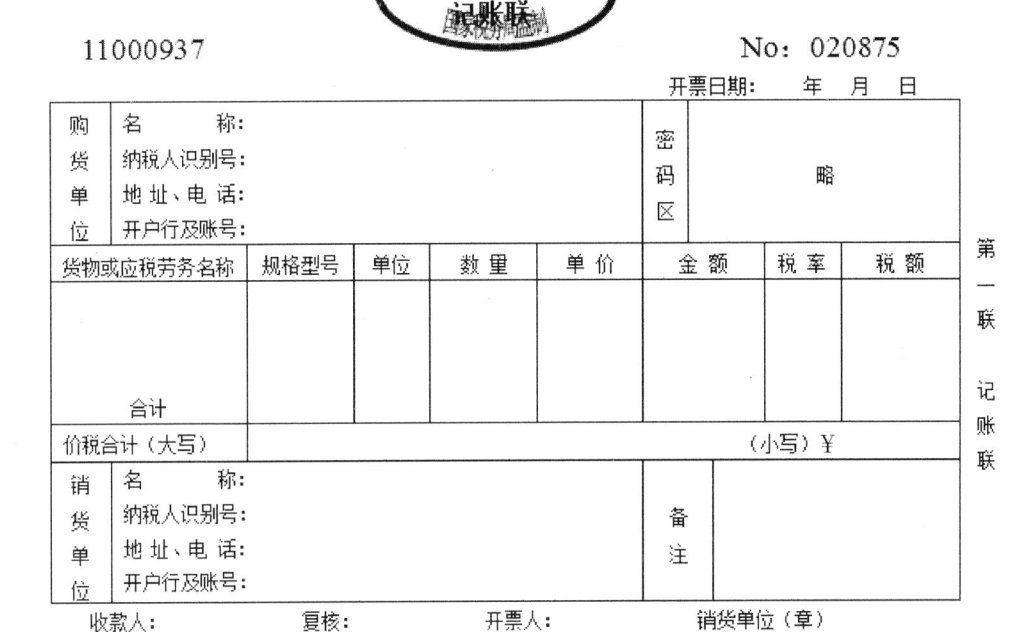

图B2-22 增值税专用发票记账联

图B2-23 进账单

表 B2-8　　　　　　　　　　　　　出　库　单　　　　　　　　　　　　　No.00068
　　　　　　　　　　　　　　　　　年　月　日　　　　　　　　　　　　　单位：元

编号	名称	计量单位	出库数量	用途	备注

仓库主管：　　　　　　　仓库保管：　　　　　　　制单：

（15）13日，支付2013年报刊费1 440元。原始凭证15-1、15-2如图B2-24、图B2-25所示。

收　　据

No.1400232　　　　　　　　　　　　　　　　　　　2012年12月13日

收款单位	广州市天河区邮电局	交款单位	广东华天食品有限公司	金额									二、缴款人收执
				百	十	万	千	百	十	元	角	分	
金额（大写）	人民币壹仟肆佰肆拾元整				￥		1	4	4	0	0	0	
事由	2013年报刊费											

会计主管：易文娴　　　　　收款人：钱大江　　　　　制单：伍相莲

图 B2-24　缴款收据

中国工商银行
支票存根
57869937

附加信息
_____
_____

出票日期 2012年12月13日
收款人：市邮电局
金　额：￥1440.00
用　途：报刊费
单位主管　　　合计

图 B2-25　支票存根联

(16) 13 日，提取备用金 2 000 元。原始凭证 16 如图 B2－26 所示。

中国工商银行
支票存根
57869938

附加信息
_____
_____

出票日期	2012年12月13日
收款人：	广东华天食品
金　额：	￥2000.00
用　途：	备用金
单位主管	合计

图 B2－26　支票存根联

(17) 13 日，李辉出差回来，报销差旅费 2 350 元，补付现金 150 元。原始凭证 17 如图 B2－27 所示。

差旅费报销单

单位名称：采购科　　2012 年 12 月 13 日　　NO.57656

姓名	李辉		出差地点	北京	出差日期	2012.12.3-2012.12.11	
事由	采购业务						
年	月	日	起	讫	车船或飞机	杂（宿）费	出差补贴
					类别　　金额		
2012	12	3	广州	上海	火车　　650	800	250
2012	12	11	上海	广州	火车　　650		
单据张数	3张		人民币（大写）	贰仟叁佰伍拾元整		￥2350.00	
预借：2200.00 元			实报：2350.00 元		补付：150 元	退回：　　元	

单位主管：李健华　　记账：　　复核：林小丽　　出纳：王毅辉　　报账人签字：李辉

图 B2－27　差旅费报销单

(18) 14 日，销售给广州市美联商场（开户银行：工行广州大德路支行，账号：10038766543611，税务登记号：440304774535816，公司地址：广州市越秀区大德路 589 号，电话：27334577）曲奇饼干 3 000 千克，单价 4.82 元，威化饼干 1 000 千克，单价 5.90 元，开出增值税专用发票，共计价款 20 360 元，增值税款 3 461.20 元。广州市美联商场以一张期限为 4 个月的商业承兑汇票支付全部款项。原始凭证 18－1、18－2、18－3 如图 B2－28、图 B2-29、表 B2-9 所示。

广东省增值税专用发票
记账联

11000937　　　　　　　　　　　　　　　　　　　　　　No.020876

开票日期：　年　月　日

购货单位	名　　称：							
	纳税人识别号：					密码区	略	
	地　址、电　话：							
	开户行及账号：							

货物或应税劳务名称	规格型号	单位	数　量	单　价	金　额	税率	税　额
合计							

价税合计（大写）	（小写）¥

销货单位	名　　称：		
	纳税人识别号：	备注	
	地　址、电　话：		
	开户行及账号：		

收款人：　　　复核：　　　开票人：　　　销货单位（章）

第一联 记账联

图 B2-28　增值税专用发票记账联

商业承兑汇票

LX 56743289

签发日期：二零壹贰年壹拾贰月壹拾肆日　　第 6 号

收款人	全称	广东华天食品有限公司		付款人	全称	广州市美联商场	
	账号	325500224535138			账号	10038766543611	
	开户行	工行天河支行	行号 3703		开户银行	工行广州大德路支行	行号 6720

托收金额	人民币（大写）	贰万叁仟捌佰贰拾壹元贰角整	千	百	十	万	千	百	十	元	角	分
					¥	2	3	8	2	1	2	0

汇票日期	二零壹贰年壹拾贰月壹拾肆日	交易合同号码	15952

本汇票已经本单位承兑，到期日无条件支付票款。　　本汇票请予以承兑，到期日付款。
　此致
　　收款人
　　　　付款人盖章　　　　　　　　　　　　　　签发人盖章

负责 王晓　　经办 刘青　　　　　　负责 王晓　　经办 刘青

图 B2-29　商业承兑汇票

表 B2-9			出 库 单 年 月 日			No.00069 单位：元
编号	名称	计量单位	出库数量	单价	备注	

仓库主管：　　　　　仓库保管：　　　　　制单：

（19）14 日，支付广州市威驰广告公司广告费 5 600 元。原始凭证 19-1、19-2 如图 B2-30、图 B2-31 所示。

广州市广告业专用发票
（全国统一发票监制 地方税务局监制）

发票代码：113030523278
客户名称：广东华天食品有限公司　　2012 年 12 月 14 日　　发票号码：01956119

项目	规格	单位	数量	单价	金额							
					十	万	千	百	十	元	角	分
办公用品						¥	5	6	0	0	0	0

金额合计：（大写）人民币伍仟陆佰零拾零元零角零分　　　　¥：5600.00

开票单位（章）　　　　　　　　开票人：张明

（广州市威驰广告公司 税号：440256337B4817 发票专用章）

图 B2-30　广告费发票

中国工商银行
支票存根
57869939

附加信息
_____
_____

出票日期　2012年12月14日
收款人：广州市威驰广告公司
金　额：¥5600.00
用　途：广告费
单位主管　　　合计

图 B2-31　支票存根联

（20）16日，从广州市文一商场购买办公用品250元，现金支付。原始凭证20如图B2-32所示。

商品销售发票

7312563　　　　　　　　　　　　　　　　　　　　　　　No.253425

客户名称：　　　　2012年12月16日　　　　　现金付讫

品名	规格	单位	数量	单价	千	百	十	元	角	分	备注
笔记本		本	15	4			6	0	0	0	
签字笔		支	18	5			9	0	0	0	
复印纸		包	10	20	1	0	0	0	0	0	

合计人民币（大写）⊗仟贰佰伍拾零元零角零分　　　（小写）¥250.00

开票人：张丹　　　收款人：王晶　　　复核人：张美丽　　　开票单位（章）

图B2-32　销售普通发票

（21）16日，从河南省强生面粉厂购入面粉20 000千克，单价1.2元，价款24 000元，增值税款4 080元。上月已预付货款25 000元，付清余款，材料未到。原始凭证21-1、21-2、21-3如图B2-33、图B2-34、图B2-35所示。

河南省增值税专用发票
发票联

23063758　　　　　　　　　　　　　　　　　　　　　　　No.354317

开票日期：2012年12月16日

购货单位	名　　称：广东华天食品有限公司	密码区	略
	纳税人识别号：4401102375003739		
	地址、电话：广州市天河区山前路68号 37365858		
	开户行及账号：工行广州天河支行 325500224535138		

货物或应税劳务名称	规格型号	单位	数量	单价	金额	税率	税额
面粉		千克	20000	1.20	24000.00	17%	4080.00
合计					¥24000.00		¥4080.00

价税合计（大写）　⊗贰万捌仟零捌拾元整　　　　　　　　（小写）¥28080.00

销货单位	名　　称：河南省强生面粉厂
	纳税人识别号：271135446714935
	地址、电话：郑州市前进路678号 67553266
	开户行及账号：工行前进路支行 53708655362734

收款人：张丽　　　复核：黄渤　　　开票人：吴天力　　　销货单位（章）

图B2-33　增值税专用发票发票联

河南省增值税专用发票
抵扣联

23063758　　　　　　　　　　　　　　　　　　　　　　No.354317

开票日期：2012年12月16日

购货单位	名　　称：广东华天食品有限公司 纳税人识别号：440102375003739 地址、电话：广州市天河区山前路68号 37365858 开户行及账号：工行广州天河支行 325500224535138	密码区	略

货物或应税劳务名称	规格型号	单位	数量	单价	金额	税率	税额
面粉		千克	20000	1.20	24000.00	17%	4080.00
合计					￥24000.00		￥4080.00

价税合计（大写）	⊗贰万捌仟零捌拾元整　　　　　　　　　　（小写）￥28080.00

销货单位	名　　称：河南省强生面粉厂 纳税人识别号：271135446714935 地址、电话：郑州市前进路678号 67553266 开户行及账号：工行前进路支行 53708655362734

收款人：张丽　　　复核：黄渤　　　开票人：吴天仆　　　销货单位（章）

图 B2-34　增值税专用发票抵扣联

工商银行电汇凭证（回单）

委托日期 2012年12月16日　　　第 5 号

汇款人	全称	广东华天食品有限公司	收款人	全称	河南省强生面粉厂
	账号	325500224535138		账号	53708655362734
	汇出地点	广东省广州市	汇出行名称	工行天河支行		汇入	河南省郑州市	汇入行名称	工行前进路支行

金额	人民币（大写）	叁仟零捌拾元整	百	十	万	千	百	十	元	角	分
					￥	3	0	8	0	0	0

汇款用途：支付货款　　　汇出行盖章　　　2012年 12月 16日

图 B2-35　电汇凭证

（22）17日，用支票支付汽车修理费780元。原始凭证22-1、22-2如图B2-36、图B2-37所示。

维修发票

No.36475686

客户名称：广东华天食品有限公司　　2012年12月17日

品名	规格	单位	数量	单价	金额 百 十 万 千 百 十 元 角 分	备注
卡车修理费					7 8 0 0 0	
合计人民币（大写）	柒佰捌拾元整				￥　　　　7 8 0 0 0	

填票人：张满仓　　收款人：丁洁　　复核人：　　开票人：（章）

第二联 发票联

图 B2-36　修理发票

中国工商银行
支票存根
57869940

附加信息
_____
_____

出票日期　2012年12月17日
收款人：汽车修理厂
金　额：￥780.00
用　途：汽车修理费
单位主管　　　合计

图 B2-37　支票存根联

（23）20日，归还短期借款100 000元，利息2 250元（10、11月已预提1 500元）原始凭证23 如图 B2-38 所示。

中国工商银行还款凭证（回单）　　01-0002819535

收款日期：2012年12月20日

还款人	广东华天食品有限公司	贷款人	广东华天食品有限公司								
存款账号	325500224535138	贷款账户	325500224535138								
开户银行	工行天河支行	开户银行	工行天河支行								
本息合计（大写）	人民币壹拾万零贰仟贰佰伍拾元整			亿 千 百 十 万 千 百 十 元 角 分							
			￥		1	0	2	2	5	0	0 0
备注：偿还短期借款本金及利息		上列款项已从你单位账户扣付									
							转账日期 2012年12月20日				

制票：甄静　　　　　　　　　　　　复核：陆西

图 B2-38　还款凭证

(24) 24日，从广州市太康机械厂购入搅拌机一台，价款15 000元，增值税2 550元，款项已开支票支付。原始凭证24-1、24-2、24-3如图B2-39、图B2-40、图B2-41所示。

广东省增值税专用发票
发票联

41256475　　　　　　　　　　　　　　　　　　　　　　No.037415

开票日期：2012年12月24日

购货单位	名　　称：广东华天食品有限公司 纳税人识别号：440102375003739 地　址、电　话：广州市天河区山前路68号 37365858 开户行及账号：工行广州天河支行 325500224535138	密码区	略

货物或应税劳务名称	规格型号	单位	数量	单价	金额	税率	税额
搅拌机		台	1	15000.00	15000.00	17%	2550.00
合计					￥15000.00		￥2550.00

价税合计（大写）	⊗壹万柒仟伍佰伍拾元整　　　　　　　（小写）￥17550.00

销货单位	名　　称：广州市太康机械厂 纳税人识别号：440327265810767 地　址、电　话：广州市中山路157号 27384572 开户行及账号：工行中山路支行 23764357654412

收款人：刘志强　　　复核：陈东　　　开票人：张珊　　　销货单位（章）

图B2-39　增值税专用发票发票联

广东省增值税专用发票
抵扣联

41256475　　　　　　　　　　　　　　　　　　　　　　No.037415

开票日期：2012年12月24日

购货单位	名　　称：广东华天食品有限公司 纳税人识别号：440102375003739 地　址、电　话：广州市天河区山前路68号 37365858 开户行及账号：工行广州天河支行 325500224535138	密码区	略

货物或应税劳务名称	规格型号	单位	数量	单价	金额	税率	税额
搅拌机		台	1	15000.00	15000.00	17%	2550.00
合计					￥15000.00		￥2550.00

价税合计（大写）	⊗壹万柒仟伍佰伍拾元整　　　　　　　（小写）￥17550.00

销货单位	名　　称：广州市太康机械厂 纳税人识别号：440327265810767 地　址、电　话：广州市中山路157号 27384572 开户行及账号：工行中山路支行 23764357654412

收款人：刘志强　　　复核：陈东　　　开票人：张珊　　　销货单位（章）

图B2-40　增值税专用发票发票联

```
中国工商银行
  支票存根
  57869941
附加信息
_____
_____

出票日期 2012年12月24日
收款人：广州市太康机械厂
金  额：￥17550.00
用  途：购搅拌机
单位主管      合计
```

图 B2-41 支票存根联

（25）25 日，向上海利达商场赊销（开户银行：中行上海黄浦支行，账号：964573743522156，税务登记号：370336772435891，公司地址：上海市黄浦路 157 号，电话：34882345）销售曲奇饼干 15 000 千克，单价 4.82 元，价款 72 300 元，增值税 12 291 元，代垫运费 1 110 元。原始凭证 25-1、25-2、25-3 如图 B2-42、图 B2-43、表 B2-10 所示。

广东省增值税专用发票

11000937   No.020878
                              开票日期：   年 月 日

购货单位	名　　称：		密码区	略
	纳税人识别号：			
	地　址、电　话：			
	开户行及账号：			

货物或应税劳务名称	规格型号	单位	数　量	单　价	金　额	税率	税　额
合计							

价税合计（大写）		（小写）￥

销货单位	名　　称：	备注	现金收款
	纳税人识别号：		
	地　址、电　话：		
	开户行及账号：		

收款人：   复核：   开票人：   销货单位（章）

第一联 记账联

图 B2-42 增值税专用发票记账联

中国工商银行
支票存根
57869942

附加信息
_____
_____

出票日期 2012年12月25日
收款人：广东联运有限公司
金　额：￥1110.00
用　途：代垫运费

单位主管　　　合计

图 B2-43　支票存根联

表 B2-10　　　　　　　　　　　出　库　单　　　　　　　　　　　No.00070
年　月　日　　　　　　　　　　　　　　　　　　　　　　　　　　单位：元

编号	名称	计量单位	出库数量	用途	备注

仓库主管：　　　　　　　　仓库保管：　　　　　　　　制单：

（26）25日，向广州市美联商场（开户银行：工行广州大德路支行，账号：10038766543611，税务登记号：440304774535816，公司地址：广州市越秀区大德路589号，电话：27334577）销售原材料白砂糖1 000千克，单价2.00元，价款2 000元，增值税340元，收到现金2 340元。原始凭证26-1、26-2如图B2-44、表B2-11所示。

广东省增值税专用发票记账联

11000937   No.020878

开票日期： 年 月 日

购货单位	名　　称：		密码区	略
	纳税人识别号：			
	地址、电话：			
	开户行及账号：			

货物或应税劳务名称	规格型号	单位	数量	单价	金额	税率	税额
合计							

价税合计（大写）　　　　　　　　　　　　　　　（小写）¥

销货单位	名　　称：		备注	
	纳税人识别号：			
	地址、电话：			
	开户行及账号：			

收款人：　　　复核：　　　开票人：　　　销货单位（章）

第一联 记账联

图 B2-44　增值税专用发票记账联

表 B2-11　　　　　出　库　单　　　　　No.00071
　　　　　　　　　　年　月　日　　　　　　单位：元

编号	名称	计量单位	出库数量	用途	备注

仓库主管：　　　　仓库保管：　　　　制单：

（27）25 日，将货款 2 340 元存入银行，其中 100 元 20 张，50 元 6 张，10 元 4 张。原始凭证 27 如表 B2-12 所示。

表 B2-12　　　　　　　　中国工商银行现金交款单（回单）①

年　月　日　　　　　　　　　No.0001245

收款单位	全称						款项来源							
	账号						交款部门							
人民币（大写）							百	十	万	千	百	十	元	角	分

券别	张数	十	万	千	百	十	元	券别	张数	千	百	十	元	角	分
一百元								一元							
五十元								五角							
十元								二角							
五元								一角							
二元								分币							

第一联　由银行盖章后退回单位

（28）31 日，汇总发出材料。原始凭证 28 如表 B2-13 所示。

表 B2-13　　　　　　　　　发出材料汇总表　　　　　　　　　单位：元

项目	白砂糖		面粉		花生油		奶油		合计
	数量（千克）	金额	数量（千克）	金额	数量（千克）	金额	数量（千克）	金额	
曲奇饼干耗用	3 800	6 232	15 000	14 850	1 920	9 120	300	2 445	32 647
威化饼干耗用	2 500	4 100	12 000	11 880	1 750	8 075	220	1 793	25 848
小计	6 300	10 332	27 000	26 730	3 620	17 195	520	4 238	58 495
车间一般耗用	200	328							328
管理耗用	50	82							82
合计	6 550	10 742	27 000	26 730	3 620	17 195	520	4 238	58 905

会计主管：　　　　　　　　复核：　　　　　　　　制单：

（29）31 日，分配电费。原始凭证 29 如表 B2-14 所示。

表 B2-14　　　　　　　　　电费分配表　　　　　　　　　单位：元

部门	用电量	单价	金额	分配对象	定额工时	分配率	分配金额
产品生产	17 000	0.8	13 600	曲奇饼干	3 000		
				威化饼干	2 000		
小计	17 000		13 600				
车间一般耗用	2 000	0.8	1 600				
管理部门	2 500	0.8	2 000				
合计	21 500		17 200				

会计主管：　　　　　　　　复核：　　　　　　　　制单：

（30）31 日，计提固定资产折旧。原始凭证 30 如表 B2-15 所示。

表 B2-15　　　　　　　　　　　固定资产折旧计算表
年　月　日

部　门	折旧额（元）
生产车间	15 750
管理部门	5 500
合　计	21 250

会计主管：　　　　　　　　复核：　　　　　　　　制单：

（31）31 日，计算分配工资费用。原始凭证 31 如表 B2-16 所示。

表 B2-16　　　　　　　　　　　工资费用分配表
2012 年 12 月 31 日

部　门		分配金额（元）	备　注
生产车间	曲奇饼干	48 000	
	威化饼干	36 000	
车间管理人员		9 500	
行政管理人员		18 500	
合　计		112 000	

会计主管：陈海　　　　　　复核：林小丽　　　　　　制单：李芳

（32）31 日，按工资总额 2% 计提工会经费。原始凭证 32 如表 B2-17 所示。

表 B2-17　　　　　　　　　　　工会经费计提表
年　月　日　　　　　　　　　　　　　　　　　　　　　　　　　单位：元

部　门		工资总额	应计提的工会经费（2%）	备　注
生产车间	曲奇饼干			
	威化饼干			
车间管理人员				
行政管理人员				
合　计				

会计主管：　　　　　　　　复核：　　　　　　　　制单：

（33）31 日，分配制造费用。原始凭证 33 如表 B2-18 所示。

表 B2-18　　　　　　　　　　　制造费用分配表
年　月　日　　　　　　　　　　　　　　　　　　　　　　　　　单位：元

应借科目		分配标准（定额工时）	分配率	应分配金额（元）
生产成本	曲奇饼干	3 000		
	威化饼干	2 000		
合　计		5 000		

会计主管：　　　　　　　　复核：　　　　　　　　制单：

(34) 31日，计算结转本月完工入库曲奇饼干30 000千克，威化饼干16 000千克的制造成本（产品全部完工）。原始凭证34-1、34-2如表B12-19、表B2-20所示。

表B2-19 完工产品成本计算单

年 月 日　　　　　　　　　　　　　　　　　　　　　单位：元

成本项目	曲奇饼干（30 000千克）		威化饼干（16 000千克）		合计
	总成本	单位成本	总成本	单位成本	
直接材料					
直接人工					
制造费用					
合　计					

会计主管：　　　　　　　　　　　复核：　　　　　　　　　　　制单：

表B2-20 产 成 品 入 库 单

交库单位：　　　　　　　　　　年 月 日　　　　　　　　　　　仓库：

产品名称	规格	单位	数量	单位成本（元）	金额（元）
曲奇饼干					
威化饼干					
合　计					

仓库主管：　　　　　　　　　　　验收：　　　　　　　　　　　制单：

(35) 31日，结转本月已销产品成本。原始凭证35如表B2-21所示。

表B2-21 产品销售成本汇总计算表

年 月 日　　　　　　　　　　　　　　　　　　　　单位：元

产品名称	单位	销售数量	单位成本	总成本
合　计				

会计主管：　　　　　　　　　　　复核：　　　　　　　　　　　制单：

(36) 31日，结转本月已销原材料成本。原始凭证36如表B2-22所示。

表B2-22 销售原材料成本计算表

年 月 日　　　　　　　　　　　　　　　　　　　　单位：元

名　　称	单位	销售数量	单位成本	总成本
合　计				

会计主管：　　　　　　　　　　　复核：　　　　　　　　　　　制单：

(37) 31 日，计算并结转本月应交增值税。原始凭证 38 如表 B2 – 23 所示。

表 B2 – 23　　　　　　　　　　　应交增值税计算表

年　月　日　　　　　　　　　　　　　　　　　单位：元

项目	上月留抵	销项税额	进项税额	进项转出	转出未交	转出多交	留抵下月
应交增值税							
合　计							

会计主管：　　　　　　　　　　复核：　　　　　　　　　　制单：

(38) 31 日，计算本月应交的城市维护建设税（税率为 7%）。原始凭证 38 如表 B2 – 24 所示。

表 B2 – 24　　　　　　　　　应交城市维护建设税计算表

年　月　日　　　　　　　　　　　　　　　　　单位：元

项　目	计税依据	适用税率	税　额
合　计			

会计主管：　　　　　　　　　　复核：　　　　　　　　　　制单：

(39) 31 日，计算本月应交的教育费附加（征收率为 3%）。原始凭证 39 如表 B2 – 25 所示。

表 B2 – 25　　　　　　　　　　应交教育费附加计算表

年　月　日　　　　　　　　　　　　　　　　　单位：元

项　目	计税依据	适用税率	税　额
合　计			

会计主管：　　　　　　　　　　复核：　　　　　　　　　　制单：

(40) 31 日，将本月收入类账户余额转入"本年利润"。原始凭证 40 如表 B2 – 26 所示。

表 B2 – 26　　　　　　　　　收入类账户发生额汇总表

年　月　日　　　　　　　　　　　　　　　　　单位：元

收入账户	发生额	备　注
主营业务收入		
其他业务收入		
合　计		

会计主管：　　　　　　　　　　复核：　　　　　　　　　　制单：

(41) 31日，将本月支出类账户余额转入"本年利润"。原始凭证41如表B2-27所示。

表B2-27　　　　　　　　　　　支出类账户发生额汇总表
　　　　　　　　　　　　　　　　　年　月　日　　　　　　　　　　　　　　　单位：元

支出账户	发生额	备　注
主营业务成本		
其他业务成本		
营业税金及附加		
销售费用		
管理费用		
财务费用		
合　计		

会计主管：　　　　　　　　　　　复核：　　　　　　　　　　　制单：

(42) 31日，计算并结转本月所得税费用（税率为25%）。原始凭证42如表B2-28所示。

表B2-28　　　　　　　　　　　应交所得税计算表
　　　　　　　　　　　　　　　　　年　月　日　　　　　　　　　　　　　　　单位：元

项　目	计税依据（本月利润总额）	适用税率	税　额
合　计			

会计主管：　　　　　　　　　　　复核：　　　　　　　　　　　制单：

(43) 31日，将全年"本年利润"结转至"利润分配"。

(44) 31日，按全年净利润10%提取法定盈余公积。

(45) 31日，将"利润分配"其他明细账结转至"利润分配——未分配利润"账户。

二、任务示范

1. 支票。第2笔经济业务填写支票。如图 B2-45 所示。

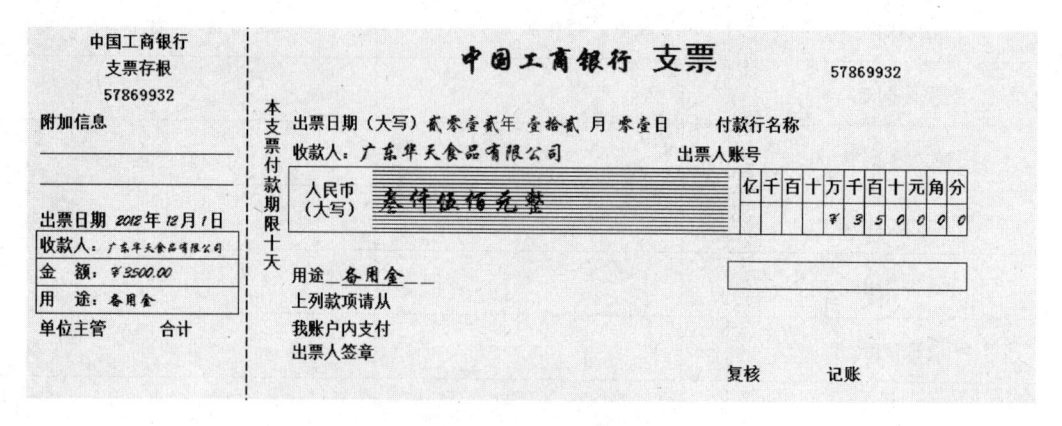

图 B2-45 支票填写

2. 进账单。第14笔经济业务填写进账单。如图 B2-46 所示。

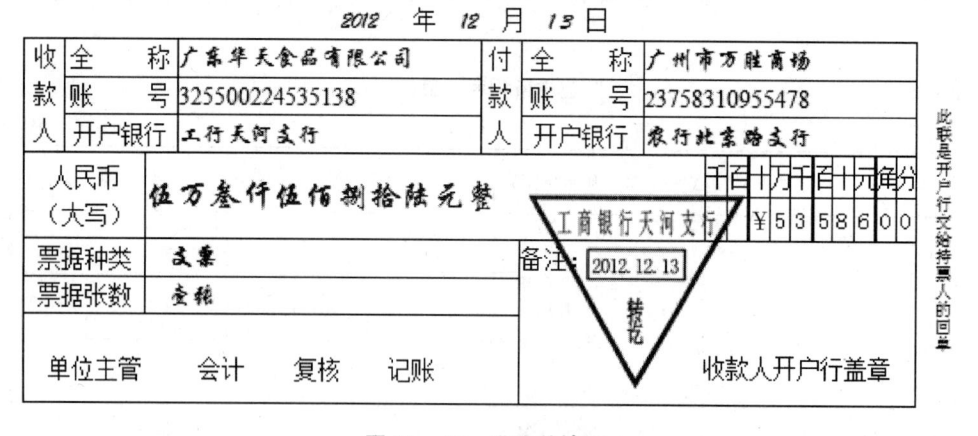

图 B2-46 进账单填写

3. 现金缴款单。第27笔经济业务填写现金缴款单。如表 B2-29 所示。

表 B2-29　　　　　中国工商银行现金交款单（回单）①

2012 年 12 月 25 日　　　　　No.0001245

收款单位	全称	广东华天食品有限公司					款项来源	贷款						
	账号	325500224535138					交款部门	财务部						
人民币（大写）：贰仟叁佰肆拾元整							百	十	万	千	百	十	元	角	分
									¥	2	3	4	0	0	0

券别	张数	十	万	千	百	十	元	券别	张数	千	百	十	元	角	分
一百元	20			2	0	0	0	一元							
五十元	6				3	0	0	五角							
十元	4					4	0	二角							
五元								一角							
二元								分币							

第一联　由银行盖章后退回单位

4. 发票。第 14 笔经济业务填写增值税专用发票。如图 B2-47 所示。

广东省增值税专用发票
记账联

11000937　　　　　　　　　　　　　　　No：020875

开票日期：2012 年 12 月 13 日

购货单位	名　　称：广州市万胜商场	密码区	略
	纳税人识别号：440256773739218		
	地址、电话：广州市越秀区北京路 788 号 24346588		
	开户行及账号：农行北京路支行 23758310955478		

货物或应税劳务名称	规格型号	单位	数量	单价	金额	税率	税额
曲奇饼干		千克	7000	4.82	33740.00	17%	5735.80
威化饼干		千克	3000	5.80	17400.00	17%	2958.00
合计					¥51140.00		¥8693.80

价税合计（大写）	⊗伍万玖仟捌佰叁拾叁元捌角整	（小写）¥59833.80

销货单位	名　　称：广东华天食品有限公司	备注
	纳税人识别号：440102375003739	
	地址、电话：广州市天河区山前路 68 号 37365858	
	开户行及账号：工行天河支行 325500224535138	

收款人：王毅辉　　复核：赵一　　开票人：张力　　销货单位（章）

第一联　记账联

图 B2-47　增值税专用发票填写

5. 借款单。第3笔经济业务填写借款单。如表 B2-30 所示。

表 B2-30   借 款 单
                          2012年12月1日   No. 21059

借款人	李辉	借款事由	采购
所属部门	供应科		
借款金额	人民币（大写）：贰仟贰佰元整		￥2 200.00
审批意见： 同意 张浩然　　2012年12月1日		归还期限　年　月　日	归还方式

会计主管：陈海　　　　复核：林小丽　　　　出纳：王毅辉　　　　借款人：李辉

6. 收据。第1笔经济业务填写收据。如表 B2-31 所示。

表 B2-31   收 款 收 据
                          2012年12月1日   No. 00157

付款单位（人）	海威公司	付款方式	银行转账
交款事由	投资款		
人民币（大写）	叁拾万元整		（小写）￥3 000 000.00
备注			

（盖章：银行收讫）

7. 入库单。第4笔经济业务填写入库单。如表 B2-32 所示。

表 B2-32   入 库 单
                          2012年12月1日   No. 01256
                                                                     单位：元

发货地点			供应单位	广东国强贸易公司	备注		
名称	单位	规格	数量		实际价格		
			应收	实收	金额	运杂费	实际单价	合计
白砂糖	千克		4 000	4 000	6 800.00	100.00	1.725	6 900.00
合　计			4 000	4 000	6 800.00	100.00		6 900.00

仓库主管：刘兵　　　　仓库保管：李光强　　　　制单：李辉

第三联送交财务

8. 出库单。第14笔经济业务填写出库单。如表 B2-33 所示。

表 B2-33   出 库 单
                          2012年12月13日   No. 00068
                                                                     单位：元

编号	名　称	计量单位	出库数量	用　途	备　注
	曲奇饼干	千克	7 000	销售	
	威化饼干	千克	3 000	销售	

仓库主管：刘兵　　　　仓库保管：李光强　　　　制单：王力

三、任务实施

根据示范，将广东华天食品有限公司 2012 年 12 月份发生的经济业务中空白的自制原始凭证填写完整（业务 33～45 可登记完相关明细账后填写），对所有原始凭证进行审核。

【相关知识】

一、会计凭证

会计凭证是记录经济业务、明确经济责任，据以登记账簿的一种具有法律效力的书面证明。

企业办理任何一项经济业务，都必须填制或者取得会计凭证。例如，购买商品、材料要由供货方开出发票；支出款项要由收款方开出收据；接收商品、材料入库要有收货单；发出商品要有发货单；发出材料要有领料单等等。发票、收据、收货单、发货单、领料单，这些都是会计凭证。

填制和审核会计凭证是会计核算的专门方法之一，也是会计核算工作的起点和基本环节。所有的会计凭证，都要由会计部门审核。只有经过审核无误的会计凭证，才能作为经济业务已经发生或完成的证明和登记账簿的依据。

会计凭证按其填制的程序和用途不同，可以分为原始凭证和记账凭证两大类。原始凭证俗称单据，是在经济业务发生时直接取得或编制的，用以记录经济业务的主要内容和完成情况，以明确经济责任，具有法律效力的书面证明，是记账的原始依据。记账凭证也称分录凭证，它是会计人员根据审核无误的原始凭证或原始凭证汇总表编制而成，是登记账簿的依据。

二、原始凭证的种类

原始凭证可按不同的标准进行分类。

1. 原始凭证按其来源不同，可分为自制原始凭证和外来原始凭证。"外来"和"自制"是以会计主体来识别的，凡是从本单位（会计主体）以外取得的叫"外来"，凡是本单位内部自行填制的叫"自制"。

外来原始凭证是在经济业务发生或完成时由外单位填制并提供给本单位的原始凭证，如采购材料、商品等取得的增值税专用发票、普通发票、银行结算凭证，出差购买的车票等都是外来原始凭证。

自制原始凭证是由本单位（会计主体）经办业务的部门和人员，在执行或完成某项经济业务时所填制的原始凭证。如入库单（见表 B2-32）、领料单（如表 B2-34）、收据（见表 B2-31）等。

表 B2-34   领 料 单

领料部门：生产车间   编　号：2012053255
用途：生产甲产品   2012 年 12 月 10 日   领料仓库：001

品名	规格型号	单位	数量		单价	金额
			请领	实领		
A 材料		千克	100	100	52.00	5 200.00
合 计						5 200.00

负责人：李大海   仓管员：张福   领料人：伍坤   填表人：伍坤

2. 原始凭证按其填制方式和反映业务的方法不同，可分为一次原始凭证、累计原始凭证和汇总原始凭证。一次原始凭证简称一次凭证，是指只反映一项或同时反映若干同类性质的经济业务，填制手续是一次完成的凭证。一次原始凭证是一次有效的凭证，已填列的凭证不能重复使用。如普通发票、车票、收料单、药费报销单、差旅费报销单等都是一次性原始凭证。通常外来的原始凭证均为一次性原始凭证。

累计原始凭证简称累计凭证，是指一定时期内连续记载若干项同类经济业务的原始凭证。这种凭证的填制手续不是一次完成的，而是随着经济业务的连续发生分次填制的，其特点是在一张凭证上反映了重复发生的多笔经济业务。因此，这种凭证可以随时计算发生额累计数，所以称为累计原始凭证。使用累计凭证，一方面可以简化核算手续，减少凭证数量，同时还便于和定额、计划、预算数比较，起到控制有关费用定额、计划或预算范围内的开支，节约支出的作用。累计原始凭证通常是自制原始凭证，如限额领料单、企业管理费用开支手册等。限额领料单的格式如表 B2-35 所示。

表 B2-35   限 额 领 料 单

领料部门：生间车间   编　号：2012022801
用　途：甲产品生产   2012 年 2 月   发料仓库：总仓

材料类别	材料编号	材料名称	规格	计量单位	全月领用限额	实际领用			备注
						数量	单位成本	金额	
电子	B002	A 材料	GD35	个	50	45	3 000	135 000	
日期	数量		发料人签章	领料人签章	扣除代用数量	退料			
	请领	实发				数量	收料人签章	退料人签章	限额结余
2.5	6	6	梁俊杰	李少芬					44
2.10	9	9	梁俊杰	李少芬					35
2.17	10	10	梁俊杰	李少芬					25
2.20	8	8	梁俊杰	李少芬					17
2.25	12	12	梁俊杰	李少芬					5
合计	45	45							5

生产计划部门负责人：张齐   供应部门负责人：   陈庆宁   仓库负责人：李丽

汇总原始凭证，也叫原始凭证汇总表，是为了集中反映某类经济业务，并简化编制记账凭证的工作，根据一定时期内许多相同原始凭证或会计核算资料汇总起来而填制的凭证，如发出材料汇总表、工资计算汇总表等都属于汇总原始凭证。

3. 原始凭证按其格式不同，可分为通用凭证和专用凭证两种。通用凭证是指在约定的使用范围内具有统一格式和使用方法的原始凭证。这里的约定的范围是指行政管理区域，大可到全国范围，小可到一个省、市、县或某行政管理系统。如全国统一使用的银行承兑汇票，某省的通用定额发票，某市的服务业发票等。

专用凭证发票是指有特定内容和格式，具有专门用途的原始凭证。专用凭证通常是本单位专门设计、委托印刷，专门用于某类经济业务。如产品成本计算单、产品入库单和差旅费报销单等。

三、原始凭证的基本内容

企业的经济业务多种多样，反映其具体内容的原始凭证也是多种多样的。例如，购入材料取得的发票，付出现金取得的收据等都是原始凭证。各种原始凭证反映的具体内容不同，因而其格式和项目也不一样。

所有原始凭证都必须能够载明经济业务发生情况，明确经办人员责任，所以，完整的原始凭证都必须具备下列一些基本内容：

（1）凭证的名称；
（2）填制凭证的日期；
（3）填制凭证单位名称或者填制人姓名；
（4）经办人员的签名或者盖章；
（5）接受凭证单位名称；
（6）经济业务内容；
（7）数量、单位和金额。

实际工作中，各单位根据会计核算和管理的需要，可自行设计和印制各种原始凭证。但是，对于在一定范围内经常发生的大量的同类经济业务，应由各主管部门设计统一的凭证格式，以便加强监督管理。例如，由中国人民银行设计统一的银行汇票、本票、支票；由交通部门设计统一的客运、货运单据；由税务部门设计统一的发票等。

四、原始凭证的填制要求

原始凭证是在经济业务发生或完成时填制或取得的，是具有法律效力的证明文件，是进行会计核算的依据，因此，必须认真填制。填制原始凭证的是会计工作的起点，原始凭证则是会计信息的源头，填制原始凭证应严格遵守下列要求。

1. 记录真实。原始凭证记录的内容和数字、必须真实可靠，必须与经济业务发生的实际情况完成相符。

2. 内容完整。凭证应具备的基本内容都要逐项填写，不得遗漏，经办单位和人员必须签章，对凭证的真实性和正确性负责。

3. 书写要清楚、规范。原始凭证上的数字和文字，必须字迹清楚，正确和易于辨认，符合会计基础工作规范的要求。如有差错，应按照规定的办法更正，不得随意涂改、刮擦和挖补。书写的基本规则如下：

（1）阿拉伯数字应逐个书写清楚，不得连笔写。阿拉伯金额数字合计全额的最高数字前面应写货币币种符号或者货币名称简写。币种符号与阿拉伯金额数字之间不得留有空白。凡阿拉伯数字前写有币种符号的，数字后面不再写货币单位。

（2）所有以元为单位（其他货币种类为货币基本单位，下同）的阿拉伯数字，除表示单价等情况外，一律填写到角分；无角分的，角位和分位可写"00"或者符号"—"，有角无分的，分位应写"0"，不得用符号"—"代替。

汉字大写数字金额如零、壹、贰、叁、肆、伍、陆、柒、捌、玖、拾、佰、仟、万、亿等，一律用正楷或者行书体书写，不得用0、一、二、三、四、五、六、七、八、九、十等简化字代替，不得任意自造简化字。

（3）大写金额数字前未印有货币名称的，应当加填货币名称，货币名称与金额数字之间不得留有空白。

（4）阿拉伯金额数字中间有"0"或阿拉伯数字金额中间连续有几个"0"时，汉字大写金额中可以只写一个"零"字。

4. 编制及时。每笔经济业务发生或完成后，经办人员及时填制或取得原始凭证，并按规定的程序及时送交财会部门，由财会部门加以审核，并据以编制记账凭证。

5. 从外单位取得的原始凭证，必须盖有填制单位的公章；从个人取得的原始凭证，必须有填制人员的签名或者盖章。自制原始凭证必须有经办单位领导人或者其指定的人员签名或者盖章。对外开出的原始凭证，必须加盖本单位公章。

6. 一式几联的原始凭证，应当注明各联的用途，只能以一联作为报销凭证。一式几联的发票和收据，必须用双面复写纸（发票和收据本身备复写纸功能的除外）套写，并连续编号。作废时应当加盖"作废"戳记，连同存根一起保存，不得撕毁。

7. 职工开出的借款凭据，必须附在记账凭证之后。收回借款时，应当另开收据或者退还借据副本，不得退还原借款收据。

五、原始凭证的审核

根据《会计法》第十四条规定，为了保证原始凭证的客观性、真实性、合法性保证会计数据的质量和充分发挥会计的监督作用，会计机构、会计人员无论对外来的原始凭证，还是自制的原始凭证，都必须按照国家统一的会计制度的规定进行严格认真的审核，对不真实、不合法的原始凭证有权不予接受，对记载不准确、不完整的原始凭证予以退回。只有经过严格审核的原始凭证，才能作为记账的依据。原始凭证的审核，应从原始凭证的形式和内容实质两方面进行。主要是审查以下内容。

（一）完整性的审核

完整性的审核，即根据原始凭证的基本要素，逐项审核原始凭证的内容是否完整，审核原始凭证的手续是否完备，应填写的项目是否填写齐全，有关经办人员是否都已签章，是否经过有关主管人员审核等。

（二）真实性的审核

真实性的审核，即审核原始凭证是否反映了经济业务的本来面貌，是否有弄虚作假，是否具备成为本单位合法会计凭证的条件。

（三）正确性的审核

正确性的审核，即审核原始凭证的摘要和数字等内容是否填写清楚正确，数量、单位、金额及其合计数等有无差错，大写金额和小写金额是否相等。

（四）合法性的审核

合法性的审核，即审核原始凭证是否符合有关政策、法令、制度、计划、预算及合同的规定等。

（五）合理性的审核

合理性的审核，即审核原始凭证是否符合审批权限和手续，是否符合规定的开支标准，是否符合提高经济效益，实现经营目标的原则。

对原始凭证的审核是执行会计监督职能的重要环节，也是一项十分严肃而细致的工作，它要求会计人员熟悉政策、精通业务、坚持原则、明辨是非、掌握情况、履行职责。在审核中，对于内容不全、手续不齐、数字差错以及不符合实际情况的原始凭证，应该退回有关部门或人员，及时补办手续或进行更正；对于不合法、不合理，以及违反国家财经政策和制度的开支，会计人员应拒绝付款和报销；对于伪造公章、涂改单据、虚报冒领款项等行为，应及时向企业负责人和总会计师报告，进行严肃处理。

任务二　填制和审核记账凭证

【工作任务】

一、工作任务

会计人员在填制或取得原始凭证并审核完毕后，根据具体单位的情况，选择专用或通用记账凭证，按规范正确地填制记账凭证，并对填制好的记账凭证进行审核，为登记账簿提供依据。

二、任务示范

1. 资金筹集业务。根据原始凭证1-1、1-2填制的记账凭证如图B2-48。

收 款 凭 证

借方科目：银行存款　　　　2012 年 12 月 1 日　　　　银收 字第　1　号

摘　　要	贷方科目		金　　额	记账 √
	总账科目	明细科目	亿千百十万千百十元角分	
收到投资款	实收资本	海威公司	3 0 0 0 0 0 0 0	
附件　2　张	合　计		￥3 0 0 0 0 0 0 0	

财会主管　　　记账　　　出纳　　　审核　　　制证　林小丽

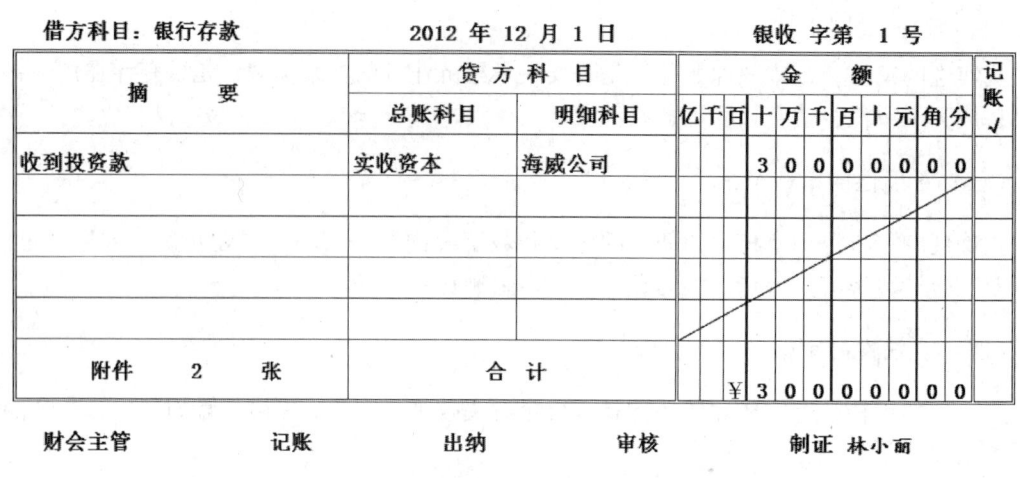

图 B2-48　资金筹集业务的记账凭证

2. 供应过程业务。根据原始凭证 4-1、4-3、4-4、4-6 填制的记账凭证如图 B2-49、图 B2-50。

付 款 凭 证

贷方科目：银行存款　　　　2012 年 12 月 1 日　　　　银付 字第　2　号

摘　　要	借方科目		金　　额	记账 √
	总账科目	明细科目	亿千百十万千百十元角分	
购入白砂糖	原材料	白砂糖	6 8 0 0 0 0	
	应交税费	应交增值税（进项税额）	1 1 5 6 0 0	
附件　3　张	合　计		￥7 9 5 6 0 0	

财会主管　　　记账　　　出纳　　　审核　　　制证　林小丽

图 B2-49　供应过程业务的记账凭证 1

付 款 凭 证

贷方科目：库存现金　　　　2012 年 12 月 1 日　　　　现付 字第 2 号

摘　要	借方科目		金　额	记账√
	总账科目	明细科目	亿千百十万千百十元角分	
支付白砂糖运费	原材料	白砂糖	1 0 0 0 0	
	应交税费	应交增值税（进项税额）	1 1 0 0	
附件　1　张		合　计	￥1 1 1 0 0	

财会主管　　　　记账　　　　出纳　　　　审核　　　　制证 林小丽

图 B2－50　供应过程业务的记账凭证 2

3. 生产过程业务。

（1）根据原始凭证 28 填制的记账凭证如图 B2－51、图 B2－52。

转 账 凭 证

2012 年 12 月 31 日　　　　转 字第 8 $\frac{1}{2}$ 号

摘　要	会计科目		借方金额	贷方金额	记账√
	总账科目	明细科目	亿千百十万千百十元角分	亿千百十万千百十元角分	
分配材料费用	生产成本	曲奇饼干	3 2 6 4 7 0 0		
		威化饼干	2 5 8 4 8 0 0		
	制造费用	材料费	3 2 8 0 0		
	管理费用	材料费	8 2 0 0		
	原材料	白砂糖		1 0 7 4 2 0 0	
附件　张		合　计			

财会主管　　　　记账　　　　审核　　　　制证 林小丽

图 B2－51　生产过程业务的记账凭证 1－1

转 账 凭 证

2012 年 12 月 31 日　　　　　　　　　　　转字第 8 $\frac{2}{2}$ 号

摘　要	会计科目		借方金额	贷方金额	记账 √
	总账科目	明细科目	亿千百十万千百十元角分	亿千百十万千百十元角分	
分配材料费用	原材料	面粉		2 6 7 3 0 0 0	
		花生油		1 7 1 9 5 0 0	
		奶油		4 2 3 8 0 0	
附件 1 张	合　计		￥5 8 9 0 5 0 0	￥5 8 9 0 5 0 0	

财会主管　　　　　　记账　　　　　　审核　　　　　　制证　林小丽

图 B2-52　生产过程业务的记账凭证 1-2

（2）根据原始凭证 30 填制的记账凭证如图 B2-53。

转 账 凭 证

2012 年 12 月 31 日　　　　　　　　　　　转字第 10 号

摘　要	会计科目		借方金额	贷方金额	记账 √
	总账科目	明细科目	亿千百十万千百十元角分	亿千百十万千百十元角分	
计提固定资产折旧	制造费用	折旧费	1 5 7 5 0 0 0		
	管理费用	折旧费	5 5 0 0 0 0		
	累计折旧			2 1 2 5 0 0 0	
附件 1 张	合　计		￥2 1 2 5 0 0 0	￥2 1 2 5 0 0 0	

财会主管　　　　　　记账　　　　　　审核　　　　　　制证　林小丽

图 B2-53　生产过程业务的记账凭证 2

4. 销售过程业务。根据原始凭证 14-1、14-2、14-3 填制的记账凭证如图 B2-54。

收 款 凭 证

借方科目：银行存款　　　　2012 年 12 月 13 日　　　　　　银收字第 3 号

摘　　要	贷方科目		金　　额	记账√
	总账科目	明细科目	亿千百十万千百十元角分	
销售饼干	主营业务收入	曲奇饼干	3 3 7 4 0 0 0	
		威化饼干	1 7 4 0 0 0 0	
	应交税费	应交增值税（销项税额）	8 6 9 3 8 0	
附件　3　张	合　　计		¥ 5 9 8 3 3 8 0	

财会主管　　　　记账　　　　出纳　　　　审核　　　　制证　林小丽

图 B2-54　销售过程业务的记账凭证

5. 利润形成与分配业务。根据原始凭证 40 填制的记账凭证如图 B2-55。

转 账 凭 证

　　　　　　　　　　2012 年 12 月 31 日　　　　　　转字第 19 号

摘　　要	会计科目		借方金额	贷方金额	记账√
	总账科目	明细科目	亿千百十万千百十元角分	亿千百十万千百十元角分	
结转收入类账户	主营业务收入	曲奇饼干	1 2 0 5 0 0 0 0		
		威化饼干	2 3 3 0 0 0 0		
	其他业务收入		2 0 0 0 0 0		
	本年利润			1 4 5 8 0 0 0 0	
附件　1　张	合　　计		¥ 1 4 5 8 0 0 0 0	¥ 1 4 5 8 0 0 0 0	

财会主管　　　　记账　　　　审核　　　　制证　林小丽

图 B2-55　利润形成过程业务的记账凭证

三、任务实施

参照示范，将审核无误的广东华天食品有限公司 2012 年 12 月份的原始凭证进行裁剪，填制记账凭证，并把原始凭证附在相应的记账凭证后面。记账凭证填制完毕后进行审核。

【相关知识】

记账凭证是会计人员根据审核无误的原始凭证，按照经济业务的内容加以归类，并据以确定会计分录后所填制的会计凭证，它是登记账簿的直接依据。记账凭证又称为记账凭单，它根据复式记账的基本原理，确定了应借、应贷的会计科目及其金额，将原始凭证中的一般数据转化为会计语言，是介于原始凭证与账簿之间的中间环节，是登记明细分类账户和总分类账户的依据。

一、记账凭证的种类

由于会计凭证记录和反映的经济业务多种多样，因此，记账凭证也是多种多样的。记账凭证按不同的标志，可以分为不同的种类。

（一）按记账凭证反映的经济内容分类

记账凭证按经济业务的内容不同，可分为收款凭证、付款凭证和转账凭证。

1. 收款凭证。收款凭证是指专门用来记载现金、银行存款增加业务的记账凭证（格式如图 B2-56 所示）。收款凭证是根据有关现金和银行存款收款业务的原始凭证填制的，是登记现金日记账、银行存款日记账以及有关明细账和总账等的账簿的依据，也是出纳人员收讫款项的依据。

图 B2-56 收款凭证

2. 付款凭证。付款凭证是指专门用来记载现金、银行存款减少业务的记账凭证（格式如图 B2-57 所示）。付款凭证是根据有关现金和银行存款付款业务的原始凭证填制的，是登记现金日记账、银行存款日记账以及有关明细账和总账等账簿的依据，也是出纳人员支付款项的依据。

付 款 凭 证

贷方科目：		年 月 日	字第 号	
摘 要	借方科目		金 额	记账√
	总账科目	明细科目	亿千百十万千百十元角分	
附件 张	合 计			

财会主管　　　　记账　　　　出纳　　　　审核　　　　制证

图 B2-57　付款凭证

3. 转账凭证。转账凭证是专门用来记载那些不涉及现金、银行存款收付业务的凭证（格式如图 B2-58 所示）。转账凭证是根据有关转账业务的原始凭证填制的，是登记有关明细账和总账的依据。

转 账 凭 证

			年 月 日		字第 号	
摘 要	会计科目		借方金额	贷方金额		记账√
	总账科目	明细科目	亿千百十万千百十元角分	亿千百十万千百十元角分		
附件 张	合 计					

财会主管　　　　记账　　　　审核　　　　制证

图 B2-58　转账凭证

（二）按记账凭证填制的方式分类

记账凭证按照填制方式的不同，可分为单式凭证和复式凭证。

1. 单式记账凭证。单式记账凭证是在每张凭证上只填列经济业务事项所涉及的一个会计科目及其金额的记账凭证。填列借方科目的称为借项记账凭证，填列贷方科目的称为贷项记账凭证。一项经济业务涉及几个科目，就分别填制几张凭证，并采用一定的编号方法将它们联系起来。单式凭证的优点是内容单一，便于记账工作的分工，也便于按科目汇总，并可加速凭证的传递。其缺点是凭证张数多，内容分散，在一张凭证上不能完整地反映一笔经济业务的全貌，不便于检验会计分录的正确性，故需加强凭证的复核、装订和保管工作。

单式记账凭证的一般格式如图 B2-59 和图 B2-60 所示。

借 项 记 账 凭 证

对方科目：　　　　　　　　　　年　　月　　日　　　　　　　　第　　号

摘　要	总账科目	明细科目	金　额 亿千百十万千百十元角分	记账 √
附件　　张		合　计		

财会主管　　　　记账　　　　出纳　　　　审核　　　　制证

图 B2-59　借项记账凭证

贷 项 记 账 凭 证

对方科目：　　　　　　　　　　年　　月　　日　　　　　　　　第　　号

摘　要	总账科目	明细科目	金　额 亿千百十万千百十元角分	记账 √
附件　　张		合　计		

财会主管　　　　记账　　　　出纳　　　　审核　　　　制证

图 B2-60　贷项记账凭证

2. 复式记账凭证。复式记账凭证是指将每一笔经济业务事项所涉及的全部会计科目及其发生额均在同一张凭证中反映的一种记账凭证。即一张记账凭证上登记一项经济业务所涉及的两个或者两个以上的会计科目，既有"借方"，又有"贷方"。复式记账凭证优点是可以集中反映账户的对应关系，有利于了解经济业务的全貌；同时还可以减少凭证的数量，减轻编制记账凭证的工作量，便于检验会计分录的正确性。其缺点是不利于会计人员分工记账。在实际工作中，普遍使用的是复式记账凭证。上述介绍的收款凭证，付款凭证，转账凭证都是复式记账凭证。

（三）按记账凭证用途的不同分类

记账凭证按其用途不同，又可分为专用记账凭证和通用记账凭证。

1. 专用记账凭证。专用记账凭证是指专门用来记录某一类经济业务的记账凭证，专用记账凭证又分为收款凭证、付款凭证和转账凭证三类。一般适用于企业规模较大、经济业务数量较多的单位。

2. 通用记账凭证。通用记账凭证是指对发生的各项经济业务都适用统一格式记录的记账凭证。一般适用于经营规模较小、经济业务数量较少的单位。通用记账凭证的一般格式如图 B2-61 所示。

记 账 凭 证

年　　月　　日　　　　　　　　　　　字第　　号

摘　要	会　计　科　目		借　方　金　额											贷　方　金　额											记账√
	总账科目	明细科目	亿	千	百	十	万	千	百	十	元	角	分	亿	千	百	十	万	千	百	十	元	角	分	
附件　　张	合　　计																								

财会主管　　　　　记账　　　　　出纳　　　　　审核　　　　　制证

图 B2-61　通用记账凭证

（四）按记账凭证是否经过汇总分类

记账凭证按其是否经过汇总，可分为汇总记账凭证和非汇总记账凭证。

1. 汇总记账凭证。汇总记账凭证是指将同类经济业务的记账凭证或一定时期的全部记账凭证进行汇总后编制的记账凭证。汇总记账凭证按汇总方法不同，分为全部汇总凭证（如"科目汇总表"）和分类汇总凭证。分类汇总凭证又分为汇总收款凭证、汇总付款凭证和汇总转账凭证三类。

2. 非汇总记账凭证。非汇总记账凭证是指没有经过整理、汇总的记账凭证。前面介绍的收款凭证、付款凭证和转账凭证以及通用记账凭证都是非汇总记账凭证。

二、记账凭证的内容

为了保证会计核算的真实、正确，作为对经济业务的分类和登记账簿依据的记账凭证，尽管其格式可能不一，但都必须满足记账的要求，具备以下基本内容，如图 B2-62 所示：

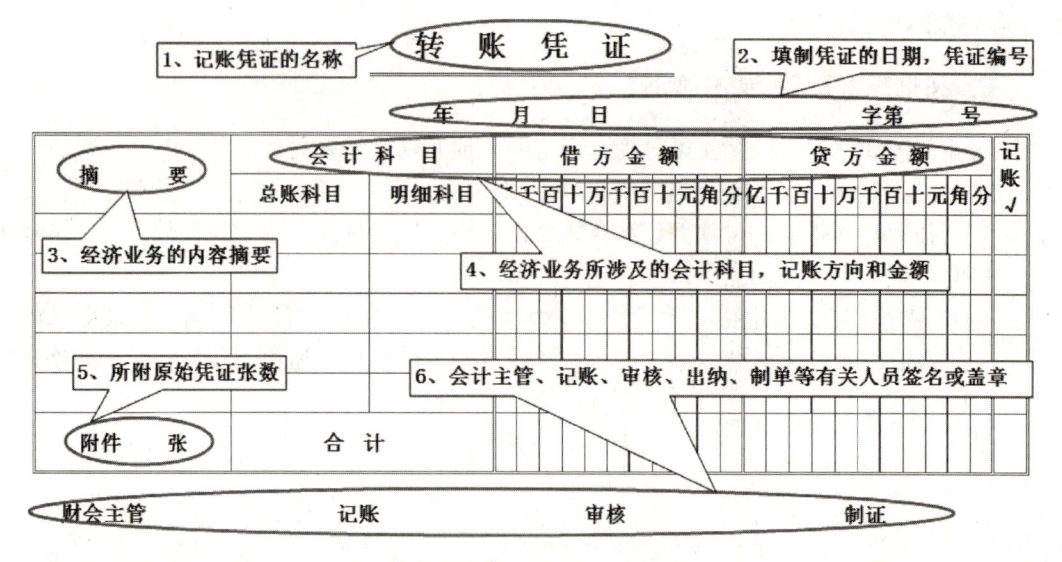

图 B2-62 记账凭证的内容

1. 记账凭证的名称。
2. 填制凭证的日期，凭证编号。
3. 经济业务的内容摘要。
4. 经济业务所涉及的会计科目，记账方向和金额。
5. 所附原始凭证张数。
6. 会计主管、记账、审核、出纳、制单等有关人员签名或盖章。

三、记账凭证的填制

（一）专用记账凭证的填制

1. 收款凭证的填制。该凭证左上角的"借方科目"按收款的性质填写"库存现金"或"银行存款"；日期填写的是编制本凭证的日期；右上角填写编制收款凭证的顺序号，可按"收字第×号"或"现收字第×号"或"银收字第×号"的顺序编号；"摘要"填写对所记录的经济业务的简要说明；"贷方科目"填写与收入现金或银行存款相对应的会计科目；"记账"是指该凭证已登记账簿的标记，防止经济业务重记或漏记，在下一步登记账簿的时候再打"√"或者写明账页的页码；"金额"是指该项经济业务的发生额；凭证右边"附件 张"是指本记账凭证所附原始凭证的张数；最下边分别由有关人员签章，以明确经济责任。

2. 付款凭证的填制。付款凭证的编制方法与收款凭证基本相同，只是左上角由"借方科目"换为"贷方科目"，凭证中间的"贷方科目"换为"借方科目"。

对于涉及"现金"和"银行存款"之间的经济业务，如将现金存入银行或从银行提取现金，为了避免重复记账，一般只编制付款凭证，不编收款凭证。

3. 转账凭证的填制。将经济业务中所涉及全部会计科目，按照先借后贷的顺序记入"会计科目"栏中的"一级科目"和"明细科目"，并按应借、应贷方向分别记入"借方金额"或"贷方金额"栏。其他项目的填列与收、付款凭证相同。

（二）通用记账凭证的填制

该凭证的编制与转账凭证基本相同。所不同的是，在凭证的编号上，采用按照发生经济业务的先后顺序编号的方法。对于一笔经济业务涉及两张以上记账凭证时，可采取分数编号法。

填制记账凭证、还应注意以下几个方面：

（1）根据有关经济业务的内容，按照会计制度的规定，准确编制会计分录。会计科目名称不得任意简化或只写编号而不写名称。

（2）不应把不同内容、不同类型的经济业务合并，编制一张记账凭证，否则会造成经济业务的具体内容不清楚，难以填写摘要，也使得会计科目的对应关系混淆不清。

（3）记账凭证的摘要应用简明扼要的语言，正确表达经济业务的主要内容。既要防止简而不明，又要防止过于烦琐。

（4）记账凭证应附有原始凭证，并注明张数。除期末转账和更正错误的记账凭证可以没有原始凭证外，其他记账凭证必须附有原始凭证。如果一张或几张原始凭证涉及几张记账凭证，可以把原始凭证附在一张主要的记账凭证后面，并在其他记账凭证的摘要栏上注明"原始凭证附在第×号凭证"。

（5）各种记账凭证必须连续编号。如果一笔经济业务，需要填制多张记账凭证的，可采用"分数编号法"。例如，一笔经济业务若需填制三张转账凭证，凭证的顺序号为5，可编为转字第 $5\frac{1}{3}$ 号，第 $5\frac{2}{3}$ 号，第 $5\frac{3}{3}$ 号。每月末最后一张记账凭证的编号旁边，最好加注"全"字，以防凭证失散。

（6）记账凭证填制完毕经济业务事项后，如有空行，应当自金额栏最后一笔金额数字下的空行处到合计数上的空行处划"S"或"斜直线"注销。

四、记账凭证的审核

为了正确地登记账簿和监督经济业务，除了编制记账凭证的人员应当认真负责、正确填制、加强自审以外，同时还应建立专人审核制度。因此，记账凭证填制后，在据以记账之前，必须由会计主管人员或其他指定人员对记账凭证进行严格审核。审核的主要内容有：

1. 真实性审核。记账凭证是否附有原始凭证；所附原始凭证的张数与记账凭证中填列的附件张数是否相符；所附原始凭证记录的经济业务内容与记账凭证内容是否相符，二者金额合计是否相等。

2. 正确性审核。记账凭证中所应用的会计科目是否正确；二级或明细科目是否齐全；科目对应关系是否清楚；记账凭证中的借方、贷方金额合计是否相等，一级科目金额是否与其所属的明细科目金额的合计数相等。

3. 完整性审核。记账凭证中的摘要是否填写清楚，是否正确地归纳了经济业务的实际内容；记账凭证中有关项目是否填列齐全，有关手续是否完备，有关人员是否签字或盖章。

在审核过程中，如果发现记账凭证填制有错误，或者不符合要求，则需要由填制人员重新填制，或按规定的方法进行更正。只有经过审核无误的记账凭证，才可以据以登记入账。

五、企业主要经济业务的账务处理

（一）资金筹集业务的账务处理

企业要经营，就必须要有一定的资金。企业资金筹集的渠道主要有：一是由企业所有者投入的权益资金，即资本。它形成企业的永久性资金，是企业资金的主要构成部分；二是向债权人借入的债务资金，即负债。这部分资金有明确的还本付息期限，并受法律保护。从企业所有者处筹集的资金即所有者投资，通常称之为实收资本（或股本）。收到投资者投入资金，包括国家投入、法人投入、个人投入和外商投入。接受的投资金的形式，有现金投资、实物投资、证券投资和无形资产投资等。从企业债权人处筹集的资金，属于企业的负债，负债的类型比较多，主要有短期借款和长期借款。

1. 账户设置。

（1）"实收资本（或股本）"账户。

① 核算内容：核算投资人作为资本投入到企业中的各种资产价值的增减变动及结余情况。

② 账户性质：所有者权益类账户。

③ 账户结构：贷方登记实际收到投资人的实物资产或无形资产数额，以及用资本公积和盈余公积转增资本的数额，借方登记投资人减资收回的资本数额。期末余额在贷方，反映企业期末实收资本的实有数额。

④ 明细账设置：本账户按投资者设置明细账。

（2）"资本公积"账户。

① 核算内容：核算以注册资本以外的其他方式形成的企业的资本，如企业收到投资者出资额超出其在注册资本或股本中所占份额的部分。

② 账户性质：所有者权益类账户。

③ 账户结构：贷方登记企业因资本（股本）溢价形成的资本公积，借方登记转增资本的数额。期末余额在贷方，反映企业资本公积的结存数额。

④ 明细账设置：本账户按资本公积的项目"资本溢价（股本溢价）"、"其他资本公积"等设置明细账。

（3）"库存现金"账户。

① 核算内容：核算存放于企业财会部门、由出纳人员保管的货币增减变动及结余情况。

② 账户性质：资产类账户。

③ 账户结构：借方登记现金增加数，贷方登记现金的减少数。余额在借方，表示期末库存现金数额。

④ 明细账设置：本账户可按币种设置明细账。

（4）"银行存款"账户。

① 核算内容：核算存放在开户银行的存款增减变动及结余情况。

② 账户性质：资产类账户。

③账户结构：借方登记企业将款项存入银行或其他金融机构中的存款，贷方登记企业提取或支付在银行或其他金融机构中的存款。余额在借方，表示期末在银行或其他金融机构的实有数额。

④明细账设置：本账户可按开户银行及银行存款的种类设置明细账。

（5)"固定资产"账户。

①核算内容：核算企业固定资产原值增减变动及结余情况。

②账户性质：资产类账户。

③账户结构：借方登记增加的固定资产原值，贷方登记减少的固定资产原值。期末余额在借方，表示企业期末固定资产的原值。

④明细账设置：本账户按固定资产类别、使用部门等设置明细账。

（6)"无形资产"账户。

①核算内容：核算企业无形资产原值增减变动及结余情况。

②账户性质：资产类账户。

③账户结构：借方登记增加的无形资产原始价值，贷方登记减少的无形资产原始价值。期末余额在借方，表示企业期末无形资产的原始价值。

④明细账设置：本账户按无形资产的项目或名称设置明细账。

（7)"短期借款"账户。

①核算内容：核算企业向银行或其他金融机构借的期限在一年以下（包括一年）的各种借款本金增减变动及结余情况。

②账户性质：负债类账户。

③账户结构：贷方登记取得借款的本金数额；借方登记偿还借款的本金数额。余额在贷方，表示尚未偿还的借款本金数额。

④明细账设置：本账户按债权人和借款种类设置明细账。

（8)"长期借款"账户。

①核算内容：核算企业向银行或金融机构借入的偿还期限在一年以上的款项（含本金及计提的借款利息）增减变动及结余情况。

②账户性质：负债类账户。

③账户结构：贷方登记长期借款本息的增加额，借方登记本息的减少数，余额在贷方表示企业的尚未偿还的长期借款的本息。

④明细账设置：本账户按债权人和借款种类设置明细账。

（9)"财务费用"账户。

①核算内容：核算企业为筹集生产经营活动所需资金而发生的费用，包括利息支出（减利息收入)、汇兑损失（减汇兑收益）及相关的手续费。

②账户性质：损益类账户。

③账户结构：借方登记企业发生的财务费用，贷方登记应冲减财务费用的利息收入、汇兑收益和期末结转到"本年利润"的金额。结转后本账户无余额。

④明细账设置：本账户按费用项目设置明细账。

（10)"应付利息"账户。

①核算内容：核算企业按照合同约定应支付的利息，包括短期借款、分期付息到期还

本的长期借款、企业债券等应支付的利息。

② 账户性质：负债类账户。

③ 账户结构：贷方登记按规定利息计算的应付利息，借方登记实际支付的利息。期末余额在贷方，表示应付未付的利息。

④ 明细账设置：本账户按债权人设置明细账。

2. 资金筹集业务的核算。

(1) 接受投资的核算。

【例 B2-1】美凌公司收到国家投入的现金 1 200 000 元，该数额全部存入银行。

借：银行存款　　　　　　　　　　　　　　　　　　　　　1 200 000
　　贷：实收资本——国家　　　　　　　　　　　　　　　　　　　1 200 000

【例 B2-2】美凌公司接收通利公司投入一台设备，评估确认价值为 30 万元，按协议记入股权金额为 20 万元。

借：固定资产　　　　　　　　　　　　　　　　　　　　　　300 000
　　贷：实收资本——通利公司　　　　　　　　　　　　　　　　　200 000
　　　　资本公积——资本溢价　　　　　　　　　　　　　　　　　100 000

【例 B2-3】美凌公司收到海达企业作为资本投入的专利权一项，确认价值为 80 000 元。

借：无形资产——专利权　　　　　　　　　　　　　　　　　　80 000
　　贷：实收资本——海达企业　　　　　　　　　　　　　　　　　80 000

(2) 借入资金的核算。

【例 B2-4】美凌公司于 2012 年向银行借入三年期款项 400 000 元，年利率 5%。

借：银行存款　　　　　　　　　　　　　　　　　　　　　　400 000
　　贷：长期借款　　　　　　　　　　　　　　　　　　　　　　400 000

【例 B2-5】美凌公司于 2012 年 1 月 1 日从银行借入 120 000 元，期限为 9 个月，年利率为 6%。该借款到期一次还本付息，利息分月预提，按季支付。

① 借入时：

借：银行存款　　　　　　　　　　　　　　　　　　　　　　120 000
　　贷：短期借款　　　　　　　　　　　　　　　　　　　　　　120 000

② 月末，计提 1 月份应付利息：

本月应计提利息金额 = 120 000 × 6%/12 = 600（元）

借：财务费用　　　　　　　　　　　　　　　　　　　　　　　　600
　　贷：应付利息　　　　　　　　　　　　　　　　　　　　　　　600

2 月末计提 2 月份利息与 1 月份相同。

③ 3 月末支付第一季度银行借款利息：

借：财务费用　　　　　　　　　　　　　　　　　　　　　　　　600
　　应付利息　　　　　　　　　　　　　　　　　　　　　　　1 200
　　贷：银行存款　　　　　　　　　　　　　　　　　　　　　　1 800

第二、三季度的会计处理同上。

④ 到期还本金

借：短期借款　　　　　　　　　　　　　　　　　　　　　　120 000

贷：银行存款　　　　　　　　　　　　　　　　　　　　120 000

（二）供应过程业务的账务处理

供应过程是企业生产经营过程的第一阶段。在供应过程中的主要会计事项包括用货币资金购置厂房、设备与采购原材料、辅助材料，支付采购费用以及材料采购成本的计算。

1. 账户设置。

（1）"材料采购"账户。

① 核算内容：核算企业采用计划成本进行材料日常核算而购入材料的采购成本。

② 账户性质：资产类账户。

③ 账户结构：借方登记企业支付材料价款和运杂费等，贷方登记验收入库材料的采购成本。"材料采购"账户期末余额在借方，反映企业在途材料的采购成本。

④ 明细账设置：本账户按供应单位和购入材料的类别或品种设置明细账。

（2）"在途物资"账户。

① 核算内容：核算企业采用实际成本（或进价）进行材料、商品等物资的日常核算，企业购入尚未到达或尚未验收入库的材料物资的实际成本，包括购入的各种材料的买价和采购费用。

② 账户性质：资产类账户。

③ 账户结构：借方登记购入材料的买价和采购费用；贷方登记材料已验收入库的实际成本，期末借方余额表示尚未验收入库的在途材料的实际成本。

④ 明细账设置：本账户按供应单位和购入材料的类别或品种设置明细账。

（3）"应交税费"账户。

① 核算内容：核算企业按照税法等规定计算应交纳的各种税费，如增值税、消费税、营业税、城市维护建设税、资源税、所得税等。

② 账户性质：负债类账户。

③ 账户结构：贷方登记应交的各种税费金额，借方登记已经缴纳的税费。

④ 明细账设置：本账户按各种税费的名称设置明细账。

（4）"原材料"账户。

① 核算内容：核算企业库存材料的增减变动和结存情况。

② 账户性质：资产类账户。

③ 账户结构：借方登记已验收入库原材料的实际成本或计划成本，贷方登记发出原材料的实际成本或计划成本，期末借方余额表示库存原材料的实际成本或计划成本。

④ 明细账设置：本账户按材料类别或名称设置明细账。

（5）"应付账款"账户。

① 核算内容：核算企业因购买材料、商品和接受劳务等应支付未支付给供应单位的款项。

② 账户性质：负债类账户。

③ 账户结构：贷方登记应付给供应单位的货款，借方登记已偿还供应单位的货款。期末贷方余额，表示尚未偿还的货款。

④ 明细账设置：本账户按供应单位名称设置明细账。

(6)"应付票据"账户。

① 核算内容:核算企业因购买材料、商品和接受劳务等开出的、承兑的商业汇票,包括银行承兑汇票和商业承兑汇票。

② 账户性质:负债类账户。

③ 账户结构:贷方登记开出并承兑的商业汇票,借方登记到期付款或转出的商业汇票,余额在贷方,表示尚未到期的商业汇票。

④ 明细账设置:本账户按票据种类或供应单位名称设置明细账。

(7)"预付账款"账户。

① 核算内容:核算按照合同规定预付给供应单位的货款。

② 账户性质:资产类账户。

③ 账户结构:借方登记预付的款项和补付的款项,贷方登记收到采购货物时冲销预付账款数和因预付货款多余而退回的款项,余额在借方,表示实际预付的款项,期末如为贷方余额,表示企业尚未补付的款项。

④ 明细账设置:本账户按供应单位名称设置明细账。

预付账款不多的企业,也可以将预付的款项直接记入"应付账款"账户的借方,不设"预付账款"账户。

2. 材料采购成本计算。

材料采购实际成本的计算就是把企业在材料采购过程中所支付的材料买价和采购费用,按材料的品种加以归集分摊,计算每种材料的采购总成本和单位成本。

(1)材料采购实际成本的内容。

① 买价是企业采购材料时,按发票金额支付的货款。

② 采购费用是采购材料时所发生的运输费、装卸费、包装费、保险费、仓储费等。发生的采购费用凡是能够分清对象的,可直接计入各种材料的采购成本;不能分清对象的,应按材料的重量或买价比例分摊,计入各种材料采购成本。但采购人员差旅费、市内采购材料运杂费,一般作为企业管理费用处理,不计入采购成本。

③ 运输途中的合理损耗。

④ 入库前的挑选整理费用,包括挑选整理中发生的工资支出和必要损耗等。

(2)共同发生材料采购费用的分摊。

① 计算分配率 = 应分配的采购费用/选定的分配标准之和(如材料总重量、总体积、总价值)

② 某种材料应分配的采购费用 = 该种材料重量(总体积、价值)× 分配率

注意:如果分配率除不尽时,用总费用减去已分配的采购费用等于剩下最后的一种材料应负担的采购费。

【例 B2-6】美凌公司以银行存款支付 A、B、C 三种材料的运杂费 1 050 元,按材料重量比例分摊。A、B、C 三种材料的重量分别是 200 千克、400 千克、100 千克,材料已验收入库。

材料采购费用分配率 = 1 050 ÷ (200 + 400 + 100) = 1.5(元/千克)

A 材料应分摊采购费用 = 200 × 1.5 = 300(元)

B 材料应分摊采购费用 = 400 × 1.5 = 600(元)

C 材料应分摊采购费用 = 100 × 1.5 = 150(元)

借：原材料——A 材料	300	
——B 材料	600	
——C 材料	150	
贷：银行存款		1 050

3. 供应过程业务的核算。

(1) 货款已付，材料已验收入库。

【例 B2－7】美凌公司（一般纳税人）购入 A 材料 1 000 千克，单价 58 元/千克，共计买价 58 000 元，增值税 9 860 元，货款已用银行存款支付。材料已验收入库。

借：原材料——A 材料	58 000	
应交税费——应交增值税（进项税额）	9 860	
贷：银行存款		67 860

【例 B2－8】美凌公司（一般纳税人）购入 A、B、C 三种材料，货款共计 73 600 元。其中：A 材料 800 千克，单价 50 元，金额 40 000 元；B 材料 1 000 千克，单价 20 元，金额 20 000 元；C 材料 200 千克，单价 68 元，金额 13 600 元；增值税专用发票注明税额 11 492 元。全部款项签发商业承兑汇票支付。材料已验收入库。

借：原材料——A 材料	40 000	
——B 材料	20 000	
——C 材料	13 600	
应交税费——应交增值税（进项税额）	12 512	
贷：应付票据		86 112

商业承兑汇票到期支付时，其账务处理如下：

借：应付票据	86 112	
贷：银行存款		86 112

(2) 货款已付，材料尚未验收入库。

【例 B2－9】美凌公司（一般纳税人）从鞍山钢铁公司购入 C 材料 5 000 千克，单价 60 元/千克，货款共计 300 000 元，增值税率 17%，运杂费用 6 000 元（不考虑增值税），货款、税金、运杂费已用转账支票支付。

借：在途物资——C 材料	306 000	
应交税费——应交增值税（进项税额）	51 000	
贷：银行存款		357 000

该材料运达企业并验收入库时，其账务处理如下：

借：原材料——C 材料	306 000	
贷：在途物资——C 材料		306 000

(3) 货款尚未支付，材料已验收入库。

【例 B2－10】美凌公司（一般纳税人）从长安厂购入 D 材料 500 千克，单价 15 元，货款 7 500 元，增值税专用发票列明税额 1 275 元。长安厂代垫运费，增值税专用发票列明运费 200 元，增值税 22 元。款项尚未支付，材料已运达并验收入库。

借：原材料——D 材料	7 700	
应交税费——应交增值税（进项税额）	1 297	

  贷：应付账款——长安厂   8 997

支付货款时，其账务处理如下：

  借：应付账款——长安厂   8 997

    贷：银行存款   8 997

（4）采用预付方式购货。

【例 B2-11】美凌公司以银行存款预付红星厂 E 材料购货款 20 000 元。

  借：预付账款——红星厂   20 000

    贷：银行存款   20 000

【例 B2-12】美凌公司（一般纳税人）收到红星厂发来 E 材料 10 000 千克，单价 2.5 元，货款合计 25 000 元，增值税专用发票列明税额 4 250 元。红星厂代垫运费，增值税专用发票列明运费 400 元，增值税 44 元。余款未付，材料已验收入库。

  借：原材料——E 材料   25 400

    应交税费——应交增值税（进项税额）   4 294

    贷：预付账款——红星厂   29 694

【例 B2-13】美凌公司以银行存款支付红星厂 E 材料余款 9 694 元。

  借：预付账款——红星厂   9 694

    贷：银行存款   9 694

（三）生产过程业务的账务处理

  工业企业的基本经济活动是生产产品，满足社会的需要。产品生产过程同时也是耗费的过程。在生产产品的同时，要发生各种活劳动和物化劳动的耗费，包括各种材料的耗费、固定资产的磨损、支付职工工资和其他费用等。产品生产过程的一切费用支出，称为生产费用。发生的所有生产费用，最终都要归集分配到各种产品成本中去。因此，生产费用的发生、归集和分配以及产品成本的形成，是产品生产业务核算的主要内容。

1. 账户设置。

（1）"生产成本"账户。

① 核算内容：核算产品生产过程中所发生的各项生产费用，确定产品实际生产成本。

② 账户性质：成本类账户。

③ 账户结构：借方登记因生产产品而发生的各项费用，贷方登记转出的完工产品的实际成本，期末如有借方余额，表示尚未完工的在产品的实际成本。

④ 明细账设置：本账户按产品的种类设置明细账。

（2）"制造费用"账户。

① 核算内容：核算企业生产车间为生产产品和提供劳务而发生的各项间接费用。包括车间管理人员的薪酬、车间固定资产的折旧费、车间办公费、水电费、机物料消耗、劳动保护费、季节性和修理期间的停工损失等。

② 账户性质：成本类账户。

③ 账户结构：借方登记实际发生的各项间接费用，贷方登记分配、转入生产成本的间接费用，期末结转后一般没有余额。

④ 明细账设置：本账户按车间名称及制造费用项目设置明细账。

(3)"应付职工薪酬"账户。

①核算内容：核算企业根据有关规定应付给职工的各种薪酬。

②账户性质：负债类账户。

③账户结构：贷方登记应付或分配的各种薪酬数额；借方登记实际发放和支出的数额，期末贷方余额表示应付未付的职工薪酬。

④明细账设置：本账户按应付职工薪酬的项目设置明细账。

(4)"累计折旧"账户。

①核算内容：核算企业所提取的固定资产的折旧及固定资产折旧的累计数额。

②账户性质：资产类账户。

③账户结构：贷方登记按月计提固定资产折旧增加数额，借方登记各种原因转出固定资产（如出售、报废、毁损等）注销折旧额，余额在贷方，表示现有固定资产已计提的累计折旧数额。是"固定资产"的备抵调整账户。

④明细账设置：本账户不设置明细账，只进行总分类核算。

(5)"库存商品"账户。

①核算内容：核算企业库存的各种商品成本的增减变动情况。

②账户性质：资产类账户。

③账户结构：借方登记外购商品成本和已经完工验收入库产品的成本，贷方登记发出商品的成本。余额在借方，表示库存商品的成本。

④明细账设置：本账户按商品的种类、名称设置明细账。

(6)"管理费用"账户。

①核算内容：核算企业为组织和管理企业生产经营所发生的各种费用。包括行政管理部门职工薪酬、折旧费、工会经费、业务招待费、维修费、物料消耗、办公费、差旅费、研究开发费、房产税、车船税、土地使用税、印花税、劳动保险费、排污费、技术转让费等。

②账户性质：损益类账户。

③账户结构：借方登记企业发生的各项管理费用，贷方登记期末转入"本年利润"账户金额，期末结转后无余额。

④明细账设置：本账户按费用项目设置明细账。

(7)"其他应收款"账户。

①核算内容：核算企业发生的除应收票据、应收账款、预付账款以外的其他各种应收、暂付款项。

②账户性质：资产类账户。

③账户结构：借方登记企业应收取的除应收票据、应收账款、预付账款以外的各种应收、暂付款项，贷方登记收回或转销的各种应收、暂付款项，余额在借方，表示尚未收取的各种应收、暂付的款项。

④明细账设置：本账户按应收的单位或个人设置明细账。

2. 生产过程业务的核算。

(1)归集成本费用。企业在生产经营过程中所发生的各项费用，按其经济用途分类，可分为生产成本和期间费用。产品的成本项目一般分为直接材料、直接人工、制造费用。直接材料是指生产过程中实际耗费的直接材料、电力等；直接人工是指从事产品生产人员的职工薪酬等；制造费用是指因制造产品和提供劳务所发生的间接费用，如车间管理人员的工资及福利费，车间使用的固定资产折旧费、修理费等。

【例B2-14】美凌公司本月发出材料汇总表如下：

项 目	A材料		B材料		合 计
	数量（千克）	金额（元）	数量（千克）	金额（元）	
制造产品耗用					
甲产品	700	70 000	2 000	10 000	80 000
乙产品	100	10 000	6 000	30 000	40 000
小 计	800	80 000	8 000	40 000	120 000
车间一般耗用	50	5 000			5 000
销售部门耗用			40	2 000	2 000
行政部门耗用			30	1 500	1 500
合 计	850	85 000	8 070	43 500	128 500

借：生产成本——甲产品　　　　　　　　　　　　　　80 000
　　　　　　——乙产品　　　　　　　　　　　　　　40 000
　　制造费用——物料消耗　　　　　　　　　　　　　5 000
　　销售费用——物料消耗　　　　　　　　　　　　　2 000
　　管理费用——物料消耗　　　　　　　　　　　　　1 500
　贷：原材料——A材料　　　　　　　　　　　　　　85 000
　　　　　　——B材料　　　　　　　　　　　　　　43 500

【例B2-15】美凌公司结算本月应付职工工资总额为101 400元，其中：生产工人工资总额为80 000元，（甲产品37 000元，乙产品43 000元），生产车间管理人员的工资总额为7 600元，行政管理人员工资总额为13 800元。

借：生产成本——甲产品　　　　　　　　　　　　　　37 000
　　　　　　——乙产品　　　　　　　　　　　　　　43 000
　　制造费用——职工薪酬　　　　　　　　　　　　　7 600
　　管理费用——职工薪酬　　　　　　　　　　　　　13 800
　贷：应付职工薪酬——工资　　　　　　　　　　　　101 400

【例B2-16】美凌公司开出现金支票从银行提取现金97 000元，以备发放工资。

借：库存现金　　　　　　　　　　　　　　　　　　　97 000
　贷：银行存款　　　　　　　　　　　　　　　　　　97 000

【例B2-17】美凌公司扣除代扣款项后，以现金97 000元发放工资。工资发放表如下：

部门	应付工资			代扣款项				实发工资
	基本工资	奖金	合计	养老保险费	住房公积金	个人所得税	合计	
甲产品生产工人	25 000	12 000	37 000	600	500	650	1 750	35 250
乙产品生产工人	35 000	8 000	43 000	400	500	350	1 250	41 750
车间管理人员	7 000	600	7 600	200	200	200	600	7 000
行政管理人员	10 000	3 800	13 800	400	200	200	800	13 000
合计	77 000	24 400	101 400	1 600	1 400	1 400	4 400	97 000

借：应付职工薪酬　　　　　　　　　　　　　　　　　　101 400
　　贷：库存现金　　　　　　　　　　　　　　　　　　　97 000
　　　　其他应付款——养老保险费　　　　　　　　　　　1 600
　　　　　　　　　　——住房公积金　　　　　　　　　　1 400
　　　　应交税费——应交个人所得税　　　　　　　　　　1 400

【例B2-18】采购员王强出差，预借差旅费3 000元，以现金支付。
借：其他应收款——王强　　　　　　　　　　　　　　　3 000
　　贷：库存现金　　　　　　　　　　　　　　　　　　3 000

【例B2-19】王强归来，报销差旅费2 800元，退回现金200元。
借：管理费用——差旅费　　　　　　　　　　　　　　　2 800
　　库存现金　　　　　　　　　　　　　　　　　　　　　200
　　贷：其他应收款——王强　　　　　　　　　　　　　3 000

【例B2-20】美凌公司按规定计提固定资产折旧35 000元，其中车间使用固定资产应提取折旧28 000元，行政管理部门使用固定资产应提取折旧7 000元。
借：制造费用——折旧费　　　　　　　　　　　　　　28 000
　　管理费用——折旧费　　　　　　　　　　　　　　　7 000
　　贷：累计折旧　　　　　　　　　　　　　　　　　35 000

【例B2-21】美凌公司以银行存款支付办公费1 250元，其中车间办公费用430元，行政管理部门办公费820元。
借：制造费用——办公费　　　　　　　　　　　　　　　　430
　　管理费用——办公费　　　　　　　　　　　　　　　　820
　　贷：银行存款　　　　　　　　　　　　　　　　　　1 250

【例B2-22】美凌公司以银行存款支付水电费6 740元，其中车间水电费5 640元，行政管理部门水电费1 100元。
借：制造费用——水电费　　　　　　　　　　　　　　　5 640
　　管理费用——水电费　　　　　　　　　　　　　　　1 100
　　贷：银行存款　　　　　　　　　　　　　　　　　　6 740

【例B2-23】美凌公司以银行存款支付固定资产修理费5 280元。
借：管理费用——修理费　　　　　　　　　　　　　　　5 280
　　贷：银行存款　　　　　　　　　　　　　　　　　　5 280

（2）分配结转制造费用。企业当期发生的制造费用是生产车间为生产产品而发生的间接费用，在"制造费用"账户归集后，应在各受益对象之间采用适当的标准进行分配。制造费用的分配可以按生产工人工时、生产工人工资比例等进行，分配计算公式如下：

制造费用分配率 = 制造费用总和 ÷ 生产工人工资（生产工时）总额
某产品应负担的制造费用 = 某产品生产工人工资（生产工时）总额 × 制造费用分配率

注意：如果分配率除不尽时，用制造费用减去已分配的制造费用等于剩下最后的一种产品应分摊的制造费用。

【例B2-24】美凌公司本月发生制造费用96 000元，生产甲、乙两种产品，甲产品生产工人工资37 000元，乙产品生产工人工资43 000元，按生产工人工资比例分配制造费用。

分配率 = 96 000/(37 000 + 43 000) = 1.2
甲产品应承担的制造费用 = 37 000 × 1.2 = 44 400（元）
乙产品应承担的制造费用 = 43 000 × 1.2 = 51 600（元）

借：生产成本——甲产品　　　　　　　　　　　　　　　44 400
　　　　　　——乙产品　　　　　　　　　　　　　　　51 600
　　贷：制造费用　　　　　　　　　　　　　　　　　　96 000

（3）结转完工产品成本。产品完工后，要验收入库，同时要计算出总成本和单位成本。在月初、月末没有在产品的情况下，本月发生的生产成本为完工产品成本。在月末有在产品的情况下，此问题将在成本会计中进行详细论述。

【例B2-25】美凌公司本月生产的甲、乙两种产品全部完工，甲产品生产成本167 350元，乙产品生产成本216 325元，已验收入库。

借：库存商品——甲产品　　　　　　　　　　　　　　　167 350
　　　　　　——乙产品　　　　　　　　　　　　　　　216 325
　　贷：生产成本——甲产品　　　　　　　　　　　　　167 350
　　　　　　　　——乙产品　　　　　　　　　　　　　216 325

（四）销售过程业务的账务处理

产品销售阶段是工业企业制造完工的产品进入市场流通过程，也是企业的生产耗费取得补偿并实现积累的过程。

因此，简单地说，发出产品，与购货单位进行贷款结算；代税务机关向购货单位收取税金；支付各种销售费用；结转已售产品的销售成本等，是产品销售阶段的基本经济业务。

1. 账户设置。

（1）"主营业务收入"账户。

① 核算内容：核算企业在销售商品、提供劳务等主要经营活动所产生的收入。

② 账户性质：损益类账户。

③ 账户结构：贷方登记企业销售商品、提供劳务等所实现的收入，借方登记销货退回冲销收入和期末转入"本年利润"账户的数额，期末结转后本账户应无余额。

④ 明细账设置：本账户按主营业务的种类设置明细账。

（2）"主营业务成本"账户。

① 核算内容：核算企业因销售商品、提供劳务等主要经营活动而产生的实际成本。

②账户性质：损益类账户。
③账户结构：借方登记结转已销产品、提供劳务的实际成本，贷方登记期末转入"本年利润"账户的数额，期末结转后本账户应无余额。
④明细账设置：本账户按主营业务的种类设置明细账。

（3）"其他业务收入"账户。
①核算内容：核算企业除主营业务收入以外的其他销售或其他业务所取得的收入。
②账户性质：损益类账户。
③账户结构：贷方登记取得的其他业务收入，借方登记期末转入"本年利润"账户的数额，期末结转后本账户应无余额。
④明细账设置：本账户按其他业务的种类设置明细账。

（4）"其他业务成本"账户。
①核算内容：核算企业除主营业务收入以外的其他销售或其他业务所发生的成本。
②账户性质：损益类账户。
③账户结构：借方登记其他业务所发生的各项成本，贷方登记期末转入"本年利润"账户其他业务成本的数额，期末结转后本账户应无余额。
④明细账设置：本账户按其他业务的种类设置明细账。

（5）"营业税金及附加"账户。
①核算内容：核算企业因销售产品、提供劳务等日常营业活动应负担的税金及附加，包括消费税、营业税、资源税、城市维护建设税与教育费附加等税费。
②账户性质：损益类账户。
③账户结构：借方登记企业按照规定计算应负担的税费，贷方登记期末转入"本年利润"账户的数额，期末结转后本账户应无余额。
④明细账设置：本账户一般不设置明细账。

（6）"应收账款"账户。
①核算内容：核算企业因销售商品、提供劳务等应向购货单位或接受劳务单位收取的款项，包括应收的贷款或劳务价款，应收的增值税，代垫的运杂费等。
②账户性质：资产类账户。
③账户结构：借方登记企业实际发生的应收账款，贷方登记已收回的应收账款和转销的应收账款。期末借方余额，表示尚未收回的应收账款。
④明细账设置：本账户按购货单位或接受劳务单位设置明细账。

（7）"预收账款"账户。
①核算内容：核算企业根据合同向购货单位预收款项。
②账户性质：负债类账户。
③账户结构：贷方登记企业收到的预收款项以及购货单位补付的款项，借方登记销售实现时清偿的预收款项及退回多收的款项，余额在贷方，表示企业尚未用产品或劳务偿付的预收账款，余额在借方，表示应收的货款数。
④明细账设置：本账户按购货单位或接受劳务单位设置明细账。

预收账款不多的企业，也可以将预收的款项直接记入"应收账款"账户的贷方，不设"预收账款"账户。

(8)"应收票据"账户。

① 核算内容:核算企业因销售商品、提供劳务等收到的商业汇票。包括银行承兑汇票和商业承兑汇票。

② 账户性质:资产类账户。

③ 账户结构:借方登记收到的商业汇票,贷方登记商业汇票到期收回货款或转销。余额在借方,表示尚未到期的商业汇票。

④ 明细账设置:本账户按票据种类或购货单位名称设置明细账。

(9)"销售费用"账户。

① 核算内容:核算企业在销售产品业务过程中所发生的各项费用,包括运输费、装卸费、包装费、保险费、展览费、广告费和专设销售机构职工的薪酬和业务费等。

② 账户性质:损益类账户。

③ 账户结构:借方登记发生的各种销售费用,贷方登记期末转入"本年利润"账户的数额,期末结转后本账户应无余额。

④ 明细账设置:本账户按销售费用的种类设置明细账。

2. 销售过程业务的核算。

(1) 主营销售业务的核算。

【例B2-26】美凌公司将甲产品出售给东城公司,共200件,单价500元/件,增值税税率17%,销售款项已经通过银行转账收取。

借:银行存款　　　　　　　　　　　　　　　　　　　　117 000
　　贷:主营业务收入　　　　　　　　　　　　　　　　　　100 000
　　　　应交税费——应交增值税(销项税额)　　　　　　　17 000

【例B2-27】美凌公司向东盈公司销售乙产品1 000件,每件售价300元,产品已经发出,由美凌公司代垫运费800元,以转账支票支付。货款尚未收到,增值税税率为17%。

借:应收账款　　　　　　　　　　　　　　　　　　　　351 800
　　贷:主营业务收入　　　　　　　　　　　　　　　　　　300 000
　　　　应交税费——应交增值税(销项税额)　　　　　　　51 000
　　　　银行存款　　　　　　　　　　　　　　　　　　　　　800

【例B2-28】美凌公司销售乙产品150件,单位售价320元,价款48 000元,增值税额为8 160元,用现金代垫运杂费600元,收到购货单位华风公司已承兑的期限为一个月的商业汇票一张,面值56 760元。

借:应收票据　　　　　　　　　　　　　　　　　　　　56 760
　　贷:主营业务收入　　　　　　　　　　　　　　　　　　48 000
　　　　应交税费——应交增值税(销项税额)　　　　　　　8 160
　　　　库存现金　　　　　　　　　　　　　　　　　　　　600

【例B2-29】美凌公司按合同规定预收购货单位华风公司货款35 000元,存入银行。

借:银行存款　　　　　　　　　　　　　　　　　　　　35 000
　　贷:预收账款——华风公司　　　　　　　　　　　　　　35 000

【例B2-30】20日后,美凌公司向华风公司发出甲产品80件,单位售价480元,价款合计38 400元,增值税额为6 528元,余款未收。

借：预收账款——华风公司 44 928
　　贷：主营业务收入 38 400
　　　　应交税费——应交增值税（销项税额） 6 528

【例 B2-31】 华风公司交来所欠余款 9 928 元，款项已存入银行。
借：银行存款 9 928
　　贷：预收账款——华风公司 9 928

【例 B2-32】 美凌公司签发转账支票支付产品的广告费 9 800 元。
借：销售费用 9 800
　　贷：银行存款 9 800

【例 B2-33】 美凌公司月末结转已销甲、乙产品的生产成本，销售甲产品 280 件，单位成本为 350 元，甲产品总成本 98 000 元，销售乙产品 1 150 件，单位成本为 210 元，乙产品总成本 241 500 元。
借：主营业务成本 339 500
　　贷：库存商品——甲产品 98 000
　　　　　　　　——乙产品 241 500

【例 B2-34】 美凌公司本月销售其生产的应纳消费税甲产品，甲产品的总售价为 138 400 元，该产品的消费税税率为 10%，应交消费税 13 840 元。
借：营业税金及附加 13 840
　　贷：应交税费——应交消费税 13 840

【例 B2-35】 美凌公司本月计算出应交城市维护建设税为 2 884 元，应交教育费附加为 1 236 元。
借：营业税金及附加 4 120
　　贷：应交税费——应交城市维护建设税 2 884
　　　　　　　　——应交教育费附加 1 236

（2）其他业务销售的核算。

【例 B2-36】 美凌公司出售 A 材料 1 000 千克，单价 70 元，增值税 11 900 元，款已收到存入银行。
借：银行存款 81 900
　　贷：其他业务收入 70 000
　　　　应交税费——应交增值税（销项税额） 11 900

【例 B2-37】 美凌公司结转出售材料实际成本 58 000 元。
借：其他业务成本 58 000
　　贷：原材料 58 000

（五）利润形成与分配业务的账务处理

利润是企业在一定时期内从事生产经营活动所取得的经营成果，是企业的收入减去有关成本与费用后的差额。如果收入大于相关的成本费用，企业就可获取盈利；反之，收入小于相关的成本费用时，企业就会发生亏损。利润是反映企业经济效益的一项重要指标。

利润分配就是指企业根据国家规定和投资者的决议，对企业净利润所进行的分配。

利润的形成与分配是利润与利润分配核算的基本经济业务。

1. 利润的形成和分配。

（1）利润的构成。利润是企业在一定会计期间生产经营活动的最终经营成果，利润包括收入减去费用后的净额、直接计入当期利润的利得和损失。

直接计入当期利润的利得和损失，是指应当计入当期损益、会导致所有者权益发生增减变动的、与所有者投入资本或者向所有者分配利润无关的利得或损失。

净利润的计算公式如下：

① 营业利润。

营业利润＝营业收入－营业成本－营业税金及附加－销售费用－管理费用－财务费用－资产减值损失＋公允价值变动收益（－公允价值变动损失）＋投资收益（－投资损失）

其中营业收入是指企业经营业务所确定取得的收入总额，包括主营业务收入和其他业务收入。营业成本是指企业经营业务所发生的实际成本总额，包括主营业务成本与其他业务成本。资产减值损失是指企业计提各项资产减值准备所形成的损失。公允价值变动损益是指企业交易性金融资产等公允价值变动形成的应计入当期损益的利得或损失。投资损益是指企业以各种方式对外投资所取得的收益或发生的损失。

② 利润总额。

利润总额＝营业利润＋营业外收入－营业外支出

营业外收入是指企业发生的与日常活动无直接关系的各项利得，主要包括：非流动资产处置利得、非货币性资产交换利得、债务重组利得、政府补助、盘盈利得、捐赠利得等。

营业外支出是指企业发生的与日常活动无直接关系的各项损失，主要包括：非流动资产处置损失、非货币性资产交换损失、债务重组损失、公益性捐赠支出、非常损失、盘亏损失等。

③ 净利润。

净利润＝利润总额－所得税费用

所得税费用是指企业确认的应从当期利润总额中扣除的所得税费用。

（2）利润分配。企业实现的净利润，根据《公司法》等有关法规的规定，一般应当按照如下顺序进行分配：

① 弥补亏损。企业发生亏损时，应由企业自行弥补。按照现行制度规定，企业发生亏损时，可以用以后五年内实现的税前利润弥补，即税前利润弥补亏损的期间为五年。企业发生的亏损经过五年期间未弥补足额的，尚未弥补的亏损应当使用所得税后的利润弥补，也可以使用盈余公积弥补亏损。

② 提取法定盈余公积金。公司制企业的法定公积金按照税后利润的10%的比例提取，非公司制企业也可以按照超过10%的比例提取。在计算提取法定盈余公积金的基数时，不应包括企业年初未分配利润。公司法定公积金累计额达到公司注册资本的50%以上时，可以不再提取法定公积金。

③ 提取任意盈余公积金。公司从税后利润中提取法定公积金后，经股东大会决议还可以从税后利润中提取任意公积金。非公司制企业经类似权力机构批准，也可以提取任意盈余公积。

④ 向投资者分配利润或股利。公司弥补亏损和提取公积金后所剩余的税后利润，有限责任公司股东按照实缴的出资比例分取红利；股份有限公司按照股东持有的股份比例分配。股东大会或者董事会违反规定，在公司弥补亏损和提取法定公积金之前向股东分配利润的，股东必须将违反规定分配的利润退还公司。

2. 账户设置。

（1）"营业外收入"账户。

① 核算内容：核算企业发生的与其生产经营活动无直接关系的各项收入，主要包括非流动资产处置利得、非货币性资产交换利得、债务重组利得、政府补助、盘盈利得、捐赠利得等。

② 账户性质：损益类账户。

③ 账户结构：贷方登记取得的营业外收入，借方登记期末转入"本年利润"账户的本期发生额，期末结转后本账户应无余额。

④ 明细账设置：本账户按收入项目设置明细账。

（2）"营业外支出"账户。

① 核算内容：核算企业发生的与其生产经营活动无直接关系的各项支出，包括非流动资产处置损失、非货币性资产交换损失、债务重组损失、公益性捐赠支出、非常损失、盘亏损失等。

② 账户性质：损益类账户。

③ 账户结构：借方登记本期发生的与生产经营没有直接关系的各种支出，贷方登记期末转入"本年利润"账户的本期发生额，期末结转后本账户应无余额。

④ 明细账设置：本账户按项目设置明细账。

（3）"投资收益"账户。

① 核算内容：核算企业对外投资取得的收益或发生的损失。

② 账户性质：损益类账户。

③ 账户结构：贷方登记企业对外投资取得的收入，借方登记对外投资发生的损失，余额在贷方为投资净收益，余额在借方为投资净损失，期末转入"本年利润"账户后，本账户应无余额。

④ 明细账设置：本账户按投资项目设置明细账。

（4）"本年利润"账户。

① 核算内容：核算企业本年度实现的净利润（或亏损）。

② 账户性质：所有者权益类账户。

③ 账户结构：贷方登记转入的主营业务收入、其他业务收入、投资净收益和营业外收入，借方登记转入的主营业务成本、其他业务成本、营业税金及附加、销售费用、管理费用、财务费用、营业外支出、投资净损失。期末如为贷方余额，表示已经实现的利润总额；如为借方余额，表示已经发生的亏损数。年末，该账户不论是借方余额还是贷方余额，均应全部转入"利润分配"账户，结转后无余额。

④ 明细账设置：本账户一般不设置明细账。

（5）"所得税费用"账户。

① 核算内容：核算企业按规定税率计算应交纳的企业所得税。

② 账户性质：损益类账户。

③ 账户结构：借方登记企业发生的本期应交所得税数额，贷方登记期末转入"本年利润"账户数额，期末结转后本账户应无余额。

④ 明细账设置：本账户一般不设置明细账。

（6）"利润分配"账户。

① 核算内容：核算企业利润分配和历年分配后的结存余额。

② 账户性质：所有者权益类账户。

③ 账户结构：借方登记已分配的利润或从"本年利润"账户转入的净亏损，贷方登记年终从"本年利润"账户转入的净利润。余额若在贷方，表示累积未分配利润；余额若在借方，表示累积发生的未弥补亏损。

④ 明细账设置：本账户按利润分配的去向设置明细账。

需要注意，利润分配的明细分类账户中除"未分配利润"明细分类账户外，其他明细分类账户本期发生额应在年末结转到"未分配利润"明细分类账户。

（7）"盈余公积"账户。

① 核算内容：核算企业盈余公积的提取、使用和结余情况。

② 账户性质：所有者权益类账户。

③ 账户结构：贷方登记从净利润中提取的盈余公积，借方登记盈余公积的使用，如弥补亏损、转增资本等，期末贷方余额，表示盈余公积结余数。

④ 明细账设置：本账户按法定盈余公积、任意盈余公积设置明细账。

（8）"应付股利（利润）"账户。

① 核算内容：核算企业盈利后按照公司章程或者股东大会决议应该分配给投资者的现金股利或利润。

② 账户性质：负债类账户。

③ 账户结构：贷方登记应支付的现金股利或利润，借方登记已经发放给投资者的现金股利或利润，期末余额在贷方表示企业应付未付的现金股利或利润。

④ 明细账设置：本账户按不同的项目设置明细账。

3. 利润形成与分配业务的核算。

（1）利润形成业务的核算。

【例 B2-38】美凌公司收到四通公司因未能及时履行与公司签订的供货合同支付的违约金 5 500 元的支票，并送存银行。

借：银行存款　　　　　　　　　　　　　　　　　　　　　5 500
　　贷：营业外收入　　　　　　　　　　　　　　　　　　　　　5 500

【例 B2-39】美凌公司以银行存款支付交通罚款 1 000 元。

借：营业外支出　　　　　　　　　　　　　　　　　　　　　1 000
　　贷：银行存款　　　　　　　　　　　　　　　　　　　　　　1 000

【例 B2-40】美凌公司从其他单位分得投资利润 50 000 元，已存入银行。

借：银行存款　　　　　　　　　　　　　　　　　　　　　50 000
　　贷：投资收益　　　　　　　　　　　　　　　　　　　　　50 000

【例 B2-41】美凌公司某会计期间各损益账户的贷方余额如下，将损益类账户结转至"本年利润"账户。

账户名称	贷方余额
主营业务收入	150 000
其他业务收入	10 000
营业外收入	50 000

编制会计分录：

借：主营业务收入　　　　　　　　　　　　　　　　　　　　　　　150 000
　　其他业务收入　　　　　　　　　　　　　　　　　　　　　　　　10 000
　　营业外收入　　　　　　　　　　　　　　　　　　　　　　　　　50 000
　　贷：本年利润　　　　　　　　　　　　　　　　　　　　　　　210 000

【例B2-42】美凌公司某会计期间各损益账户的借方余额如下，将损益类账户结转至"本年利润"账户。

账户名称	借方余额
主营业务成本	65 000
其他业务成本	8 000
销售费用	60 000
营业税金及附加	4 000
营业外支出	800
管理费用	35 400
财务费用	1 500

编制会计分录：

借：本年利润　　　　　　　　　　　　　　　　　　　　　　　　　174 700
　　贷：主营业务成本　　　　　　　　　　　　　　　　　　　　　65 000
　　　　其他业务成本　　　　　　　　　　　　　　　　　　　　　 8 000
　　　　销售费用　　　　　　　　　　　　　　　　　　　　　　　60 000
　　　　营业税金及附加　　　　　　　　　　　　　　　　　　　　 4 000
　　　　营业外支出　　　　　　　　　　　　　　　　　　　　　　　 800
　　　　管理费用　　　　　　　　　　　　　　　　　　　　　　　35 400
　　　　财务费用　　　　　　　　　　　　　　　　　　　　　　　 1 500

【例B2-43】承【例B2-41】【例B2-42】，美凌公司依据利润总额计算并结转所得税费用。（所得税税率为25%，应税所得额与会计利润相等）

利润总额＝21 000－174 700＝35 300（元）

所得税费用＝35 300×25%＝8 825（元）

借：所得税费用　　　　　　　　　　　　　　　　　　　　　　　　　8 825
　　贷：应交税费——应交所得税　　　　　　　　　　　　　　　　　8 825

将"所得税费用"账户余额结转到"本年利润"账户

借：本年利润　　　　　　　　　　　　　　　　　　　　　　　　　　8 825
　　贷：所得税费用　　　　　　　　　　　　　　　　　　　　　　　8 825

（2）利润分配业务的核算。

【例B2-44】承【例B2-43】，美凌公司年末进行本年净利润的结转。

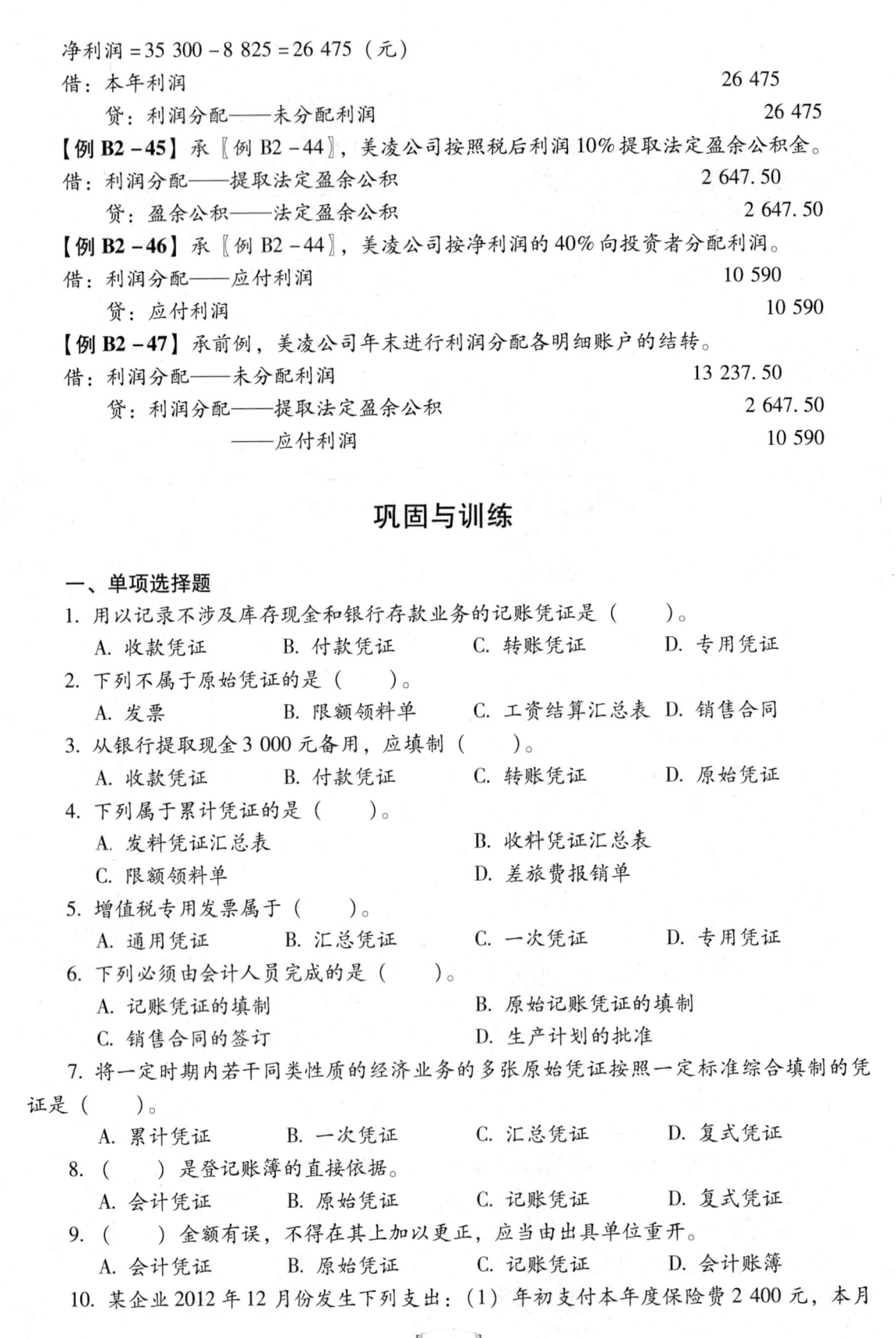

净利润 = 35 300 - 8 825 = 26 475（元）
借：本年利润　　　　　　　　　　　　　　　　　　　　26 475
　　贷：利润分配——未分配利润　　　　　　　　　　　　　　26 475

【例 B2 - 45】承【例 B2 - 44】，美凌公司按照税后利润 10% 提取法定盈余公积金。
借：利润分配——提取法定盈余公积　　　　　　　　　　2 647.50
　　贷：盈余公积——法定盈余公积　　　　　　　　　　　　2 647.50

【例 B2 - 46】承【例 B2 - 44】，美凌公司按净利润的 40% 向投资者分配利润。
借：利润分配——应付利润　　　　　　　　　　　　　　10 590
　　贷：应付利润　　　　　　　　　　　　　　　　　　　　10 590

【例 B2 - 47】承前例，美凌公司年末进行利润分配各明细账户的结转。
借：利润分配——未分配利润　　　　　　　　　　　　　13 237.50
　　贷：利润分配——提取法定盈余公积　　　　　　　　　　2 647.50
　　　　　　　　——应付利润　　　　　　　　　　　　　　10 590

巩固与训练

一、单项选择题

1. 用以记录不涉及库存现金和银行存款业务的记账凭证是（　　）。
   A. 收款凭证　　　B. 付款凭证　　　C. 转账凭证　　　D. 专用凭证
2. 下列不属于原始凭证的是（　　）。
   A. 发票　　　　　B. 限额领料单　　C. 工资结算汇总表　　D. 销售合同
3. 从银行提取现金 3 000 元备用，应填制（　　）。
   A. 收款凭证　　　B. 付款凭证　　　C. 转账凭证　　　D. 原始凭证
4. 下列属于累计凭证的是（　　）。
   A. 发料凭证汇总表　　　　　　　　B. 收料凭证汇总表
   C. 限额领料单　　　　　　　　　　D. 差旅费报销单
5. 增值税专用发票属于（　　）。
   A. 通用凭证　　　B. 汇总凭证　　　C. 一次凭证　　　D. 专用凭证
6. 下列必须由会计人员完成的是（　　）。
   A. 记账凭证的填制　　　　　　　　B. 原始记账凭证的填制
   C. 销售合同的签订　　　　　　　　D. 生产计划的批准
7. 将一定时期内若干同类性质的经济业务的多张原始凭证按照一定标准综合填制的凭证是（　　）。
   A. 累计凭证　　　B. 一次凭证　　　C. 汇总凭证　　　D. 复式凭证
8. （　　）是登记账簿的直接依据。
   A. 会计凭证　　　B. 原始凭证　　　C. 记账凭证　　　D. 复式凭证
9. （　　）金额有误，不得在其上加以更正，应当由出具单位重开。
   A. 会计凭证　　　B. 原始凭证　　　C. 记账凭证　　　D. 会计账簿
10. 某企业 2012 年 12 月份发生下列支出：(1) 年初支付本年度保险费 2 400 元，本月摊销200元；（2）支付下年第一季度房屋租金3 000元；（3）支付本月办公开支800元，则本月费用为（　　）元。

　　A. 1 000　　　　B. 800　　　　C. 3 200　　　　D. 3 000

11. 下列不通过管理费用核算的是（　　）。

　　A. 广告费　　　B. 业务招待费　　　C. 工会经费　　　D. 房产税

12. 某公司年初未分配利润为借方余额900万元，本年净利润为700万元。若按10%计提法定盈余公积，则本年应提取的法定盈余公积为（　　）万元。

　　A. 70　　　　B. 90　　　　C. 20　　　　D. 0

13. 短期借款利息直接支付、不预提的，在实际支付时直接记入（　　）账户。

　　A. 财务费用　　　B. 管理费用　　　C. 银行存款　　　D. 应付利息

14. 未分配利润账户的借方余额表示（　　）。

　　A. 本期实现的净利润　　　　　　B. 本期发生的净亏损

　　C. 尚未分配的利润　　　　　　　D. 尚未弥补的亏损

15. 企业收到投资方以库存现金投入的资本，实际投入的金额超过其在注册资本中所占份额的部分，应记入（　　）账户。

　　A. 实收资本　　　B. 资本公积　　　C. 盈余公积　　　D. 投资收益

16. 股份有限公司发行股票筹集到的资金应该计入（　　）。

　　A. 实收资本　　　B. 股本　　　C. 盈余公积　　　D. 未分配利润

二、多项选择题

1. 下列属于原始凭证基本内容的是（　　）。

　　A. 填制日期　　　　　　　　B. 凭证名称

　　C. 接受单位名称　　　　　　D. 凭证附件

2. 下列属于原始凭证的是（　　）。

　　A. 生产计划　　B. 发料凭证汇总表　C. 产品入库单　　D. 收款收据

3. 记账凭证按内容分为（　　）。

　　A. 复式凭证　　B. 付款凭证　　C. 转账凭证　　D. 收款凭证

4. 下列可以不附原始凭证的记账凭证是（　　）。

　　A. 某些收款凭证　　　　　　B. 用于结账的记账凭证

　　C. 某些付款凭证　　　　　　D. 用于更正错账的记账凭证

5. 记账凭证可以根据（　　）填制。

　　A. 一张原始凭证　　　　　　B. 若干张同类原始凭证汇总

　　C. 原始凭证汇总表　　　　　D. 同一业务若干张原始凭证

6. 收款凭证的借方科目可能是（　　）。

　　A. 应收账款　　B. 库存现金　　C. 银行存款　　D. 应收票据

7. 下列可以作为银行存款日记账记账依据的是（　　）。

　　A. 银行存款收款凭证　　　　B. 银行付款收款凭证

　　C. 现金收款凭证　　　　　　D. 现金付款凭证

8. 办公室李涛出差归来报销差旅费1 750元，交回现金250元，应填制（　　）。

　　A. 收款凭证　　B. 付款凭证　　C. 转账凭证　　D. 汇总凭证

9. 银行结算凭证属于（　　）。
　　A. 外来凭证　　　　B. 汇总凭证　　　　C. 一次凭证　　　　D. 累计凭证
10. 下列属于记账凭证基本内容的是（　　）。
　　A. 填制日期　　　　　　　　　　　　B. 凭证编号
　　C. 经济业务的内容摘要　　　　　　　D. 记账标记
11. 计提应付职工薪酬时，借方可能涉及的科目有（　　）。
　　A. 制造费用　　　B. 销售费用　　　C. 在建工程　　　D. 应付职工薪酬
12. 企业预提短期借款利息时，涉及的会计科目有（　　）。
　　A. 银行存款　　　B. 应付利息　　　C. 财务费用　　　D. 管理费用
13. 下列业务中会导致实收资本增加的是（　　）。
　　A. 资本公积转增资本　　　　　　　B. 盈余公积转增资本
　　C. 计提盈余公积　　　　　　　　　D. 企业按照法定程序减少注册资本
14. 下列关于"实收资本"账户的说法正确的有（　　）。
　　A. 实收资本属于所有者权益类账户
　　B. 该账户的贷方登记投资者对企业投资的增加额
　　C. 期末借方余额表示投资者对企业投资的实有数
　　D. 该账户应该按照投资者设明细
15. 下列业务应该计入营业外支出的是（　　）。
　　A. 出售固定资产净损失　　　　　　B. 固定资产盘亏净损失
　　C. 固定资产计提折旧　　　　　　　D. 捐赠支出
16. 工业企业在经营活动中，需要在"销售费用"账户中核算的有（　　）。
　　A. 广告费　　　　　　　　　　　　B. 展览费
　　C. 专设销售机构的人员工资　　　　D. 专设销售机构的房屋租金
17. 下列费用应计入管理费用的有（　　）。
　　A. 厂部管理人员的工资　　　　　　B. 车间管理人员的工资
　　C. 厂部房屋的折旧费　　　　　　　D. 厂部的办公费
18. 下列各项中属于制造费用的有（　　）。
　　A. 生产工人的工资及福利费
　　B. 车间管理人员的工资
　　C. 企业管理部门房屋折旧费
　　D. 生产单位为组织和管理生产所发生的机器设备折旧费
19. 应计入产品成本的费用有（　　）。
　　A. 生产工人工资及福利费　　　　　B. 车间管理人员工资及福利费
　　C. 企业管理人员工资及福利费　　　D. 离退休人员的退休金
20. 产品成本项目一般包括（　　）。
　　A. 直接材料　　　B. 直接人工　　　C. 制造费用　　　D. 管理费用

三、判断题
1. 所有的会计凭证都是登记账簿的直接依据。　　　　　　　　　　　　　　　（　　）
2. 自制原始凭证都是一次凭证。　　　　　　　　　　　　　　　　　　　　　（　　）

3. 所有的记账凭证都必须附有原始凭证作为附件。（   ）
4. 从银行提取现金时，按规定编制现金收款凭证。（   ）
5. 转账凭证可以不由出纳人员签名或盖章。（   ）
6. 原始凭证和记账凭证都是具有法律效力的证件。（   ）
7. 采用累计原始凭证可以减少凭证的数量和记账的次数。（   ）
8. 记账凭证的编制依据是审核无误的原始凭证。（   ）
9. 填制记账凭证的日期一般为填制或取得原始凭证的日期。（   ）
10. 下月初编制上月末的转账凭证时，应填下月初实际编制记账凭证当天的日期。（   ）
11. 出纳人员在办理收付款业务后，应当在凭证上加盖"收讫"或"付讫"的戳记，以免重收重付。（   ）
12. 企业在采购材料时，收料在先，付款在后；若材料发票凭证都已收到，可通过"应收账款"核算。（   ）
13. 对于材料已收到，但月末结算凭证仍然未到的业务，不能记入"原材料"账户核算。（   ）
14. 在盘存日期，只有存放在本企业内的存货才视为企业的存货。（   ）
15. 所得税费用是企业的一项费用支出，而非利润分配。（   ）
16. "主营业务成本"账户核算企业经营主要业务而发生的实际成本，借方登记本期发生的销售成本，贷方登记销货退回、销售折让和期末结转"本年利润"的本期销售成本，结转之后无余额。（   ）
17. 未分配利润有两层含义：一是留待以后年度分配的利润；二是未指定用途的利润。（   ）
18. "利润分配——未分配利润"年末贷方余额表示未弥补的亏损数。（   ）
19. 短期借款的利息可以预提，也可以在实际支付时直接记入当期损益。（   ）
20. 在实际成本法下，企业已支付货款，但尚在运输中或尚未验收入库的材料，应通过"在途物资"这个科目来核算。（   ）

四、实务题

【实务题一】

1. 目的：练习筹资业务过程的核算。
2. 资料：湘东有限公司（一般纳税人）发生下列业务。

(1) 2012年1月2日，收到国家投入资本金780 000元，存入开户银行。

(2) 2012年1月3日，收到某外商投入新设备一套，双方商定价值460 000元，按360 000元计入享有的股份，100 000元计入资本公积。（不考虑增值税）

(3) 2012年1月4日，收到海华实业公司投入一项专利技术，评估价值350 000元。

(4) 2012年1月1日，向工商银行借入期限为3个月的借款100 000元，存入开户银行，年利率6%，季度末一次还本付息，利息按月计提。请完成1、2、3月分录。

(5) 湘东有限公司2012年1月1日从银行借入期限为两年、年利率为6%、每年末计息一次，到期还本付息的款项5 000 000元，存入银行。

(6) 湘东有限公司2012年1月1日按面值发行为期2年，年利率为10%的债券10 000张，每张票面价值50元，债券本息到期一次偿还，不计复利，按年计算应付利息，款项存入银行。

3. 要求：根据以上经济业务编制有关会计分录。

【实务题二】

1. 目的：练习供应过程业务的核算。

2. 资料：湘东有限公司（一般纳税人）原材料按实际成本计价，发生下列业务。

（1）4月1日，湘东有限公司购进A材料2 000千克，单价20元，计40 000元，增值税6 800元，共46 800元已转账支付，材料已验收入库。

（2）4月5日，湘东有限公司向E公司购进B材料2 500千克，单价10元，计25 000元，增值税4 250元，共29 250元尚未支付，材料已验收入库。

（3）4月12日，湘东有限公司向H公司购进A材料1 000千克，单价20元，计20 000元，增值税3 400元，共23 400元；B材料5 000千克，单价10元，计50 000元，增值税8 500元，共58 500元，购货发票已收到，款项全部尚未支付，开出一张6个月到期的商业承兑汇票，材料尚未入库。

（4）4月15日，湘东有限公司以银行存款支付向H公司购进的A、B两种材料的运输费6 000元，按材料重量比例进行分配，计入各材料的采购成本。

（5）4月18日，湘东有限公司向H公司购进A材料1 000千克；B材料5 000千克已收到，验收时A材料实收990千克，少10千克；B材料5 000千克，A材料少10千克属途中合理损耗。

（6）4月23日，湘东有限公司以银行存款向E公司预付28 000元，作为购买C材料价款。

（7）5月12日，湘东有限公司向E公司采购的C材料已收到入库，数量500千克，单价60元，计30 000元，增值税5 100元，共35 100元，余款7 100元尚未支付。

（8）5月25日，湘东有限公司用银行存款向E公司支付C材料余款7 100元。

3. 要求：根据以上经济业务编制有关会计分录。

【实务题三】

1. 目的：练习生产过程业务的核算。

2. 资料：湘东有限公司（一般纳税人）1月份发生下列业务。

（1）2日以现金支付办公费1 000元，其中车间200元；厂部800元。

（2）18日现金支付应由本月负担的保险费800元（车间负担）。

（3）26日根据工资汇总表分配本月职工工资99 360元。其中：甲产品生产工人的工资12 500元；乙产品生产工人的工资23 500元；车间管理人员工资9 760元；厂部管理人员工资53 600元。

（4）28日从银行提取现金99 360元准备发放工资。

（5）28日以现金99 360元发放工资。

（6）31日按工资总额的2%提取工会经费。

（7）31日用现金1 000元支付工会活动费用。

（8）31日根据发料凭证汇总表，本月发出材料用于产品生产和一般耗用。

实训裁剪用原始凭证

实训裁剪用原始凭证

广东华天食品有限公司2012年12月份发生如下经济业务。

(1) 1日，收到海威公司投资款300 000元的转账支票一张，存入银行。原始凭证1-1、1-2如图B2-1、表B2-1所示。

中国工商银行进账单（收账通知）

2012 年 12 月 1 日

收款人	全称	广东华天食品有限公司	付款人	全称	海威公司
	账号	525500224535138		账号	533714342266159
	开户银行	工行天河支行		开户银行	工行越秀支行

人民币（大写）	叁拾万元整		千百十万千百十元角分
			¥300000000
票据种类	支票	备注:	
票据张数	壹张		
单位主管 会计 复核 记账			收款人开户行盖章

（盖章：工商银行天河支行 2012.12.01 转讫）

此联是收款人开户行交给收款人的收账通知

图 B2-1 进账单

表 B2-1

收 款 收 据

年 月 日   No. 00157

付款单位（人）		付款方式	
交款事由			
人民币（大写）		（小写）	
备注			

（2）1日，出纳员填写支票一张，从银行提取现金3 500元备用。原始凭证2如图B2-2所示。

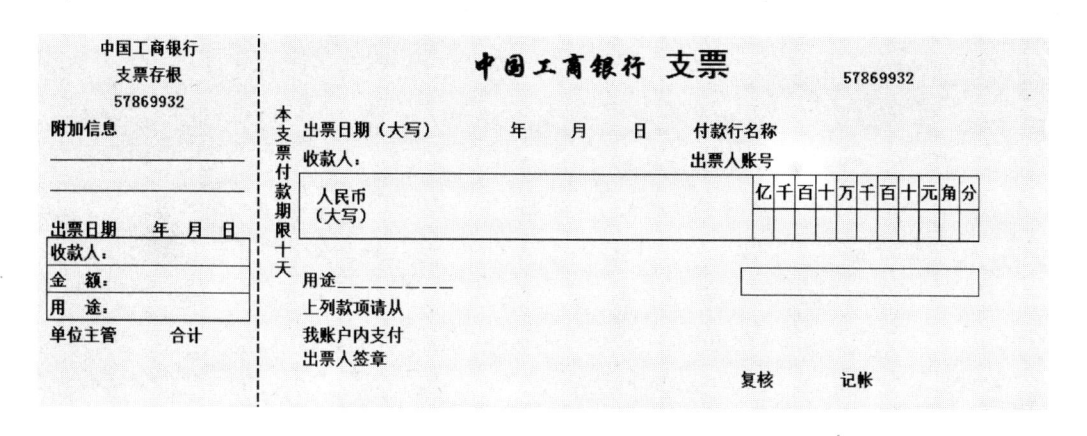

图B2-2 支票

（3）1日，采购员李辉填写借款单，并经有关人员签字同意，预借差旅费2 200元，以现金支付。原始凭证3如表B2-2所示。

表B2-2　　　　　　　　　　　借 款 单

（4）1日，向广东国强贸易公司购入白砂糖4 000千克，每千克1.7元，价款6 800元，增值税1 156元，开出支票付款。另用现金支付运费111元（含11%增值税11元）。材料已验收入库。原始凭证4-1、4-2、4-3、4-4、4-5、4-6如图B2-3、图B2-4、图B2-5、图B2-6、图B2-7、表B2-3所示。

广东省增值税专用发票 发票联

11000937　　　　　　　　　　　　　　　　　　　　　　No.020875

开票日期：2012 年 12 月 1 日

购货单位	名　称：广东华天食品有限公司 纳税人识别号：440102375003739 地　址、电　话：广州市天河区山前路 68 号 37365858 开户行及账号：工行天河支行 325500224535138	密码区	略

货物或应税劳务名称	规格型号	单位	数　量	单　价	金　额	税率	税　额
白砂糖		千克	4000	1.70	6800.00	17%	1156.00
合计					￥6800.00		￥1156.00

价税合计（大写）	⊗柒仟玖佰伍拾陆元整　　（小写）￥7956.00

销货单位	名　称：广东国强贸易公司 纳税人识别号：440106875617335 地　址、电　话：广州市天河区解放路 36 号 86581176 开户行及账号：工行广州岗顶支行 255437398866186

收款人：丁凡　　　复核：赵一　　　开票人：张力　　　销货单位（章）

图 B2-3　增值税专用发票发票联

广东省增值税专用发票 抵扣联

11000937　　　　　　　　　　　　　　　　　　　　　　No.020875

开票日期：2012 年 12 月 1 日

购货单位	名　称：广东华天食品有限公司 纳税人识别号：440102375003739 地　址、电　话：广州市天河区山前路 68 号 37365858 开户行及账号：工行天河支行 325500224535138	密码区	略

货物或应税劳务名称	规格型号	单位	数　量	单　价	金　额	税率	税　额
白砂糖		千克	4000	1.70	6800.00	17%	1156.00
合计					￥6800.00		￥1156.00

价税合计（大写）	⊗柒仟玖佰伍拾陆元整　　（小写）￥7956.00

销货单位	名　称：广东国强贸易公司 纳税人识别号：440106875617335 地　址、电　话：广州市天河区解放路 36 号 86581176 开户行及账号：工行广州岗顶支行 255437398866186

收款人：丁凡　　　复核：赵一　　　开票人：张力　　　销货单位（章）

图 B2-4　增值税专用发票抵扣联

中国工商银行					
支票存根		中国工商银行 支票			57869933
57869933					
附加信息	本支票付款期限十天	出票日期（大写） 年 月 日		付款行名称	
		收款人：		出票人账号	
		人民币（大写）		亿千百十万千百十元角分	
出票日期 年 月 日					
收款人：		用途 _____			
金 额：		上列款项请从			
用 途：		我账户内支付			
单位主管 合计		出票人签章		复核 记帐	

图 B2-5 支票

4403124730　　货物运输业增值税专业发票　　No.00430381

开票日期：2012 年 12 月 01 日

承运人及纳税人识别号	广东联运有限公司 812417958736267	密码区	略
联运人及纳税人识别号	广东联运有限公司 812417958736267		
收货人及纳税人识别号	广东华天食品有限公司 440102375003739	发货人及纳税人识别号	广东国强贸易公司 440106875617335
起运地、经由、到达地	广东省东莞市到广州天河区		
费用项目及金额	费用项目 金额 运输费 100.00	运输货物信息	2012 年 12 月 1 日 白砂糖
合计金额	￥100.00　税率　11%　税值　￥11.00	机器编号	889900027857
合计（大写）	壹佰壹拾壹元整		￥111.00
序号	0001　吨位　4t		
主管税务机关及代码	广州市天河区国家税务局管理五科 14403051400		
收款人：张明　　复核人：张梅　　开票人：黄强丽　　承运人：（章）			

图 B2-6 运输发票发票联

第二联：发票联

4403124730　　　货物运输业增值税专业发票　　　No.00430381

开票日期：2012年12月01日

承运人及纳税人识别号	广东联运有限公司 812417958736267		密码区	略	
联运人及纳税人识别号	广东联运有限公司 812417958736267				
收货人及纳税人识别号	广东华天食品有限公司 440102375003739		发货人及纳税人识别号	广东国强贸易公司 440106875617335	
起运地、经由、到达地	广东省东莞市到广州天河区				
费用项目及金额	费用项目 运输费	金额 100.00	运输货物信息	2012年12月1日 白砂糖	
合计金额	￥100.00	税率 11%	税值	￥11.00	有机器编号 889900027857
合计（大写）	壹佰壹拾壹元整			￥111.00	
序号	0001	吨位	4t	备注	
主管税务机关及代码	广州市天河区国家税务局管理五科 14403051400				

收款人：张明　　　复核人：张梅　　　开票人：黄强丽　　　承运人：（章）

第三联：抵扣联

图 B2-7　运输发票抵扣联

表 B2-3　　　　　　　　　入　库　单　　　　　　　　No.01256
　　　　　　　　　　　　　　年　月　日　　　　　　　　　单位：元

发货地点	北京		供应单位				备注	
名称	单位	规格	数量		实际价格			
			应收	实收	金额	运杂费	实际单价	合计
花生油								
奶油								
合计								

仓库主管：　　　　　　仓库保管：　　　　　　　　　　　制单：

第三联送交财务

（5）1日，偿还北京宏发油厂货款80 000元。原始凭证5如图B2-8所示。

工商银行电汇凭证（回单）

委托日期 2012 年 12 月 1 日　　　　第　　号

汇款人	全称	广东华天食品有限公司			收款人	全称	北京宏发油厂		
	账号	325500224535138				账号	367756459766234		
	汇出地点	广东省广州市	汇出行	工行天河支行		汇入地点	北京市昌平区	汇入行	建行北京昌平支行
金额	人民币（大写）捌万元整				千 百 十 万 千 百 十 元 角 分			¥ 8 0 0 0 0 0 0	
汇款用途：					汇出行盖章　　　年　月　日				

（工商银行天河支行 2012.12.01 转讫）

图 B2-8　电汇凭证

（6）6 日，从北京宏发油厂购入花生油 4 000 千克，每千克 4.60 元，奶油 2 000 千克，每千克 8.20 元，共计价款 34 800 元，增值税 5 916 元，北京宏发油厂垫付了运费 666 元（含 11% 增值税 66 元）。款项未支付，材料已验收入库。原始凭证 6-1、6-2、6-3、6-4、6-5、6-6 如图 B2-9、图 B2-10、图 B2-11、图 B2-12、表 B2-4、表 B2-5 所示。

北京市增值税专用发票
发票联

12056453　　　　　　　　　　　　　　　　　　　　No. 115702

开票日期：2012 年 12 月 1 日

购货单位	名　　称：广东华天食品有限公司					密码区	略	
	纳税人识别号：440102375003739							
	地址、电话：广州市天河区山前路 68 号 37365858							
	开户行及账号：工行广州天河支行 325500224535138							
货物或应税劳务名称	规格型号	单位	数　量	单　价	金　额	税率	税　额	
花生油		千克	4000	4.60	18400.00	17%	3128.00	
奶油		千克	2000	8.20	16400.00	17%	2788.00	
合计					¥34800.00		¥5916.00	
价税合计（大写）	⊗肆万零柒佰壹拾陆元整				（小写）¥40716.00			
销货单位	名　　称：北京宏发油厂					备注		
	纳税人识别号：110646583735266							
	地址、电话：北京市昌平区人民路 115 号 25667745							
	开户行及账号：工行北京昌平支行 367756459766234							

收款人：张丽　　　复核：黄渤　　　开票人：吴天力　　　销货单位（章）

图 B2-9　增值税专用发票发票联

北京市增值税专用发票
抵扣联

12056453　　　　　　　　　　　　　　　　　　　　　No.115702

开票日期：2012年12月1日

购货单位	名称：广东华天食品有限公司
	纳税人识别号：440102375003739
	地址、电话：广州市天河区山前路68号 37365858
	开户行及账号：工行广州天河支行 325500224535138

密码区：略

货物或应税劳务名称	规格型号	单位	数量	单价	金额	税率	税额
花生油		千克	4000	4.60	18400.00	17%	3128.00
奶油		千克	2000	8.20	16400.00	17%	2788.00
合计					¥34800.00		¥5916.00

价税合计（大写）：⊗肆万零柒佰壹拾陆元整　　（小写）¥40716.00

销货单位	名称：北京宏发油厂
	纳税人识别号：110646583735266
	地址、电话：北京市昌平区人民路115号 25667745
	开户行及账号：工行北京昌平支行 367756459766234

收款人：张丽　　复核：黄渤　　开票人：吴天力　　销货单位（章）

第三联 抵扣联

图 B2-10　增值税专用发票抵扣联

货物运输业增值税专业发票

2103124248　　　　　　　　　　　　　　　　　　　No.00397356

开票日期：2012年12月02日

承运人及纳税人识别号	北京四通运输公司 110625376559467	密码区	略
联人及纳税人识别号	北京四通运输公司 110625376559467		
收货人及纳税人识别号	广东华天食品有限公司 440102375003739	发货人及纳税人识别号	北京宏发油厂 110646583735266

起运地、经由、到达地	北京到广州天河区

费用项目及金额	费用项目	金额	运输货物信息	2012年12月02日
	运输费	600.00		花生油、奶油
合计金额	¥600.00	税率 11%	税值 ¥66.00	机器编号 889900027857
合计（大写）	⊗陆佰陆拾陆元整		¥66.00	
序号	0001	吨位	6t	备注 税号：110625376559467
主管税务机关及代码	北京市昌平区国家税务局管理一所 14403051400			

收款人：陈靖　　复核人：江汇　　开票人：吴海天　　承运人（章）

第二联：发票联

图 B2-11　运输发票发票联

2103124248　　　　　货物运输业增值税专业发票　　　　No.00397356

开票日期：2012年12月02日

承运人及纳税人识别号	北京四通运输公司 110625376559467	密码区	略
联运人及纳税人识别号	北京四通运输公司 110625376559467		
收货人及纳税人识别号	广东华天食品有限公司 440102375003739	发货人及纳税人识别号	北京宏发油厂 110646583735266
起运地、经由、到达地	北京到广州天河区		
费用项目及金额	费用项目 运输费	金额 600.00	运输货物信息	2012年12月02日 花生油、奶油
合计金额	￥600.00	税率 11%	税值 ￥66.00	机器编号 889900027857
合计（大写）	⊗陆佰陆拾陆元整		￥666.00	
序号	0001	吨位	6t	备注 税号：110625376559467 发票专用章
主管税务机关及代码	北京市昌平区国家税务局管理一所 14403051400			

收款人：陈靖　　复核人：江汇　　开票人：吴海天　　承运人：（章）

第三联：抵扣联

图 B2-12　运输发票抵扣联

表 B2-4　　　　　　　　　材料采购运杂费分配表

年　月　日　　　　　　　　　　　　　　　　　　　　　　　　　单位：元

供货单位			
材料名称	分配标准（重量）	分配率	分配金额
花生油			
奶油			
合计			

会计主管：　　　　　　　　　　　复核：　　　　　　　　　　　制单：

表 B2-5　　　　　　　　　　入　库　单　　　　　　　　　　No.01257

年　月　日　　　　　　　　　　　　　　　　　　　　　　　　　单位：元

发货地点	北京	供应单位			备注		
名称	单位	规格	数量		实际价格		
			应收	实收	金额	运杂费	实际单价	合计
花生油								
奶油								
合计								

仓库主管：　　　　　　　　　仓库保管：　　　　　　　　　制单：

第三联送交财务

（7）7日，上月托收的上海利达商场货款 75 000 元已入账。原始凭证 7 如图 B2-13 所示。

托付承付凭证（收账通知）

委托日期 2012 年 11 月 28 日

付款行	全称	上海利达商场	收款行	全称	广东华天食品有限公司
	账号	964573743522156		账号	325500224535138
	开户银行	中行上海黄浦支行		开户银行	工行广州天河支行

托收金额	人民币（大写）	柒万伍仟元整	千	百	十	万	千	百	十	元	角	分
						¥ 7	5	0	0	0	0	0

附件		商品发运情况	合同名称号码
附寄单证张数或册数	1	铁路	6538
备注：		本托收款项已由付款人入开户行全额划回并收入你账户内。 收款人开户行签章 2012 年 6 月 7 日	科目_____ 对方科目_____ 转账　年　月　日 单位主管：　会计： 复核：　记账：

（工商银行天河支行 2012.12.07）

图 B2 – 13　托收承付收款通知

（8）7 日，缴纳上月应纳增值税 29 250 元。原始凭证 8 如图 B2 – 14 所示。

中国工商银行 广东省分行营业　电子缴税（回单）

No.091012001700009288

业务日期：2012 年 12 月 7 日

付款人	全称	广东华天食品有限公司	收款人	全称	广州市天河区国家税务局
	账号	440102375003739		账号	778801055900005012
	开户银行	广州天河支行		开户银行	中华人民共和国国家金库广州天河区支库

金额	人民币（大写）	贰万玖仟贰佰伍拾元整	千	百	十	亿	千	百	十	万	千	百	十	元	角	分
										¥	2	9	2	5	0	0

内容	扣缴国税款	电子税票号	0000010081286202	纳税人编码	011100106903	纳税人名称	广东华天食品有限公司

税种	所属期	纳税金额	备注	税种	所属期	纳税金额	备注	税种	所属期	纳税金额	备注
增值税	20121101-20121130	29250.00									

附言：

工行网站：www.icbc.com.cn　　打印日期：2012 年 12 月 7 日

图 B2 – 14　缴税回单

（9）7 日，王力报销差旅费 1 520 元，原借款 1 600 元，返回现金 80 元。原始凭证 9 – 1、9 – 2 如图 B2 – 15、表 B2 – 6 所示。

差旅费报销单

单位名称：销售科　　　2012 年 12 月 7 日　　　NO.57655

姓名	王力		出差地点	上海	出差日期	2012.12.1-2012.12.6
事由	销售业务					

年	月	日	起	讫	车船或飞机		杂（宿）费	出差补贴
					类别	金额		
2012	12	1	广州	上海	火车	350	600	220
2012	12	6	上海	广州	火车	350		

单据张数	3 张	人民币（大写）	壹仟伍佰贰拾元整	￥1520.00
预借：1600.00 元		实报：1520.00 元	补付：_____ 元	退回：80.00 元

单位主管：李健华　　记账：　　复核：林小丽　　出纳：王毅辉　　报账人签字：王力

图 B2-15　差旅费报销单

表 B2-6

收 款 收 据

年　月　日　　　　　　　　　　　　　　　　　　　　　No. 00158

付款单位（人）		付款方式	
交款事由			
人民币（大写）		（小写）	
备注			

（10）7 日，开出支票支付电费 11 700 元。原始凭证 10-1、10-2、10-3 如图 B2-16、图 B2-17、图 B2-18 所示。

广东省增值税专用发票
发票联

21000937　　　　　　　　　　　　　　　　　　　　　No. 031652

开票日期：2012 年 12 月 7 日

购货单位	名　称：广东华天食品有限公司	密码区	略
	纳税人识别号：440102375003739		
	地　址、电　话：广州市天河区山前路 68 号 37365858		
	开户行及账号：工行天河支行 325500224535138		

货物或应税劳务名称	规格型号	单位	数量	单价	金额	税率	税额
工业用电					10000.00	17%	1170.00
合计					￥10000.00		￥1700.00

价税合计（大写）	⊗壹万壹仟柒佰元整	（小写）￥11700.00

销货单位	名　称：广州市供电局
	纳税人识别号：440513772846653
	地　址、电　话：广州市沙太路 986 号 55241376
	开户行及账号：建行天河支行 871169537610257

收款人：丁凡　　复核：赵一　　开票人：张力　　销货单位（章）

图 B2-16　增值税专用发票发票联

广东省增值税专用发票
抵扣联

21000937　　　　　　　　　　　　　　　　　　　　No.031652

开票日期：2012年12月7日

购货单位	名称	广东华天食品有限公司	密码区	略
	纳税人识别号：	440102375003739		
	地址、电话：	广州市天河区山前路68号 37365858		
	开户行及账号：	工行天河支行 325500224535138		

货物或应税劳务名称	规格型号	单位	数量	单价	金额	税率	税额
工业用电					10000.00	17%	1170.00
合计					￥10000.00		￥1700.00

价税合计（大写）	⊗壹万壹仟柒佰元整	（小写）￥11700.00

销货单位	名称	广州市供电局
	纳税人识别号：	440513772846653
	地址、电话：	广州市沙太路986号 55241376
	开户行及账号：	建行天河支行 871169537610257

收款人：丁凡　　　复核：赵一　　　开票人：张力　　　销货单位（章）

第三联 抵扣联

图B2-17　增值税专用发票抵扣联

中国工商银行 支票

中国工商银行支票存根　57869934

附加信息 _____

出票日期　年　月　日
收款人：
金　额：
用　途：
单位主管　　　合计

57869934

本支票付款期限十天

出票日期（大写）　年　月　日　　付款行名称
收款人：　　　　　　　　　　　　出票人账号

人民币（大写）

亿	千	百	十	万	千	百	十	元	角	分

用途_____
上列款项请从
我账户内支付
出票人签章　　　　　　　　　复核　　　记账

图B2-18　支票

（11）10日，提取现金100 500元，准备发放工资。原始凭证11如图B1-19所示。

```
        中国工商银行                         中国工商银行 支票              57869935
        支票存根
         57869935           出票日期（大写）    年   月   日   付款行名称
附加信息                     收款人：                        出票人账号
                           人民币
出票日期   年  月  日        （大写）                        亿千百十万千百十元角分
收款人：
金  额：                    用途_____
用  途：                    上列款项请从
单位主管      合计           我账户内支付
                           出票人签章                      复核      记账
```

图 B2－19　支票

（12）10 日，发放工资。原始凭证 12 如表 B2－7 所示。

表 B2－7　　　　　　　　　工资结算汇总表（简表）　　　　　　　　　单位：元

部门		应付工资	代扣伙食费	实发工资
生产车间	曲奇饼干	43 000	700	42 300
	威化饼干	32 500	400	32 100
车间管理人员		9 400	500	8 900
行政管理人员		17 800	600	17 200
合　计		102 700	2 200	100 500

会计主管：陈海　　　　　　　复核：林小丽　　　　　　　制单：李芳

（13）12 日，用支票支付卫生清洁费 500 元。原始凭证 13－1、13－2 如图 B2－20、图 B2－21 所示。

收　　据

No.1200231　　　　　　　　　　　　　　　　　2012 年 12 月 12 日

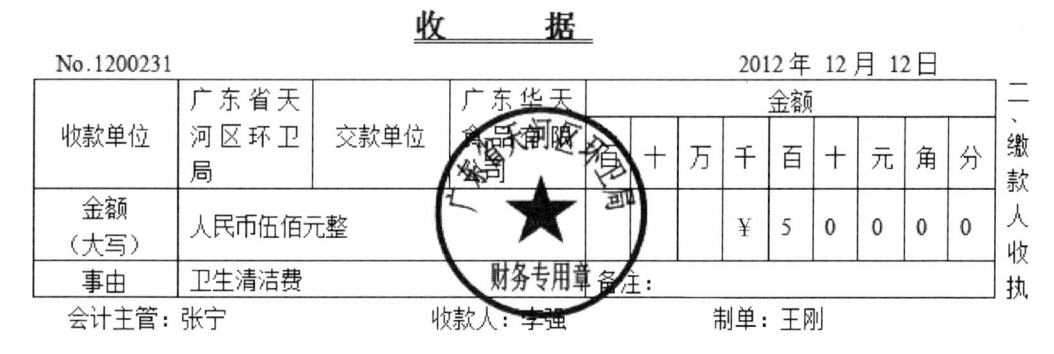

收款单位	广东省天河区环卫局	交款单位	广东华天食品有限公司	金额								二、缴款人收执
				十	万	千	百	十	元	角	分	
金额（大写）	人民币伍佰元整				￥	5	0	0	0	0		
事由	卫生清洁费			备注：								

会计主管：张宁　　　　　　　收款人：李强　　　　　　　制单：王刚

图 B2－20　缴款收据

（14）13 日，向广州市万胜商场（开户银行：农行广州北京路支行，账号：23758310955478，税务登记号：440256773739218，公司地址：广州市越秀区北京路 788 号。电话：24346588）销售曲奇饼干 7 000 千克，单价 4.28 元，价款 33 740 元，威化饼干 3 000 千克，单价 5.80 元，价款 17 400 元，增值税共计 8 693.80 元。收到转账支票已存入银行。原始凭证 14－1、14－2、14－3 如图 B2－22、图 B2－23、表 B2－8 所示。

中国工商银行
支票存根
57869936

附加信息
_____
_____

出票日期 2012年12月12日
收款人：市环保局
金　额：￥500.00
用　途：卫生清洁费

单位主管　　　　合计

图 B2-21　支票存根联

广东省增值税专用发票
记账联

11000937　　　　　　　　　　　　　　　　　　　No：020875

开票日期：　　年　月　日

购货单位	名　称：									密码区	略	
	纳税人识别号：											
	地址、电话：											
	开户行及账号：											
货物或应税劳务名称		规格型号	单位	数量	单价		金额	税率	税额			
合计												
价税合计（大写）								（小写）￥				
销货单位	名　称：									备注		
	纳税人识别号：											
	地址、电话：											
	开户行及账号：											

收款人：　　　　复核：　　　　开票人：　　　　销货单位（章）

第一联　记账联

图 B2-22　增值税专用发票记账联

中国工商银行进账单（回单）

年　月　日

收款人	全　称		付款人	全　称	
	账　号			账　号	
	开户银行			开户银行	

人民币（大写）		千	百	十	万	千	百	十	元	角	分
票据种类		备注：									
票据张数											

单位主管　　会计　　复核　　记账　　　　　　　收款人开户行盖章

（此联是开户行交给持票人的回单）

图 B2-23　进账单

表 B2-8　　　　　　　　出　库　单　　　　　　　No.00068

年　月　日　　　　　　　　　　　　　　　　　　单位：元

编号	名称	计量单位	出库数量	用途	备注

仓库主管：　　　　　　仓库保管：　　　　　　制单：

（15）13日，支付2013年报刊费1 440元。原始凭证15-1、15-2如图B2-24、图B2-25所示。

收　据

No.1400232　　　　　　　　　　　　　　2012年12月13日

收款单位	广州市天河区邮电局	交款单位	广东华天食品有限公司	金额								
				百	十	万	千	百	十	元	角	分
金额（大写）	人民币壹仟肆佰肆拾元整			¥			1	4	4	0	0	0
事由	2013年报刊费											

会计主管：易文娴　　　　　收款人：钱大江　　　　制单：伍相莲

（二、缴款人收执）

图 B2-24　缴款收据

```
      中国工商银行
       支票存根
       57869937
   附加信息
   _____
   _____

   出票日期 2012年12月13日
  | 收款人：市邮电局 |
  | 金　额：￥1440.00 |
  | 用　途：报刊费 |
   单位主管      合计
```

图 B2-25　支票存根联

（16）13 日，提取备用金 2 000 元。原始凭证 16 如图 B2-26 所示。

```
      中国工商银行
       支票存根
       57869938
   附加信息
   _____
   _____

   出票日期 2012年12月13日
  | 收款人：广东华天食品 |
  | 金　额：￥2000.00 |
  | 用　途：备用金 |
   单位主管      合计
```

图 B2-26　支票存根联

（17）13 日，李辉出差回来，报销差旅费 2 350 元，补付现金 150 元。原始凭证 17 如图 B2-27 所示。

差旅费报销单

单位名称：采购科　　　2012年12月13日　　　NO.57656

姓名	李辉			出差地点	北京	出差日期	2012.12.3-2012.12.11
事由	采购业务						

年	月	日	起	讫	车船或飞机		杂（宿）费	出差补贴
					类别	金额		
2012	12	3	广州	上海	火车	650	800	250
2012	12	11	上海	广州	火车	650		

单据张数	3张	人民币（大写）	贰仟叁佰伍拾元整	￥2350.00
预借：2200.00 元		实报：2350.00 元	补付：150 元	退回：_____元

单位主管：李健华　　记账：　　复核：林小丽　　出纳：王毅辉　　报账人签字：李辉

图 B2-27　差旅费报销单

（18）14 日，销售给广州市美联商场（开户银行：工行广州大德路支行，账号：10038766543611，税务登记号：440304774535816，公司地址：广州市越秀区大德路589号，电话：27334577）曲奇饼干3 000 千克，单价4.82 元，威化饼干1 000 千克，单价5.90 元，开出增值税专用发票，共计价款20 360 元，增值税款3 461.20 元。广州市美联商场以一张期限为 4 个月的商业承兑汇票支付全部款项。原始凭证18-1、18-2、18-3 如图 B2-28、图 B2-29、表 B2-9 所示。

广东省增值税专用发票
记账联

11000937　　　　　　　　　　　　　　　　　　　No.020876

开票日期：　年　月　日

购货单位	名　称：				密码区	略	
	纳税人识别号：						
	地址、电话：						
	开户行及账号：						

货物或应税劳务名称	规格型号	单位	数　量	单　价	金　额	税率	税　额
合计							

价税合计（大写）	（小写）￥

销货单位	名　称：	备注
	纳税人识别号：	
	地址、电话：	
	开户行及账号：	

收款人：　　　　复核：　　　　开票人：　　　　销货单位（章）

第一联 记账联

图 B2-28　增值税专用发票记账联

商业承兑汇票

LX 56743289

签发日期：二零壹贰年壹拾贰月壹拾肆日　　第6号

收款人	全称	广东华天食品有限公司			付款人	全称	广州市美联商场		
	账号	325500224535138				账号	10038766543611		
	开户行	工行天河支行	行号	3703		开户银行	工行广州大德路支行	行号	6720

托收金额	人民币（大写）	贰万叁仟捌佰贰拾壹元贰角整	千	百	十	万	千	百	十	元	角	分
						¥2	3	8	2	1	2	0

汇票日期	二零壹贰年壹拾贰月壹拾肆日	交易合同编号	15952

本汇票已经本单位承兑，到期日无条件交付票款。
此致
　　收款人

付款人盖章　　负责 王晓　　经办 刘青

本汇票请予以承兑，到期日付款。

签发人盖章　　负责 王晓　　经办 刘青

图 B2-29　商业承兑汇票

表 B2-9　　　　　　　　　出　库　单　　　　　　　　　No. 00069

年　月　日　　　　　　　　　　　　　　　单位：元

编号	名称	计量单位	出库数量	用途	备注

仓库主管：　　　　　　　　仓库保管：　　　　　　　　制单：

（19）14日，支付广州市威驰广告公司广告费5 600元。原始凭证19-1、19-2如图 B2-30、图 B2-31 所示。

广州市广告业专用发票

发票代码：113030523278

客户名称：广东华天食品有限公司　　2012年12月14日　　发票号码：01956119

项目	规格	单位	数量	单价	金额
					十 万 千 百 十 元 角 分
办公用品					¥　　5 6 0 0 0 0

税号：44025633784817

金额合计：人民币伍仟陆佰零拾零元零角零分　　　　¥：5600.00
（大写）

开票单位(章)　　　　　　　　　　　　　开票人 张明

图 B2-30　广告费发票

中国工商银行
支票存根
57869939

附加信息

出票日期 2012年12月14日

收款人：	广州市威驰广告公司
金　额：	￥5600.00
用　途：	广告费
单位主管	合计

图 B2-31　支票存根联

（20）16日，从广州市文一商场购买办公用品250元，现金支付。原始凭证20如图 B2-32 所示。

商品销售发票

7312563　　　　　　　　　　　　　　　　No. 253425

客户名称：　　　　2012年12月16日　　　现金付讫

品名	规格	单位	数量	单价	金额 千 百 十 元 角 分	备注
笔记本		本	15	4	6 0 0 0	
签字笔		支	18	5	9 0 0 0	
复印纸		包	10	20	2 0 0 0 0	

合计人民币（大写）⊗仟贰佰伍拾零元零角零分　　（小写）￥250.00

开票人：张丹　　收款人：王晶　　复核人：张美丽　　开票单位（章）

图 B2-32　销售普通发票

（21）16日，从河南省强生面粉厂购入面粉20 000千克，单价1.2元，价款24 000元，增值税款4 080元。上月已预付货款25 000元，付清余款，材料未到。原始凭证21-1、21-2、21-3如图 B2-33、图 B2-34、图 B2-35 所示。

（22）17日，用支票支付汽车修理费780元。原始凭证22-1、22-2如图 B2-36、图 B2-37 所示。

河南省增值税专用发票
发票联

23063758　　　　　　　　　　　　　　　　　　　　　　　No.354317

开票日期：2012 年 12 月 16 日

购货单位	名　　称：广东华天食品有限公司 纳税人识别号：440102375003739 地址、电话：广州市天河区山前路 68 号 37365858 开户行及账号：工行广州天河支行 325500224535138	密码区	略

货物或应税劳务名称	规格型号	单位	数量	单价	金额	税率	税额
面粉		千克	20000	1.20	24000.00	17%	4080.00
合计					￥24000.00		￥4080.00

价税合计（大写）	⊗ 贰万捌仟零捌拾元整　　　　　　　　　　（小写）￥28080.00

销货单位	名　　称：河南省强生面粉厂 纳税人识别号：271135446714935 地址、电话：郑州市前进路 678 号 67553266 开户行及账号：工行前进路支行 53708655362734

收款人：张丽　　　复核：黄渤　　　开票人：吴天力　　　销货单位（章）

图 B2-33　增值税专用发票发票联

河南省增值税专用发票
抵扣联

23063758　　　　　　　　　　　　　　　　　　　　　　　No.354317

开票日期：2012 年 12 月 16 日

购货单位	名　　称：广东华天食品有限公司 纳税人识别号：440102375003739 地址、电话：广州市天河区山前路 68 号 37365858 开户行及账号：工行广州天河支行 325500224535138	密码区	略

货物或应税劳务名称	规格型号	单位	数量	单价	金额	税率	税额
面粉		千克	20000	1.20	24000.00	17%	4080.00
合计					￥24000.00		￥4080.00

价税合计（大写）	⊗ 贰万捌仟零捌拾元整　　　　　　　　　　（小写）￥28080.00

销货单位	名　　称：河南省强生面粉厂 纳税人识别号：271135446714935 地址、电话：郑州市前进路 678 号 67553266 开户行及账号：工行前进路支行 53708655362734

收款人：张丽　　　复核：黄渤　　　开票人：吴天力　　　销货单位（章）

图 B2-34　增值税专用发票抵扣联

工商银行电汇凭证（回单）

委托日期 2012年12月16日　　第 5 号

汇款人	全称	广东华天食品有限公司			收款人	全称	河南省强生面粉厂		
	账号	325500224535138				账号	53708655362734		
	汇出地点	广东省广州市	汇出行名称	工行天河支行		汇入地点	河南省郑州市	汇入行名称	工行前进路支行
金额	人民币（大写）	叁仟零捌拾元整				千	百	十	万	千	百	十	元	角	分
								¥	3	0	8	0	0	0

汇款用途：支付货款

汇出行盖章　2012.12.16

2012年 12月 16日

图 B2-35　电汇凭证

维修发票

No.36475686

客户名称：广东华天食品有限公司　　2012年12月17日

品名	规格	单位	数量	单价	金额								备注
					百	十	万	千	百	十	元	角	分	
卡车修理费									7	8	0	0	0	
合计人民币（大写）	柒佰捌拾元整							¥	7	8	0	0	0	

填票人：张满仓　　收款人：丁洁　　复核人：　　开票人：（章）

图 B2-36　修理发票

中国工商银行
支票存根
57869940

附加信息

出票日期 2012年12月17日

收款人：	汽车修理厂
金　额：	¥780.00
用　途：	汽车修理费
单位主管	合计

图 B2-37　支票存根联

（23）20日，归还短期借款100 000元，利息2 250元（10、11月已预提1 500元）原始凭证23如图B2-38所示。

中国工商银行还款凭证（回单） 01-0002819535

收款日期：2012年12月20日

还款人	广东华天食品有限公司	贷款人	广东华天食品有限公司
存款账号	325500224535138	贷款账户	325500224535138
开户银行	工行天河支行	开户银行	工行天河支行

本息合计（大写）：人民币壹拾万零贰仟贰佰伍拾元整　¥ 102 250 00

备注：偿还短期借款本金及利息

上列款项已从你单位账户扣付

转账日期 2012年12月20日

制票：甄静　　复核：陆西

图 B2-38　还款凭证

（24）24日，从广州市太康机械厂购入搅拌机一台，价款15 000元，增值税2 550元，款项已开支票支付。原始凭证24-1、24-2、24-3如图B2-39、图B2-40、图B2-41所示。

广东省增值税专用发票

发票联

41256475　　　　　No.037415

开票日期：2012年12月24日

购货单位	名称：广东华天食品有限公司	密码区	
	纳税人识别号：440102375003739		略
	地址、电话：广州市天河区山前路68号 37365858		
	开户行及账号：工行广州天河支行 325500224535138		

货物或应税劳务名称	规格型号	单位	数量	单价	金额	税率	税额
搅拌机		台	1	15000.00	15000.00	17%	2550.00
合计					¥15000.00		¥2550.00

价税合计（大写）：⊗壹万柒仟伍佰伍拾元整　（小写）¥17550.00

销货单位	名称：广州市太康机械厂
	纳税人识别号：440327265810767
	地址、电话：广州市中山路157号 27384572
	开户行及账号：工行中山路支行 23764357654412

收款人：刘志强　　复核：陈东　　开票人：张珊　　销货 单位（章）

图 B2-39　增值税专用发票发票联

广东省增值税专用发票
抵扣联

41256475　　　　　　　　　　　　　　　　　　　　No.037415

开票日期：2012 年 12 月 24 日

购货单位	名　　称：广东华天食品有限公司 纳税人识别号：440102375003739 地　址、电　话：广州市天河区山前路 68 号 37365858 开户行及账号：工行广州天河支行 325500224535138	密码区	略

货物或应税劳务名称	规格型号	单位	数量	单价	金额	税率	税额
搅拌机		台	1	15000.00	15000.00	17%	2550.00
合计					￥15000.00		￥2550.00

价税合计（大写）　⊗壹万柒仟伍佰伍拾元整　　　（小写）￥17550.00

销货单位	名　　称：广州市太康机械厂 纳税人识别号：440327265810767 地　址、电　话：广州市中山路 157 号 27384572 开户行及账号：工行中山路支行 23764357654412

收款人：刘志强　　复核：陈东　　开票人：张珊　　销货单位（章）

图 B2-40　增值税专用发票发票联

中国工商银行
支票存根
57869941

附加信息

出票日期　2012年12月24日
收款人：广州市太康机械厂
金　额：￥17550.00
用　途：购搅拌机
单位主管　　　合计

图 B2-41　支票存根联

（25）25 日，向上海利达商场赊销（开户银行：中行上海黄浦支行，账号：964573743522156，税务登记号：370336772435891，公司地址：上海市黄浦路 157 号，电

话：34882345）销售曲奇饼干 15 000 千克，单价 4.82 元，价款 72 300 元，增值税 12 291 元，代垫运费 1 110 元。原始凭证 25 – 1、25 – 2、25 – 3 如图 B2 – 42、图 B2 – 43、表 B2 – 10 所示。

广东省增值税专用发票

11000937　　　　　　　　　　　　　　　　　　　　　　　　No.020878

开票日期：　年　月　日

购货单位	名　　称：		密码区	
	纳税人识别号：			略
	地　址、电　话：			
	开户行及账号：			

货物或应税劳务名称	规格型号	单位	数　量	单　价	金　额	税　率	税　额
合计							

价税合计（大写）		（小写）¥

销货单位	名　　称：	备注	现金收款
	纳税人识别号：		
	地　址、电　话：		
	开户行及账号：		

收款人：　　　　复核：　　　　开票人：　　　　销货单位（章）

第一联　记账联

图 B2 – 42　增值税专用发票记账联

中国工商银行
支票存根
57869942

附加信息

出票日期 2012年12月25日
收款人：广东联运有限公司
金　额：¥1110.00
用　途：代垫运费
单位主管　　　　合计

图 B2 – 43　支票存根联

表 B2-10　　　　　　　　　　　出　库　单　　　　　　　　　　　No.00070
　　　　　　　　　　　　　　年　月　日　　　　　　　　　　　　单位：元

编号	名称	计量单位	出库数量	用途	备注

仓库主管：　　　　　　　　　　仓库保管：　　　　　　　　　　　　制单：

（26）25 日，向广州市美联商场（开户银行：工行广州大德路支行，账号：10038766543611，税务登记号：440304774535816，公司地址：广州市越秀区大德路589号，电话：27334577）销售原材料白砂糖1 000千克，单价2.00元，价款2 000元，增值税340元，收到现金2 340元。原始凭证26-1、26-2如图B2-44、表B2-11所示。

广东省增值税专用发票
记账联

11000937　　　　　　　　　　　　　　　　　　　　　No.020878

开票日期：　年　月　日

购货单位	名　　称：		密码区	略
	纳税人识别号：			
	地　址、电　话：			
	开户行及账号：			

货物或应税劳务名称	规格型号	单位	数量	单价	金额	税率	税额
合计							

价税合计（大写）		（小写）¥

销货单位	名　　称：		备注	
	纳税人识别号：			
	地　址、电　话：			
	开户行及账号：			

收款人：　　　　复核：　　　　开票人：　　　　销货单位（章）

第一联　记账联

图 B2-44　增值税专用发票记账联

表 B2-11　　　　　　　　　　　出　库　单　　　　　　　　　　　No.00071

年　月　日　　　　　　　　　　　　　　　　　　　　　　　　　单位：元

编号	名称	计量单位	出库数量	出库用途	备注

仓库主管：　　　　　　　　　　　仓库保管：　　　　　　　　　　　制单：

（27）25 日，将货款 2 340 元存入银行，其中 100 元 20 张，50 元 6 张，10 元 4 张。原始凭证 27 如表 B2-12 所示。

表 B2-12　　　　　　　中国工商银行现金交款单（回单）①

年　月　日　　　　　　No.0001245

（收款单位：全称／账号；款项来源；交款部门）

人民币（大写）：百 十 万 千 百 十 元 角 分

券别	张数	十	万	千	百	十	元	券别	张数	千	百	十	元	角	分
一百元								一元							
五十元								五角							
十元								二角							
五元								一角							
二元								分币							

第一联　由银行盖章后退回单位

（28）31 日，汇总发出材料。原始凭证 28 如表 B2-13 所示。

表 B2-13　　　　　　　　　　发出材料汇总表　　　　　　　　　　单位：元

项目	白砂糖		面粉		花生油		奶油		合计
	数量（千克）	金额	数量（千克）	金额	数量（千克）	金额	数量（千克）	金额	
曲奇饼干耗用	3 800	6 232	15 000	14 850	1 920	9 120	300	2 445	32 647
威化饼干耗用	2 500	4 100	12 000	11 880	1 750	8 075	220	1 793	25 848
小计	6 300	10 332	27 000	26 730	3 620	17 195	520	4 238	58 495
车间一般耗用	200	328							328
管理耗用	50	82							82
合计	6 550	10 742	27 000	26 730	3 620	17 195	520	4 238	58 905

会计主管：　　　　　　　　　　　复核：　　　　　　　　　　　制单：

（29）31日，分配电费。原始凭证29如表B2-14所示。

表B2-14　　　　　　　　　　　　电费分配表　　　　　　　　　　　　单位：元

部门	用电量	单价	金额	分配对象	定额工时	分配率	分配金额
产品生产	17 000	0.8	13 600	曲奇饼干	3 000		
				威化饼干	2 000		
小计	17 000		13 600				
车间一般耗用	2 000	0.8	1 600				
管理部门	2 500	0.8	2 000				
合计	21 500		17 200				

会计主管：　　　　　　　　　　　　复核：　　　　　　　　　　　　制单：

（30）31日，计提固定资产折旧。原始凭证30如表B2-15所示。

表B2-15　　　　　　　　　　　　固定资产折旧计算表
年　　月　　日

部　　门	折旧额（元）
生产车间	15 750
管理部门	5 500
合　　计	21 250

会计主管：　　　　　　　　　　　　复核：　　　　　　　　　　　　制单：

（31）31日，计算分配工资费用。原始凭证31如表B2-16所示。

表B2-16　　　　　　　　　　　　工资费用分配表
2012年12月31日

部　　门		分配金额（元）	备注
生产车间	曲奇饼干	48 000	
	威化饼干	36 000	
车间管理人员		9 500	
行政管理人员		18 500	
合计		112 000	

会计主管：陈海　　　　　　　　　复核：林小丽　　　　　　　　　制单：李芳

（32）31日，按工资总额2%计提工会经费。原始凭证32如表B2-17所示。

表 B2-17　　　　　　　　　　　　　　工会经费计提表

　　　　　　　　　　　　　　　　　　　年　　月　　日　　　　　　　　　　　　　　　　　　单位：元

部　　门		工资总额	应计提的工会经费（2%）	备注
生产车间	曲奇饼干			
	威化饼干			
车间管理人员				
行政管理人员				
合　　计				

会计主管：　　　　　　　　　　　　　　复核：　　　　　　　　　　　　　　　　　制单：

（33）31日，分配制造费用。原始凭证33如表B2-18所示。

表 B2-18　　　　　　　　　　　　　　制造费用分配表

　　　　　　　　　　　　　　　　　　　年　　月　　日　　　　　　　　　　　　　　　　　　单位：元

应借科目		分配标准（定额工时）	分配率	应分配金额（元）
生产成本	曲奇饼干	3 000		
	威化饼干	2 000		
合　　计		5 000		

会计主管：　　　　　　　　　　　　　　复核：　　　　　　　　　　　　　　　　　制单：

（34）31日，计算结转本月完工入库曲奇饼干30 000千克，威化饼干16 000千克的制造成本（产品全部完工）。原始凭证34-1、34-2如表B12-19、表B2-20所示。

表 B2-19　　　　　　　　　　　　　　完工产品成本计算单

　　　　　　　　　　　　　　　　　　　年　　月　　日　　　　　　　　　　　　　　　　　　单位：元

成本项目	曲奇饼干（30 000千克）		威化饼干（16 000千克）		合计
	总成本	单位成本	总成本	单位成本	
直接材料					
直接人工					
制造费用					
合　　计					

会计主管：　　　　　　　　　　　　　　复核：　　　　　　　　　　　　　　　　　制单：

表 B2-20　　　　　　　　　　　　　　产成品入库单

交库单位：　　　　　　　　　　　　　　年　　月　　日　　　　　　　　　　　　　　　　　　仓库：

产品名称	规格	单位	数量	单位成本（元）	金额（元）
曲奇饼干					
威化饼干					
合　　计					

仓库主管：　　　　　　　　　　　　　　验收：　　　　　　　　　　　　　　　　　制单：

(35) 31日，结转本月已销产品成本。原始凭证35如表B2-21所示。

表B2-21　　　　　　　　产品销售成本汇总计算表
　　　　　　　　　　　　　　　　年　月　日　　　　　　　　　　　　　　　单位：元

产品名称	单位	销售数量	单位成本	总成本
合　计				

会计主管：　　　　　　　　　　　复核：　　　　　　　　　　　制单：

(36) 31日，结转本月已销原材料成本。原始凭证36如表B2-22所示。

表B2-22　　　　　　　　销售原材料成本计算表
　　　　　　　　　　　　　　　　年　月　日　　　　　　　　　　　　　　　单位：元

名称	单位	销售数量	单位成本	总成本
合　计				

会计主管：　　　　　　　　　　　复核：　　　　　　　　　　　制单：

(37) 31日，计算并结转本月应交增值税。原始凭证38如表B2-23所示。

表B2-23　　　　　　　　应交增值税计算表
　　　　　　　　　　　　　　　　年　月　日　　　　　　　　　　　　　　　单位：元

项目	上月留抵	销项税额	进项税额	进项转出	转出未交	转出多交	留抵下月
应交增值税							
合　计							

会计主管：　　　　　　　　　　　复核：　　　　　　　　　　　制单：

(38) 31日，计算本月应交的城市维护建设税（税率为7%）。原始凭证38如表B2-24所示。

表B2-24　　　　　　　　应交城市维护建设税计算表
　　　　　　　　　　　　　　　　年　月　日　　　　　　　　　　　　　　　单位：元

项目	计税依据	适用税率	税额
合　计			

会计主管：　　　　　　　　　　　复核：　　　　　　　　　　　制单：

(39) 31日，计算本月应交的教育费附加（征收率为3%）。原始凭证39如表B2-25所示。

表 B2-25　　　　　　　　　　　应交教育费附加计算表
　　　　　　　　　　　　　　　　年　月　日　　　　　　　　　　　　　　　　单位：元

项目	计税依据	适用税率	税额
合　计			

会计主管：　　　　　　　　　　　复核：　　　　　　　　　　　制单：

（40）31日，将本月收入类账户余额转入"本年利润"。原始凭证40如表B2-26所示。

表 B2-26　　　　　　　　　　　收入类账户发生额汇总表
　　　　　　　　　　　　　　　　年　月　日　　　　　　　　　　　　　　　　单位：元

收入账户	发生额	备注
主营业务收入		
其他业务收入		
合　计		

会计主管：　　　　　　　　　　　复核：　　　　　　　　　　　制单：

（41）31日，将本月支出类账户余额转入"本年利润"。原始凭证41如表B2-27所示。

表 B2-27　　　　　　　　　　　支出类账户发生额汇总表
　　　　　　　　　　　　　　　　年　月　日　　　　　　　　　　　　　　　　单位：元

支出账户	发生额	备　注
主营业务成本		
其他业务成本		
营业税金及附加		
销售费用		
管理费用		
财务费用		
合　计		

会计主管：　　　　　　　　　　　复核：　　　　　　　　　　　制单：

（42）31日，计算并结转本月所得税费用（税率为25%）。原始凭证42如表B2-28所示。

表 B2-28　　　　　　　　　　　应交所得税计算表

年　月　日　　　　　　　　　　　　　　　　　　　　　　　单位：元

项目	计税依据（本月利润总额）	适用税率	税额
合　计			

会计主管：　　　　　　　　　　　复核：　　　　　　　　　　　制单：

（43）31日，将全年"本年利润"结转至"利润分配"。

（44）31日，按全年净利润10%提取法定盈余公积。

（45）31日，将"利润分配"其他明细账结转至"利润分配——未分配利润"账户。

ISBN 978-7-5141-3707-1
定价：39.80元

项 目	A 材料		B 材料		合 计	
	数量（千克）	金额（元）	数量（千克）	金额（元）	数量（千克）	金额（元）
甲产品	4 300	86 000			4 300	86 000
乙产品			67 000	670 000	67 000	670 000
车间一般耗用	75	1 500	140	1 400	215	2 900
合 计	4 375	87 500	67 140	671 400	71 515	758 900

（9）31日计提本月固定资产折旧6 430元，其中：车间5 200元，厂部1 230元。

（10）31日分配本月发生的制造费用，按生产工人的工资比例（分配率保留两个小数）。

（11）31日本月生产甲产品2 100件，乙产品5 400件全部完工并验收入库，结转其实际生产成本。

3. 要求：根据以上经济业务编制有关会计分录。

【实务题四】

1. 目的：练习销售过程业务的核算。

2. 资料：湘东有限公司（一般纳税人）1月份发生下列业务。

（1）3日，向甲工厂出售甲产品740件，每件售价75元，增值税率17%。货款已收到，存入银行。

（2）8日，向乙公司出售乙产品280件，每件售价160元，增值税率17%。货款尚未收到。

（3）16日，收到乙公司支付的乙产品的货款和增值税款，存入银行。

（4）19日预收购货单位丙工厂货款31 000元，预收丁工厂货款54 000元，预收货款均存入银行。

（5）22日，向丙工厂提供甲产品350件，每件售价74元，增值税税率17%，货款抵付前收的预收款，多收的款项用现金退回。

（6）24日，向丁工厂提供乙产品440件，每件售价155元，增值税税率17%，货款抵付前收的预收款，不足的款项丁工厂用银行存款转账支付。

（7）25日，向戊公司出售甲产品130件，每件售价80元，增值税税率17%。戊公司签发一张商业汇票以支付货款和增值税。

（8）26日，湘东有限公司销售一批材料，价款18 000元，增值税3 060元，款项收到存入银行。

（9）27日，以银行存款支付业务招待费6 760元。

（10）29日，以银行存款支付广告费42 000元。

（11）31日，湘东有限公司月末结转本月销售材料的成本14 000元。

（12）31日，结转本月销售产品成本，甲产品1 220件，每件成本52元，乙产品720件，每件成本128元。

（13）31日，按本月计提应交城建税为8 400元，应交教育费附加3 600元。

3. 要求：根据以上经济业务编制有关会计分录。

【实务题五】

1. 目的：练习财务成果业务的核算。

2. 资料：湘东有限公司（一般纳税人）12月份发生下列业务。

（1）湘东有限公司接受捐赠固定资产，评估价21 500元，经批准转账。

（2）湘东有限公司以银行存款85 000元，捐赠给希望工程。

（3）湘东有限公司以银行存款交纳违规罚款490元。

（4）确认无法偿还的应付账款一笔，金额5 700元，经批准转作营业外收入。

（5）湘东有限公司从其他单位分得投资利润17 400元，存入银行。

（6）湘东有限公司将损益类中有关收入类账户的余额转入"本年利润"，其中：主营业务收入640 000元，其他业务收入35 000元，营业外收入7 600元，投资收益17 400元。

（7）湘东有限公司将有关损益类有关费用账户的余额转入"本年利润"账户，其中：主营业务成本445 000元，其他业务成本9 400元，营业税金及附加3 300元，销售费用11 800元，管理费用69 780元，财务费用1 460元，营业外支出4 700元。

（8）湘东有限公司利润总额为154 660元，按税法规定的25%的税率计算应纳所得税额。

（9）湘东有限公司将"所得税费用"账户余额结转入"本年利润"账户。

（10）湘东有限公司将"本年利润"账户余额115 920元转入"利润分配"账户。

（11）湘东有限公司按税后净利润115 920元的10%提取法定盈余公积。

（12）期末湘东有限公司计算应向投资者分配利润68 000元。

（13）年终决算时，湘东有限公司将"利润分配"账户所属的各明细分类账户的借方分配合计数79 592元（其中：提取法定盈余公积11 592元，应付利润68 000元）结转到"利润分配——未分配利润"明细分类账户。

3. 要求：根据以上经济业务编制有关会计分录。

项目三

日常登记会计账簿

职业活动

经过建账、填制和审核会计凭证，接下来的工作环节是根据审核无误的会计凭证登记日记账、总分类账和明细分类账。在会计核算中，对每一项发生的经济业务都必须取得、填制和审核会计凭证，然后根据审核无误的会计凭证登记账簿，将分散在会计凭证上的大量核算资料，加以集中和归类整理，生成系统的会计信息，为编制会计报表提供主要依据。正确登记会计账簿，是会计日常工作中的主要职业活动。

职业能力

能根据审核无误的原始凭证和记账凭证登记日记账、明细账和总账，运用正确的错账更正方法，更正账簿中的错账。

任务一 登记日记账

【工作任务】

一、工作任务

出纳人员根据审核无误的与库存现金、银行存款收付有关的记账凭证，按时间顺序逐日、逐笔登记在库存现金日记账和银行存款日记账中，逐日结出余额。

二、任务示范

（1）根据广东华天食品有限公司 2012 年 12 月 1～10 日经济业务，登记库存现金日记账，如表 B3-1 所示。

表 B3-1

库存现金日记账

2012年		凭证		摘要	对方科目	借方	贷方	借或贷	余额
月	日	种类	号数						
12	1			期初余额				借	1800 00
	1	银付	1	提取现金	银行存款	3500 00		借	5300 00
	1	现付	1	李辉预借差旅费	其他应收款		2200 00	借	3100 00
	1	现付	2	支付白砂糖运费	原材料		111 00	借	2999 00
	7	现收	1	王力还借款	其他应收款	80 00		借	3069 00

（2）根据广东华天食品有限公司 2012 年 12 月 1～10 日经济业务，登记银行存款日记账，如表 B3-2 所示。

表 B3-2

银行存款日记账

2012年		凭证		摘要	结算凭证		对方科目	借方	贷方	借或贷	余额
月	日	种类	号数		种类	号数					
12	1			期初余额						借	537490 00
	1	银收	1	收到投资款	转支		实收资本	300000 00		借	837490 00
	1	银付	1	提取现金	普支	9932	库存现金		3500 00	借	833990 00
	1	银付	2	购白砂糖	普支	9933	原材料		7956 00	借	826034 00
	1	银付	3	付货款	电汇		应付账款		80000 00	借	746034 00
	7	银收	2	收货款	托收		应收账款	75000 00		借	821034 00
	7	银收	3	缴纳增值税	委付		未交增值税		29250 00	借	791784 00
	7	银收	4	支付电费	普支	9934	应付账款		11700 00	借	780084 00

三、任务实施

参照示范，根据项目二广东华天食品有限公司 2012 年 12 月经济业务的全部会计凭证，在项目一已建好的库存现金日记账和银行存款日记账中，登记与库存现金和银行存款收付相关的事项，每日结出余额。

【相关知识】

一、会计账簿的登记规则

1. 根据审核无误的会计凭证登记账簿。记账的依据是会计凭证，记账人员在登记账簿之前，应当首先审核会计凭证的合法性、完整性和真实性，这是确保会计信息的重要措施。

2. 记账时要做到准确完整。记账人员记账时，应当将会计凭证的日期、编号、经济业务内容摘要、金额和其他有关资料记入账内。每一会计事项，要按平行登记方法，一方面记入有关总账，另一方面记入总账所属的明细账，做到数字准确、摘要清楚、登记及时、字迹清晰工整。记账后，要在记账凭证上签章并注明所记账簿的页数，或划"√"表示已经登记入账，避免重记、漏记。

3. 书写不能占满格。为了便于更正记账和方便查账，登记账簿时，书写的文字和数字上面要留有适当的空格，不要写满格，一般应占格距的1/2。

4. 顺序连续登记。会计账簿应当按照页次顺序连续登记，不得跳行、隔页。如果发生跳行、隔页的，应当将空行、空页用红色墨水对角划线注销，并注明"作废"字样，或者注明"此行空白"、"此页空白"字样，并由经办人员盖章，以明确经济责任。

5. 正确使用蓝黑墨水和红墨水。登记账簿要用蓝黑墨水或碳素墨水书写，不得使用圆珠笔或者铅笔书写。这是因为，各种账簿归档保管年限，国家规定一般都在10年以上，有些关系到重要经济资料的账簿，则要长期保管，因此要求账簿记录保持清晰、耐久，以便长期查核使用，防止涂改。红色墨水只能在以下情况下使用：冲销错账；在未设借贷等栏的多栏式账页中，登记减少数；在三栏式账户的余额栏前，如未印明余额方向的，在余额栏内登记负数余额；根据国家统一会计制度的规定可以使用红字登记的其他会计记录。在会计上，书写墨水的颜色用错了，会传递错误的信息。因此，红色墨水不能随意使用。

6. 结出余额。凡需要结出余额的账户，应按时结出余额，现金日记账和银行日记账必须逐日结出余额；债权债务明细账和各项财产物资明细账，每次记账后，都要随时结出余额；总账账户平时每月需要结出月末余额。结出余额后，应当在"借或贷"栏内写明"借"或者"贷"字样以说明余额的方向。没有余额的账户，应当在"借或贷"栏内写"平"字，并在余额栏内用"0"表示，一般来说，"0"应放在"元"位。

7. 过次页、承前页。各账户在一张账页记满时，要在该账页的最末一行加计发生额合计数和结出余额，并在该行"摘要"栏注明"过次页"字样。然后，再把这个发生额合计数和余额填列在下一页的第一行内，并在"摘要"栏内注明"承前页"，以保证账簿记录的连续性。对需要结计本月发生额的账户，结计"过次页"的本页合计数应当为自本月初起至本页止的发生额合计数。对需要结计本年累计发生额的账户，结计"过次页"的本页合计数应当为自本年初起至本页末止的累计数。对既不需要结计本月发生额，也不需要结计本年累计发生额的账户，可只将每页末的余额结转次页。

8. 登账错误。会计账簿记录发生错误，应根据错误的性质和发现时间的不同，按规定的办法进行更正，不允许用涂改、挖补、刮擦、药水消除字迹等手段更正错误。

二、日记账的登记方法

1. 库存现金日记账的登记方法。库存现金日记账通常由出纳人员根据审核无误的现金收款凭证、现金付款凭证和银行付款凭证（记录从银行提取现金的业务），按经济业务发生时间的先后顺序，逐日逐笔进行登记。库存现金日记账必须采用订本式账簿形式，格式有三栏式和多栏式两种，实际工作中多采用三栏式。三栏式现金日记账主要设有"借方"、"贷方"和"余额"3个基本的金额栏目，一般将其分别称为"收入"、"支出"和"结余"。各栏目具体登记方法如下：

（1）日期栏：系指记账凭证的日期，应与现金实际收付日期一致。

（2）凭证栏：系指登记入账的收付款凭证的种类和编号，如："现金收（付）款凭证"，简写为"现收（付）"。凭证栏还应登记凭证的编号数，以便于查账和核对。

（3）摘要栏：摘要说明登记入账的经济业务的内容。文字要简练，但要能说明问题。

（4）对方科目栏"系指现金收入的来源科目或支出的用途科目"。如从银行提取现金，其来源科目（即对方科目）为"银行存款"。其作用在于了解经济业务的来龙去脉。

（5）收入（借方）、支出（贷方）栏：系指现金实际收付的金额。每日终了，应分别计算现金收入和付出的合计数，结出余额，同时将余额与出纳员的库存现金核对，即通常说的"日清"。如账款不符应查明原因，并记录备案。月终同样要计算现金收、付和结存的合计数，通常称为"月结"。

需要注意的是：对于从银行提取现金的收入数，由于已填制银行存款付款凭证，为避免重复记账，一般不再填制现金收款凭证，应根据银行存款付款凭证登记。

2. 银行存款日记账的登记方法。银行存款日记账通常由出纳人员根据审核无误的银行收款凭证、银行付款凭证和现金付款凭证（记录将现金存入银行的业务），按经济业务发生时间的先后顺序，逐日逐笔进行登记。银行存款日记账与库存现金日记账一样，必须采用订本式账簿形式，格式有三栏式和多栏式两种，实际工作中多采用三栏式。

银行日记账的登记方法同现金日记账基本相同，需要特别说明的有以下几项：

（1）结算凭证种类和号数栏：系指所记录的经济业务如果是以支票付款结算的，应在该栏内填写相应的支票种类和号数，以便与开户银行对账。

（2）对方科目栏：系为了便于观察每笔银行存款收入的来源或付出的去向，根据记账凭证所列的对方科目登记。对方科目栏可使使用者了解银行存款收、付的来龙去脉。

（3）收入（借方）栏：根据收款凭证登记。

（4）付出（贷方）栏：根据付款凭证登记。

对于将现金存入银行的收入数或由其他银行存款户转存的收入数，应根据现金付款凭证或银行存款付款凭证登记。

每日终了，应分别计算银行存款收入和付出的合计数，结出余额，做到"日清"，以便检查监督各项收入和付出款项，避免出现透支现象，也便于定期同银行对账单核对。月终应计算出全月银行存款收入、付出的合计数，做到月结。

任务二　登记明细账

【工作任务】

一、工作任务

会计人员根据审核无误的原始凭证和记账凭证,登记各类明细分类账,并确保账簿登记的规范性和正确性。

二、任务示范

(1) 根据广东华天食品有限公司2012年12月1~10日经济业务,登记应收账款三栏明细账,如表B3-3所示。

表 B3-3

应收账款明细分类账

明细科目：上海利达商场

2012年		凭证		摘要	借方	贷方	借或贷	余额
月	日	种类	号数		千百十万千百十元角分	千百十万千百十元角分		千百十万千百十元角分
12	1			期初余额			借	7 5 0 0 0 0 0
	7	银收	2	收到货款		7 5 0 0 0 0 0	平	0

(2) 根据广东华天食品有限公司2012年12月1~10日经济业务,登记"原材料——面粉"数量金额明细账,如表B3-4所示。

表 B3-4

原材料

最高储量
最低储量
编号：　　　　规格：　　　　单位：千克　　　　　　　　　明细科目　面粉

12年		凭证		摘要	借方			贷方			借或贷	结存		
月	日	种类	号数		数量	单价	千百十万千百十元角分	数量	单价	千百十万千百十元角分		数量	单价	千百十万千百十元角分
12	1			期初余额							借	30000	0.85	2 5 5 0 0 0 0
	1	转	6	购入原材料	20000	1.20	2 4 0 0 0 0 0				借	50000	0.99	4 9 5 0 0 0 0

（3）根据广东华天食品有限公司 2012 年 12 月 1～20 日经济业务，登记管理费用多栏式明细账，如表 B3－5 所示。

表 B3－5

管理费用

明细科目 _____

2012年		凭证字号	摘要	合计	借方			
月	日				差旅费	卫生清洁费	办公费	修理费
12	7	转2	报销差旅费	1520 00	1520 00			
	12	银付7	付卫生清洁费	500 00		500 00		
	13	转4	报销差旅费	2200 00	2200 00			
	13	现付4	报销差旅费	150 00	150 00			
	16	现付5	购办公用品	250 00			250 00	
	17	银付12	支付修理费	780 00				780 00

三、任务实施

参照示范，根据项目二广东华天食品有限公司 2012 年 12 月经济业务的全部会计凭证，登记各类明细账户，并在记账凭证上打上已记账符号"√"。

【相关知识】

一、明细账的设置

明细分类账根据企业管理需要进行设置。明细分类账一般采用活页式账簿，也有的采用卡片式账簿，如固定资产明细账。明细分类账的格式有三栏式、数量金额式、多栏式和横线登记式（或称平行式）等。

二、明细账的登记方法

不同类型经济业务的明细分类账，可根据管理需要依据记账凭证、原始凭证或汇总原始凭证逐日逐笔登记或定期汇总登记。如固定资产、债券、债务等明细账应逐日逐笔登记，库存商品、原材料以及收入、费用明细账则可以逐笔登记，也可定期汇总登记，如图 B3－1 所示：

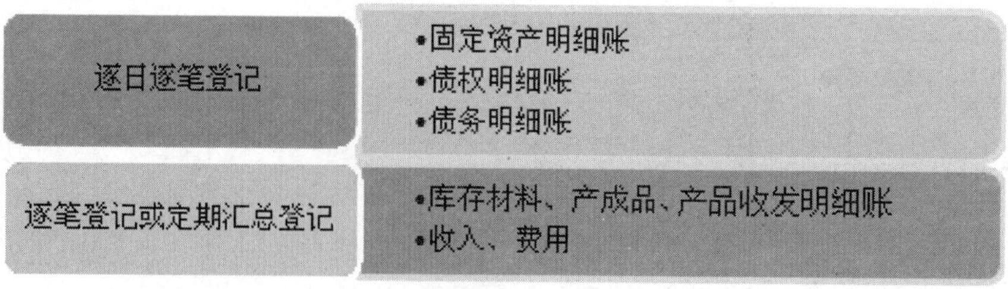

逐日逐笔登记
- 固定资产明细账
- 债权明细账
- 债务明细账

逐笔登记或定期汇总登记
- 库存材料、产成品、产品收发明细账
- 收入、费用

图 B3－1 明细分类账的登记方法

特别注意：多栏式明细分类账是由会计人员根据审核无误的记账凭证或原始凭证，按照经济业务发生的时间先后顺序逐日逐笔进行登记的，对于成本费用类账户，只在借方设专栏，平时在借方登记费用、成本发生额，贷方登记月末将借方发生额一次转出的数额。平时如发生贷方发生额，应用"红字"在借方有关栏内登记，表示应从借方发生额中冲减。同样，对于收入、成果类账户，只在贷方设专栏，平时在贷方登记收入的发生额，借方登记月末将贷方发生额一次转让."本年利润"的数额，若平时发生退货，应用"红字"在贷方有关栏内登记。

任务三　登记总账

【工作任务】

一、工作任务

会计人员根据不同的账务处理程序，选择不同的方法登记总账。可以根据审核无误的记账凭证逐笔登记总账（记账凭证账务处理程序），也可以将一定时期的记账凭证先编制成科目汇总表（科目汇总表账务处理程序）或汇总记账凭证（汇总记账账务处理程序），再汇总登记总账，并确保账簿登记的规范性和正确性。

二、任务示范

(一) 记账凭证账务处理程序

会计核算采用记账凭证账务处理程序，总分类账直接根据记账凭证定期（3天、5天、10天）逐笔登记。

(1) 根据广东华天食品有限公司2012年12月的经济业务，逐笔登记"银行存款"账户，如表B3-6所示。请注意画圈的位置的填写，再与科目汇总表账务处理程序下登记总账进行比较。

(2) 根据广东华天食品有限公司2012年12月的经济业务，逐笔登记"应收账款"总分类账户，如表B3-7所示。

表 B3-6

总分类账

会计科目 银行存款

2012年		凭证字号	摘要	借方 千百十万千百十元角分	贷方 千百十万千百十元角分	借或贷	余额 千百十万千百十元角分
月	日						
12	1		期初余额			借	53749000
	1	银收1	收到投资款	30000000		借	83749000
	1	银付1	从银行提取现金		350000	借	83399000

> 注意与科目汇总表账务处理程序下登记总账不同之处

表 B3-7

总分类账

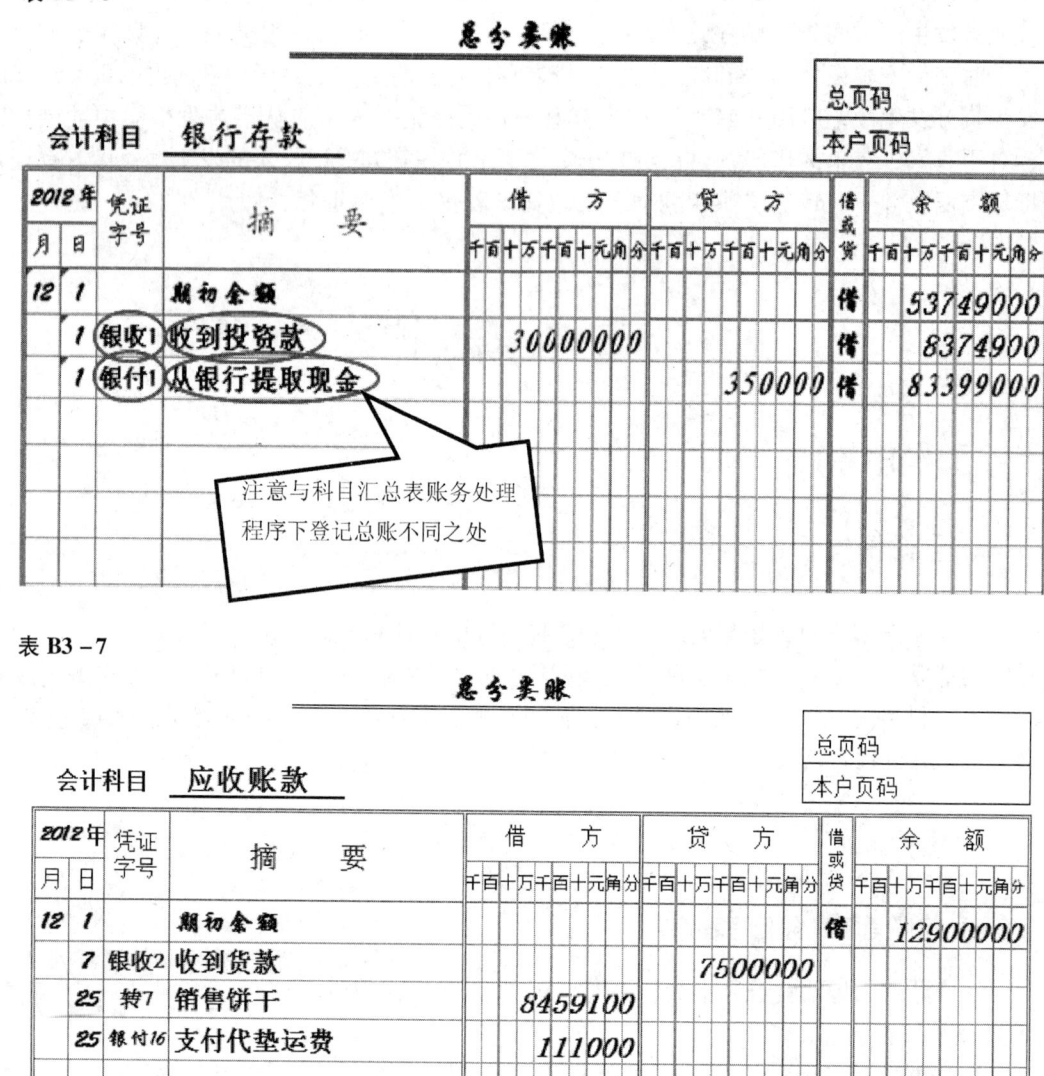

会计科目 应收账款

2012年		凭证字号	摘要	借方 千百十万千百十元角分	贷方 千百十万千百十元角分	借或贷	余额 千百十万千百十元角分
月	日						
12	1		期初余额			借	12900000
	7	银收2	收到货款		7500000		
	25	转7	销售饼干	8459100			
	25	银付16	支付代垫运费	111000			

(二) 科目汇总表账务处理程序

会计核算采用科目汇总表账务处理程序，登记总分类账与记账凭证账务处理程序的操作不同，具体步骤如下。

1. 开设"T"形账户。科目汇总表账务处理程序登记总分类账，首先要开设"T"形账户，每10天、15天或一个月汇总一次。

本示范是对广东华天食品有限公司12月1日至12月10日的记账凭证进行汇总，如表 B3-8 至表 B3-18 所示。

表 B3-8

银行存款

期初余额：537490	
1-10日：	
（1）300000	（2）3500
（7）75000	（4）7956
	（5）80000
	（8）29250
	（10）11700
	（11）100500
1-10日发生额合计：375000	1-10日发生额合计：232906
11-20日：	

表 B3-9

库存现金

期初余额：1800	
1-10日：	
（2）3500	（3）2200
（9）80	（4）111
（11）100500	（12）100500
1-10日发生额合计：104080	1-10日发生额合计：102811
11-20日：	

表 B3-10

原材料

期初余额：73500	
1-10日：	
（4）6800	
（4）100	
（6）18800	
（6）16600	
1-10日发生额合计：42300	1-10日发生额合计：
11-20日：	

表 B3-11

其他应收款

期初余额：1600	
1-10日：	
（3）2200	（9）1520
	（9）80
1-10日发生额合计：2200	1-10日发生额合计：1600
11-20日：	

表 B3-12

应收账款

期初余额：129000	
1-10日：	（7）75000
1-10日发生额合计：	1-10日发生额合计：75000
11-20日：	

表 B3-13

应付账款

	期初余额：90000
1-10日：	
（5）80000	（6）41382
（10）10000	
1-10日发生额合计：90000	1-10日发生额合计：41382
11-20日：	

表 B3-14

应交税费

	期初余额：29250
1-10日： （4）1156 （4）11 （6）5982 （8）29250 （10）1700	
1-10日发生额合计： 38099	1-10日发生额合计：
11-20日：	

表 B3-15

应付职工薪酬

	期初余额：102700
1-10日： （12）100500 （12）2200	
1-10日发生额合计： 102700	1-10日发生额合计：
11-20日：	

表 B3-16

其他应付款

	1-10日： （12）2200
1-10日发生额合计：	1-10日发生额合计： 2200
11-20日：	

表 B3-17

实收资本

	期初余额：600000
1-10日：	（1）300000
1-10日发生额合计：	1-10日发生额合计： 300000
11-20日：	

表 B3-18

管理费用

1-10日： （9）1520	
1-10日发生额合计： 1520	1-10日发生额合计：
11-20日：	

2. 填制科目汇总表。第二步，根据"T"形账户的内容，填写12月1日至10日的科目汇总表，如表 B3-19 所示。

表 B3-19

科目汇总表

2012年12月1日 至10日　　　　　　科汇字第 1 号

会计科目	借方发生额	贷方发生额	总账页数
库存现金	104080	102811	
银行存款	375000	232906	
应收账款		75000	
其他应收款	2200	1600	
原材料	42300		
应付账款	90000	41382	
应付职工薪酬	102700		
应交税费	38099		
其他应付款		2200	
实收资本		300000	
管理费用	1520		
合　　计	¥755899	¥755899	

3. 登记总分类账。第三步，根据科目汇总表登记总分类账户。

（1）根据科目汇总表登记"银行存款"账户，如表 B3-20 所示。请注意画圈的位置的填写，再与记账凭证账务处理程序下登记总账进行比较。

（2）根据科目汇总表登记"应收账款"账户，如表 B3-21 所示。请注意画圈的位置的填写，再与记账凭证账务处理程序下登记总账进行比较。

（三）汇总记账凭证账务处理程序

会计核算采用汇总记账凭证账务处理程序，登记总分类账与记账凭证账务处理程序、科目汇总表账务处理程序操作不同，其操作步骤如下。

1. 编制汇总收款凭证、付款凭证和转账凭证。

（1）编制汇总收款凭证：对广东华天食品有限公司12月1日至12月10日的收款凭证进行汇总，编制汇总收款凭证，如表 B3-22、表 B3-23 所示。

表 B3-20

总分类账

总页码
本户页码

会计科目 __银行存款__

2012年		凭证字号	摘要	借方 千百十万千百十元角分	贷方 千百十万千百十元角分	借或贷	余额 千百十万千百十元角分
月	日						
12	1		期初余额			借	53749000
	10	科汇1	1日~10日汇总	37500000	23290600	借	67958400
	20	科汇2	11日~20日汇总				

注意与记账凭证账务处理程序下登记总账不同之处

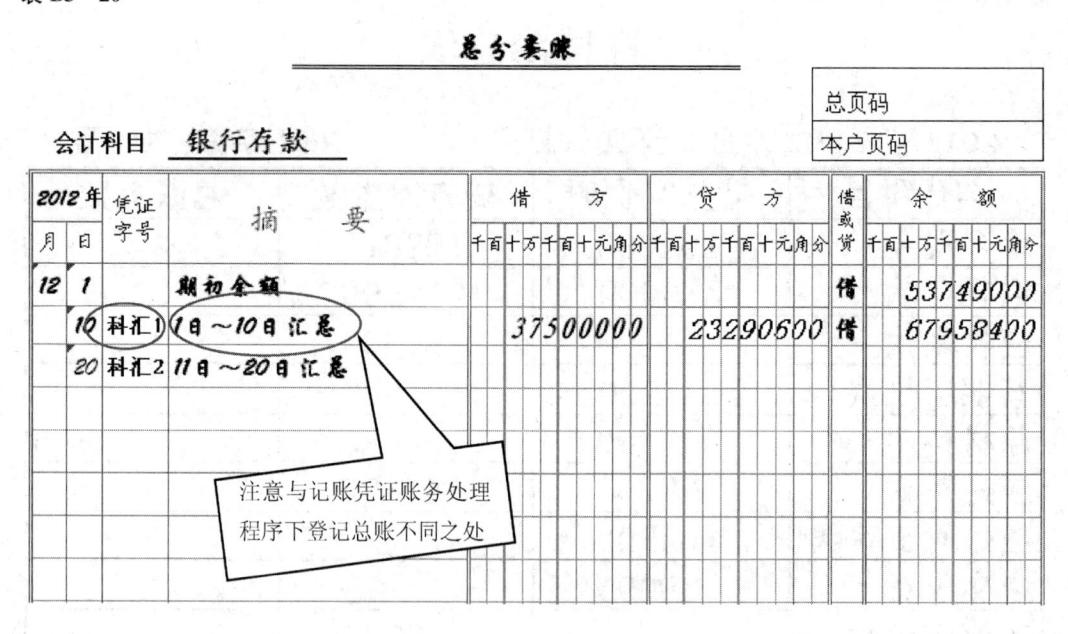

表 B3-21

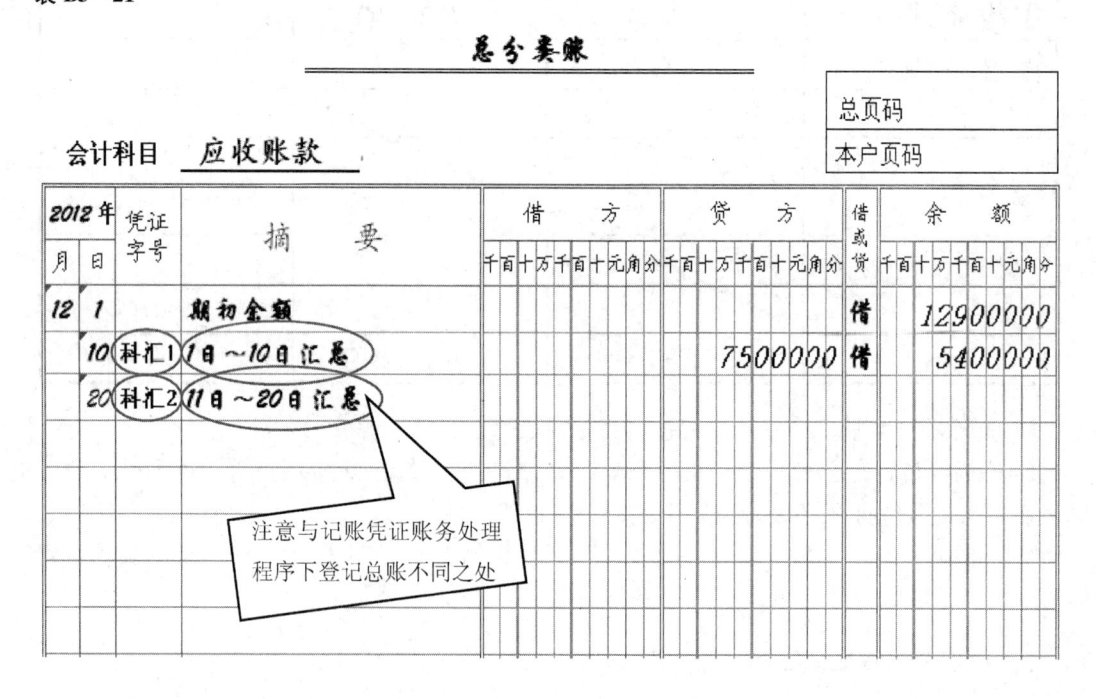

总分类账

总页码
本户页码

会计科目 __应收账款__

2012年		凭证字号	摘要	借方 千百十万千百十元角分	贷方 千百十万千百十元角分	借或贷	余额 千百十万千百十元角分
月	日						
12	1		期初余额			借	12900000
	10	科汇1	1日~10日汇总		7500000	借	5400000
	20	科汇2	11日~20日汇总				

注意与记账凭证账务处理程序下登记总账不同之处

（2）编制汇总付款凭证：对广东华天食品有限公司12月1日至12月10日的付款凭证进行汇总，编制汇总付款凭证，如表 B3-24、表 B3-25 所示。

表 B3-22　　　　　　　　　　　　**汇总收款凭证**　　　　　　　　　　　汇收第 1 号
借方科目：库存现金　　　　　　　　　2012 年 12 月

贷方科目	金额				总账页数	
	1 日至 10 日收款凭证	11 日至 20 日收款凭证	21 日至 30 日收款凭证	合计	借方	贷方
其他应收款	80					
合计	80					

表 B3-23　　　　　　　　　　　　**汇总收款凭证**　　　　　　　　　　　汇收第 2 号
借方科目：银行存款　　　　　　　　　2012 年 12 月

贷方科目	金额				总账页数	
	1 日至 10 日收款凭证	11 日至 20 日收款凭证	21 日至 30 日收款凭证	合计	借方	贷方
实收资本	300 000					
应收账款	75 000					
合计	375 000					

表 B3-24　　　　　　　　　　　　**汇总付款凭证**　　　　　　　　　　　汇付第 1 号
贷方科目：库存现金　　　　　　　　　2012 年 12 月

贷方科目	金额				总账页数	
	1 日至 10 日付款凭证	11 日至 20 日付款凭证	21 日至 30 日付款凭证	合计	借方	贷方
其他应收款	2 200					
原材料	100					
应交税费	11					
应付职工薪酬	100 500					
合计	102 811					

表 B3-25　　　　　　　　　　　汇总付款凭证
贷方科目：银行存款　　　　　　　2012年12月　　　　　　　　　　汇付第 2 号

借方科目	金额				总账页数	
	1日至10日付款凭证	11日至20日付款凭证	21日至30日付款凭证	合计	借方	贷方
库存现金	104 000					
原材料	6 800					
应交税费	32 106					
应付账款	90 000					
合计	232 906					

（3）编制转账凭证：对广东华天食品有限公司12月1日至12月10日的转账凭证进行汇总，编制汇总转账凭证，如表 B3-26、表 B3-27、表 B3-28 所示。

表 B3-26　　　　　　　　　　　汇总转账凭证
贷方科目：应付账款　　　　　　　2012年12月　　　　　　　　　　汇转第 1 号

借方科目	金额				总账页数	
	1日至10日转账凭证	11日至20日转账凭证	21日至30日转账凭证	合计	借方	贷方
原材料	35 400					
应交税费	5 982					
合计	41 382					

表 B3-27　　　　　　　　　　　汇总转账凭证
贷方科目：其他应收款　　　　　　2012年12月　　　　　　　　　　汇转第 2 号

借方科目	金额				总账页数	
	1日至10日转账凭证	11日至20日转账凭证	21日至30日转账凭证	合计	借方	贷方
管理费用	1 520					
合计	1 520					

表 B3-28   汇总转账凭证
贷方科目：其他应付款   2012 年 12 月   汇转第 3 号

借方科目	金额				总账页数	
	1日至10日转账凭证	11日至20日转账凭证	21日至30日转账凭证	合计	借方	贷方
应付职工薪酬	2 200					
合计	2 200					

2. 登记总账。根据以上的汇总收款凭证、付款凭证和转账凭证登记总分类账户，如表 B3-29 至表 B3-39 所示。

表 B3-29

总分类账

会计科目　库存现金

2012年		凭证		摘要	对方科目	借方	贷方	借或贷	余额
月	日	种类	号数			千百十万千百十元角分	千百十万千百十元角分		千百十万千百十元角分
12	1			期初余额				借	1 800 00
	10	汇收	1	1日~10日汇总	其他应收款	800 0			
		汇付	1	1日~10日汇总	其他应收款、原材料、应交税费、应付职工薪酬		10 281 10 0		
		汇付	2	1日~10日汇总	银行存款	10 400 0 0 0		借	3 069 0 0

表 B3-30

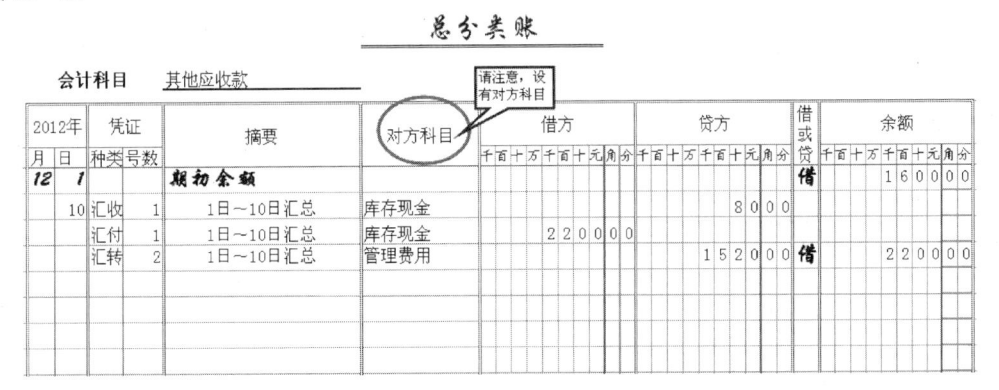

总分类账

会计科目　其他应收款

2012年		凭证		摘要	对方科目	借方	贷方	借或贷	余额
月	日	种类	号数			千百十万千百十元角分	千百十万千百十元角分		千百十万千百十元角分
12	1			期初余额				借	1 600 00
	10	汇收	1	1日~10日汇总	库存现金		800 0		
		汇付	1	1日~10日汇总	库存现金	2 200 00			
		汇转	2	1日~10日汇总	管理费用		1 520 00	借	2 200 00

表 B3－31

总分类账

会计科目 __银行存款__

2012年		凭证		摘要	对方科目	借方	贷方	借或贷	余额
月	日	种类	号数			千百十万千百十元角分	千百十万千百十元角分		千百十万千百十元角分
12	1			期初余额				借	5 3 7 4 9 0 0 0
	10	汇收	2	1日~10日汇总	实收资本、应收账款	3 7 5 0 0 0 0 0			
	10	汇付	2	1日~10日汇总	库存现金、原材料、应交税费、应付账款		2 3 2 9 0 6 0 0	借	6 7 9 5 8 4 0 0

表 B3－32

总分类账

会计科目 __实收资本__

2012年		凭证		摘要	对方科目	借方	贷方	借或贷	余额
月	日	种类	号数			千百十万千百十元角分	千百十万千百十元角分		千百十万千百十元角分
12	1			期初余额				贷	6 0 0 0 0 0 0 0
	10	汇收	2	1日~10日汇总	银行存款		3 0 0 0 0 0 0 0	贷	9 0 0 0 0 0 0 0

表 B3－33

总分类账

会计科目 __应收账款__

2012年		凭证		摘要	对方科目	借方	贷方	借或贷	余额
月	日	种类	号数			千百十万千百十元角分	千百十万千百十元角分		千百十万千百十元角分
12	1			期初余额				借	1 2 9 0 0 0 0 0
	10	汇收	2	1日~10日汇总	银行存款		7 5 0 0 0 0 0	借	5 4 0 0 0 0 0

表 B3－34

总分类账

会计科目 __原材料__

2012年		凭证		摘要	对方科目	借方	贷方	借或贷	余额
月	日	种类	号数			千百十万千百十元角分	千百十万千百十元角分		千百十万千百十元角分
12	1			期初余额				借	7 3 5 0 0 0 0
	10	汇付	1	1日~10日汇总	库存现金	1 0 0 0 0			
		汇付	2	1日~10日汇总	银行存款	6 8 0 0 0 0			
		汇转	1	1日~10日汇总	应付账款	3 7 4 0 0 0 0		借	1 1 5 8 0 0 0 0

表 B3-35

总分类账

会计科目 应交税费

2012年		凭证		摘要	对方科目	借方	贷方	借或贷	余额
月	日	种类	号数			千百十万千百十元角分	千百十万千百十元角分		千百十万千百十元角分
12	1			期初余额				贷	2 9 2 5 0 0 0
	10	汇付	1	1日~10日汇总	库存现金	1 1 0 0			
		汇付	2	1日~10日汇总	银行存款	3 2 1 0 6 0 0			
		汇转	1	1日~10日汇总	应付账款	5 9 8 2 0 0		借	8 8 4 9 0 0

表 B3-36

总分类账

会计科目 应付职工薪酬

2012年		凭证		摘要	对方科目	借方	贷方	借或贷	余额
月	日	种类	号数			千百十万千百十元角分	千百十万千百十元角分		千百十万千百十元角分
12	1			期初余额				贷	1 0 2 7 0 0 0 0
	10	汇付	1	1日~10日汇总	库存现金	1 0 0 5 0 0 0 0			
		汇转	3	1日~10日汇总	其他应付款	2 2 0 0 0 0		平	0

表 B3-37

总分类账

会计科目 应付账款

2012年		凭证		摘要	对方科目	借方	贷方	借或贷	余额
月	日	种类	号			千百十万千百十元角分	千百十万千百十元角分		千百十万千百十元角分
12	1			期初余额				贷	9 0 0 0 0 0 0
	10	汇付	2	1日~10日汇总	银行存款	9 0 0 0 0 0 0			
		汇转	1	1日~10日汇总	原材料、应交税费		4 1 3 8 2 0 0	贷	4 1 3 8 2 0 0

表 B3-38

总分类账

会计科目 管理费用

2012年		凭证		摘要	对方科目	借方	贷方	借或贷	余额
月	日	种类	号数			千百十万千百十元角分	千百十万千百十元角分		千百十万千百十元角分
12	10	汇转	2	1日~10日汇总	其他应账款	1 5 2 0 0 0		借	1 5 2 0 0 0

表 B3-39

总分类账

会计科目　其他应付款

（请注意，设有对方科目）

2012年		凭证		摘要	对方科目	借方 千百十万千百十元角分	贷方 千百十万千百十元角分	借或贷	余额 千百十万千百十元角分
月	日	种类	号数						
12	10	汇转	3	1日~10日汇总	应付职工薪酬		2 2 0 0 0 0	贷	2 2 0 0 0 0

三、任务实施

参照示范，根据广东华天食品有限公司2012年12月经济业务的全部会计凭证（见项目二），运用记账凭证账务处理程序和科目汇总表账务处理程序两种方法登记总账。

（1）根据记账凭证逐笔登记总账。
（2）每10天编制一张科目汇总表，根据科目汇总表汇总登记总账。

【相关知识】

一、总分类账的登记方法

总分类账登记的依据和方法根据各单位采用的账务处理程序不同而有所不同。

账务处理程序，也称为会计核算组织程序或会计核算形式，是指在企业核算中以账簿组织为中心，把会计凭证、会计账簿和记账程序有机地结合在一起的技术组织方式，其中账簿组织是指账簿的种类、账簿的格式及登记的方法，记账程序则是指从填制凭证、登记账簿到编制会计报表的步骤和方法。账务处理程序解决的是会计记账的程序，其核心是凭证与账簿结合的方式。

在我国，目前常用的账务处理程序主要有：
（1）记账凭证账务处理程序。
（2）科目汇总表账务处理程序。
（3）汇总记账凭证账务处理程序。
（4）多栏式日记账账务处理程序。
（5）日记总账账务处理程序。

记账凭证账务处理程序是会计核算中最基本的账务处理程序形式，科目汇总表账务处理程序是会计核算中最常用的账务处理程序形式。不同的账务处理程序，又有不同的方法、特点和适用范围。科学、合理地选择适用于本单位的账务处理程序，对于有效地组织会计核算具有重要意义。具体地说，有利于会计工作程序的规范化，确定合理的凭证、账簿与报表之间的联系方式，保证会计信息加工过程的严密性，提高会计信息的质量；有利于保证会计记录的完整性、正确性，通过凭证、账簿及报表之间的牵制作用，增强会计信息的可靠性；有利于减少不必要的会计核算环节，通过井然有序的账务处理程序，提高会计工作效率，保证会计信息的及时性。

不同的账务处理程序间最大的区别就在于它们登记总账的依据不同。

（一）记账凭证账务处理程序

1. 记账凭证账务处理程序的特点。记账凭证账务处理程序是指对发生的经济业务事项，都要根据原始凭证或汇总原始凭证编制记账凭证，然后直接根据记账凭证逐笔登记总分类账的一种账务处理程序。它是基本的账务处理程序，其一般工作程序如图 B3-2 所示。

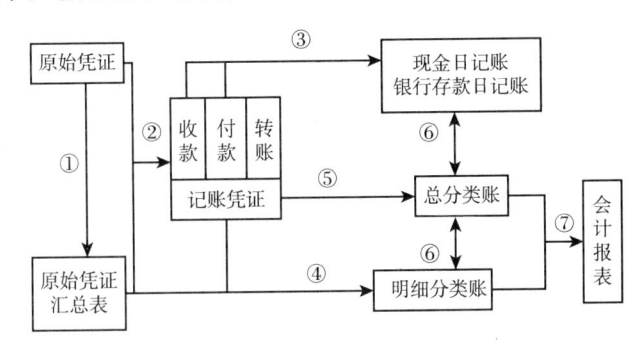

图 B3-2 记账凭证账务处理程序

① 根据原始凭证编制汇总原始凭证；
② 根据原始凭证或汇总原始凭证，编制记账凭证；
③ 根据收款凭证、付款凭证逐笔登记现金日记账和银行存款日记账；
④ 根据原始凭证、汇总原始凭证和记账凭证，登记各种明细分类账；
⑤ 根据记账凭证逐笔登记总分类账；
⑥ 期末，现金日记账、银行存款日记账和明细分类账的余额同有关总分类账的余额核对相符；
⑦ 期末，根据总分类账和明细分类账的记录，编制会计报表。

2. 记账凭证账务处理程序优缺点及适用范围。记账凭证账务处理程序简单明了，易于理解，总分类账可以较详细地反映经济业务的发生情况。其缺点是：登记总分类账的工作量较大。该账务处理程序适用于规模较小、经济业务量较少的单位。

3. 记账凭证账务处理程序下总账的登记。记账凭证账务处理程序下，直接根据记账凭证定期（3 天、5 天、10 天）逐笔登记总分类账。总分类账中"日期"、"凭证字号"、"摘要"、"借方金额"、"贷方金额"的登记方法与日记账、三栏式明细账的登记方法相同，只是总账不要求逐日结出余额。

（二）科目汇总表账务处理程序

1. 科目汇总表账务处理程序特点。科目汇总表账务处理程序又称记账凭证汇总表账务处理程序，它是根据记账凭证定期编制科目汇总表，再根据科目汇总表登记总分类账的一种账务处理程序。科目汇总表编制的时间应根据经济业务量的多少而定，可选择 5 天、10 天、

15 天或 1 个月编制一次。其一般工作程序如图 B3-3 所示。

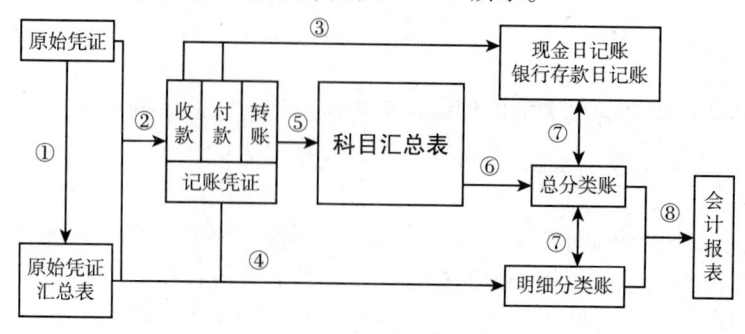

图 B3-3 科目汇总表账务处理程序

① 根据原始凭证编制汇总原始凭证；
② 根据原始凭证或汇总原始凭证编制记账凭证；
③ 根据收款凭证、付款凭证逐笔登记现金日记账和银行存款日记账；
④ 根据原始凭证、汇总原始凭证和记账凭证登记各种明细分类账；
⑤ 根据各种记账凭证编制科目汇总表；
⑥ 根据科目汇总表登记总分类账；
⑦ 期末，现金日记账、银行存款日记账和明细分类账的余额同有关总分类账的余额核对相符；
⑧ 期末，根据总分类账和明细分类账的记录，编制会计报表。

2. 科目汇总表账务处理程序优缺点及适用范围。科目汇总表账务处理程序减轻了登记总分类账的工作量，并可做到试算平衡，简明易懂，方便易学。其缺点是：科目汇总表不能反映账户对应关系，不便于查对账目。该账务处理程序适用于规模较大、经济业务较多的单位。

3. 科目汇总表账务处理程序下总账的登记。科目汇总表账务处理程序下，根据定期汇总编制的科目汇总表登记总分类账。科目汇总表是根据本期填制的全部记账凭证，按科目作为归类标志进行编制的。科目汇总表格式如表 B5-26 所示。科目汇总表编制的具体方法如下：

（1）开设"T"型账户（即科目汇总表的工作底稿）：将汇总期内全部记账凭证按编号顺序逐笔记入"T"型账户，结出每个账户的借、贷发生额合计数。

（2）填写表头日期、字号：日期为汇总期内日期，若是每 10 天汇总一次即为"2012 年 12 月 1 日至 12 月 10 日"；字号为"科汇字 1 号"（12 月 1 日至 12 月 10 日）、"科汇字 2 号"（12 月 11 日至 12 月 20 日）、"科汇字 3 号"（12 月 21 日至 12 月 31 日），如表 B5-26 所示。

（3）填写表中的"会计科目"栏：将汇总期内各项经济业务所涉及的会计科目填写在科目汇总表中的"会计科目"栏，一般按资产类、负债类、所有者权益类、成本类、损益类的顺序填写，如表 B5-26 所示。

（4）填写表中的"借方金额"和"贷方金额"栏：将"T"型账户汇总期内结出的账户的借、贷发生额合计数填列在相应会计科目行的"借方金额"和"贷方金额"栏。

(5) 进行发生额的试算平衡：将汇总期内全部会计科目的"借方金额"和"贷方金额"进行发生额的试算平衡。

根据科目汇总表登记总分类账时，"日期"栏为汇总期内最后一天；"凭证字号"为"科汇1"、"科汇2"或"科汇3"等；"摘要"栏填写"1~10日汇总"、"11~20日汇总"、"21~30日汇总"等；"借方金额"栏和"贷方金额"栏分别填写科目汇总表上本科目的借方发生额和贷方发生额。

表 B3-40   科目汇总表
                       2012年12月1日至10日   科汇字第1号

会计科目	借方发生额	贷方发生额	总账页数
库存现金			
银行存款			
……			
应付账款			
应付职工薪酬			
……			
盈余公积			
本年利润			
生产成本			
制造费用			
主营业务收入			
财务费用			
主营业务成本			
……			
合计			

（三）汇总记账凭证账务处理程序

1. 汇总记账凭证账务处理程序特点。汇总记账凭证账务处理程序是根据原始凭证或汇总原始凭证编制记账凭证，定期根据记账凭证分类编制汇总收款凭证、汇总付款凭证和汇总转账凭证，再根据汇总记账凭证登记总分类账的一种账务处理程序。其一般工作程序如图B3-4所示。

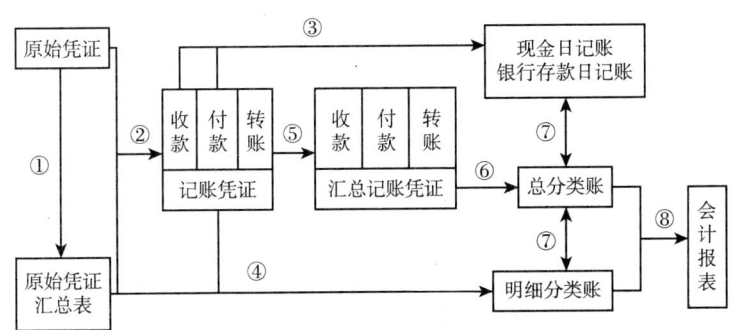

图 B3-4 汇总记账凭证账务处理程序

① 根据原始凭证编制汇总原始凭证；
② 根据原始凭证或汇总原始凭证，编制记账凭证；
③ 根据收款凭证、付款凭证逐笔登记现金日记账和银行存款日记账；
④ 根据原始凭证、汇总原始凭证和记账凭证，登记各种明细分类账；
⑤ 根据各种记账凭证编制有关汇总记账凭证；
⑥ 根据各种汇总记账凭证登记总分类账；
⑦ 期末，现金日记账、银行存款日记账和明细分类账的余额同有关总分类账的余额核对相符；
⑧ 期末，根据总分类账和明细分类账的记录，编制会计报表。

2. 汇总记账凭证账务处理程序优缺点及适用范围。汇总记账凭证账务处理程序减轻了登记总分类账的工作量，便于了解账户之间的对应关系。其缺点是：按每一贷方科目编制汇总转账凭证，不利于会计核算的日常分工，当转账凭证较多时，编制汇总转账凭证的工作量较大。该账务处理程序适用于规模较大、经济业务较多的单位。

3. 汇总记账凭证账务处理程序下总账的登记。汇总记账凭证账务处理程序下，根据定期编制的汇总收款凭证、汇总付款凭证和汇总转账凭证登记总分类账。汇总收款凭证、汇总付款凭证和汇总转账凭证的编制方法如下：

（1）汇总收款凭证的编制方法。汇总收款凭证是根据库存现金和银行存款收款凭证编制而成的一种汇总记账凭证。格式如表 B3-41 所示。编制时，按照"库存现金"、"银行存款"科目的借方设置，将其对应的贷方科目分设专行进行归类，计算出每一个贷方科目发生额合计数，填入汇总收款凭证中。一般可5-10日汇总一次，每月编制一张，月末，计算出汇总收款凭证中各贷方科目的合计数，据以登记总分类账。

表 B3-41　　　　　　　　　汇总收款凭证
借方科目：　　　　　　　　　2012年12月　　　　　　　　　汇收第1号

贷方科目	金额				总账页数	
	1日至10日收款凭证	11日至20日收款凭证	21日至30日收款凭证	合计	借方	贷方
合计						

（2）汇总付款凭证的编制方法。汇总付款凭证是根据现金和银行存款付款凭证编制而成的一种汇总记账凭证。格式如表 B3-42 所示。编制时，按照"库存现金"、"银行存款"科目的贷方设置，将其对应的借方科目分设专行进行归类，计算出每一个借方科目发生额合计数，填入汇总付款凭证中。一般可5-10日汇总一次，每月编制一张，月末，计算出汇总付款凭证中各借方科目的合计数，据以登记总分类账。

（3）汇总转账凭证的编制方法。汇总转账凭证是根据转账凭证编制而成的一种汇总记账凭证。格式如表 B3-43 所示。编制时，一般按照转账凭证中每一贷方科目分别设置，将其对应的借方科目进行归类，一般可5-10天汇总一次，每月编制一张。月末，计算出汇总转账凭证中个借方科目的合计数，据以登记总分类账。

表 B3-42　　　　　　　　　　　汇总付款凭证
贷方科目：　　　　　　　　　　　2012 年 12 月　　　　　　　　　　　汇付第 1 号

贷方科目	金额				总账页数	
	1 日至 10 日付款凭证	11 日至 20 日付款凭证	21 日至 30 日付款凭证	合计	借方	贷方
合计						

为了便于汇总记账凭证的编制，平时在编制转账凭证时，应使账户的对应关系保持一个贷方账户与一个或几个借方账户相对应，尽量避免一个借方账户与几个贷方账户相对应。即要求转账凭证应按一贷一借、一贷多借的形式编制，尽量避免编制一借多贷、多借多贷的会计分录，以免给汇总转账凭证的编制带来不便。

表 B3-43　　　　　　　　　　　汇总转账凭证
借方科目：　　　　　　　　　　　2012 年 12 月　　　　　　　　　　　汇转第 1 号

借方科目	金额				总账页数	
	1 日至 10 日转账凭证	11 日至 20 日转账凭证	21 日至 30 日转账凭证	合计	借方	贷方
合计						

为了使总分类账户的内容与各种汇总记账凭证相一致，在三栏式总分类账中，应设有"对方科目"专栏。月末，根据汇总收款凭证的合计数，分别登记在"库存现金"和"银行存款"总账账户的借方，以及有关总账账户的贷方；根据汇总付款凭证的合计数，分别登记在"库存现金"和"银行存款"总账账户的贷方，以及有关总账账户的借方；根据汇总转账凭证的合计数，记入本汇总转账凭证所设贷方账户的贷方，以及有关总账账户的借方。

二、总账与明细账平行登记

总分类账与明细分类账之间是一种账户的统驭和从属关系，总分类账户提供的总括指标统驭着明细分类账户，明细分类账户从属于其所属的总分类账户。在账务处理上，总分类账与明细分类账是平行的关系，应当平行地进行登记。平行登记是指经济业务发生后，根据审核无误的同一会计凭证，在同一会计期间，既要登记有关的总分类账户，又要登记该总分类账户所属的各有关明细账户的登记方法。

平行登记法包括以下几个要点：

1. 依据相同。每一项经济业务,明细账依据审核无误的记账凭证进行登记,总账无论采用哪种账务处理程序,记账凭证都是登记总账的重要依据。

2. 期间相同。对于需要提供详细指标的每一项经济业务,应根据审核无误的记账凭证,一方面计入有关的总分类账户,另一方面计入同期总分类账所属的有关各明细分类账户。这里包含两层要求:一是要求双重登记,既要登记总账又要登记相关明细分类账;二是要求在同一会计期间内(如月度内)进行平行登记,不能漏记或重记。实务中明细分类账一般根据记账凭证及其所附的原始凭证在平时登记;而总分类账因采用的账务处理程序不同,可以在平时登记,也可以定期登记。

3. 方向相同。一般情况下总分类账及其所属的明细分类账登记方向应该一致。在总分类账中登记借方,在其所属明细分类账中登记的方向也在借方;反之,在总分类账中登记贷方,在其所属明细分类账中登记的方向也在贷方。

4. 金额相等。在总分类账户中登记的金额与其所属的明细分类账中登记的金额应该相等。如果总分类账户同时涉及几个明细分类账,则在总分类账中登记的金额应该与其所属的明细分类账登记的金额之和相等。

总分类账户与其所属的明细分类账户之间存在着数量关系,可以用于判断总分类账及其所属的明细分类账登记是否正确。用公式表示如下:

总分类账户本期借方发生额 = 所属明细分类账户本期借方发生额合计
总分类账户本期贷方发生额 = 所属明细分类账户本期贷方发生额合计
总分类账户期初余额 = 所属明细分类账户期初余额合计
总分类账户期末余额 = 所属明细分类账户期末余额合计

任务四　更正错账

【工作任务】

一、工作任务

会计账簿记录应力求正确和整齐清洁,但在实际工作中难免发生差错。如果账簿记录发生错误,运用正确的错账更正方法予以更正。

二、任务示范

(1) 划线更正法。如表 B3-44 所示。

(2) 红字更正法。例如,1 日偿还北京宏发油厂货款 80 000 元,会计人员填制付款凭证时会计科目填写错误,如表 B3-45 所示,并据以登记了总分类账,如表 B3-46、表 B3-47 所示。

表 B3-44

应收账款明细分类账

明细科目：上海利达商场

2012年		凭证		摘要	借方										贷方										借或贷	余额									
月	日	种类	号数		千	百	十	万	千	百	十	元	角	分	千	百	十	万	千	百	十	元	角	分		千	百	十	万	千	百	十	元	角	分
12	1			期初余额																					借					7	5	0	0	0	0
	7	银收	2	收到货款															7	5	0	0	0	0	平									0	

注：用红笔画线。

表 B3-45

付 款 凭 证

贷方科目：银行存款　　　　2012 年 1 月 1 日　　　　银付字第　3　号

摘　要	借方科目		金　额									记账 √
	总账科目	明细科目	亿	千	百	十	万	千	百	十	元	角	分	
偿还货款	应收账款	北京宏发油厂					8	0	0	0	0	0	0	√
附件　1　张	合　　　　计		￥				8	0	0	0	0	0	0	

财会主管　　　　记账　　　　出纳　　　　审核　　　　制证 林小丽

表 B3-46

总分类账

总页数　5
分户页数　1

会计科目：　银行存款

2012年		凭证		摘要	借方										贷方										借或贷	余额									
月	日	种类	号数		千	百	十	万	千	百	十	元	角	分	千	百	十	万	千	百	十	元	角	分		千	百	十	万	千	百	十	元	角	分
12	1			期初余额																					借			5	3	7	4	9	0	0	0
	1	银收	1	收到投资款			3	0	0	0	0	0	0	0											借			8	3	7	4	9	0	0	0
	1	银付	1	提取现金															3	5	0	0	0	0	借			8	3	3	9	9	0	0	0
	1	银付	2	购白砂糖															7	9	5	6	0	0	借			8	2	6	0	3	4	0	0
	1	银付	3	付货款														8	0	0	0	0	0	0	借			7	4	6	0	3	4	0	0

表 B3-47

总分类账

总页数　15
分户页数　1

会计科目：　应收账款

2012年		凭证		摘要	借方	贷方	借或贷	余额
月	日	种类	号数		千百十万千百十元角分	千百十万千百十元角分		千百十万千百十元角分
12	1			期初余额			借	1 2 9 0 0 0 0 0
	1	银付	3	偿还货款	8 0 0 0 0 0 0			

15日发现错误，采用红字更正法进行更正，先用红字金额填制一张与原错误凭证相同的记账凭证，如表 B3-48 所示。然后再用蓝字填制一张正确的记账凭证，如表 B3-49 所示。并据以登记总分类账，如表 B3-50、表 B3-51、表 B3-52 所示（红字加底色表示）。

表 B3-48

付款凭证

贷方科目：银行存款　　　　2012 年 1 月 15 日　　　　银付字第 15 号

摘要	借方科目		金额	记账
	总账科目	明细科目	亿千百十万千百十元角分	√
冲销12月1日银付字3号错误凭证	应收账款	北京宏发油厂	8 0 0 0 0 0 0	√
附件　　张	合　　计		￥ 8 0 0 0 0 0 0	

财会主管　　　　记账　　　　出纳　　　　审核　　　　制证　林小丽

表 B3-49

付 款 凭 证

贷方科目：银行存款　　　2012 年 1 月 15 日　　　银付 字第 16 号

摘　要	借方科目		金　额	记账
	总账科目	明细科目	亿千百十万千百十元角分	√
更正12月1日银付字3号错误凭证	应付账款	北京宏发油厂	8 0 0 0 0 0	√
附件　　　张	合　　　　计		￥ 　　8 0 0 0 0 0	

财会主管　　　　记账　　　　出纳　　　　审核　　　　制证　林小丽

（3）补充更正法。例如，1日采购员李辉出差借款2200元，会计人员填制付款凭证时金额填写错误，如表 B3-53，并据以登记了总分类账，如表 B3-54、表 B3-55 所示。

表 B3-50

总分类账

会计科目：＿＿银行存款＿＿

总页数　5
分户页数　1

2012年		凭证		摘要	借方	贷方	借或贷	余额
月	日	种类	号数		千百十万千百十元角分	千百十万千百十元角分		千百十万千百十元角分
12	1			期初余额			借	5 3 7 4 9 0 0 0
	1	银收	1	收到投资款	3 0 0 0 0 0 0 0		借	8 3 7 4 9 0 0 0
	1	银付	1	提取现金		3 5 0 0 0 0	借	8 3 3 9 9 0 0 0
	1	银付	2	购白砂糖		7 9 5 6 0 0	借	8 2 6 0 3 4 0 0
	1	银付	3	付货款		8 0 0 0 0 0 0	借	7 4 6 0 3 4 0 0
				……				
	15	银付	15	更正错账		8 0 0 0 0 0		6 4 9 8 7 7 8 0
	15	银付	16	更正错账		8 0 0 0 0 0		7 2 9 8 7 7 8 0

表 B3-51

总分类账

会计科目：__应收账款__

总页数　15
分户页数　1

2012年		凭证		摘要	借方	贷方	借或贷	余额
月	日	种类	号数		千百十万千百十元角分	千百十万千百十元角分		千百十万千百十元角分
12	1			期初余额			借	１２９０００００
	1	银付	3	偿还货款	８０００００			
				……				
	15	银付	15	更正错账	８０００００			

表 B3-52

总分类账

会计科目：__应付账款__

总页数　35
分户页数　1

2012年		凭证		摘要	借方	贷方	借或贷	余额
月	日	种类	号数		千百十万千百十元角分	千百十万千百十元角分		千百十万千百十元角分
12	1			期初余额			贷	９０００００
				……				
	15	银付	16	更正错账	８０００００			

表 B3-53

付 款 凭 证

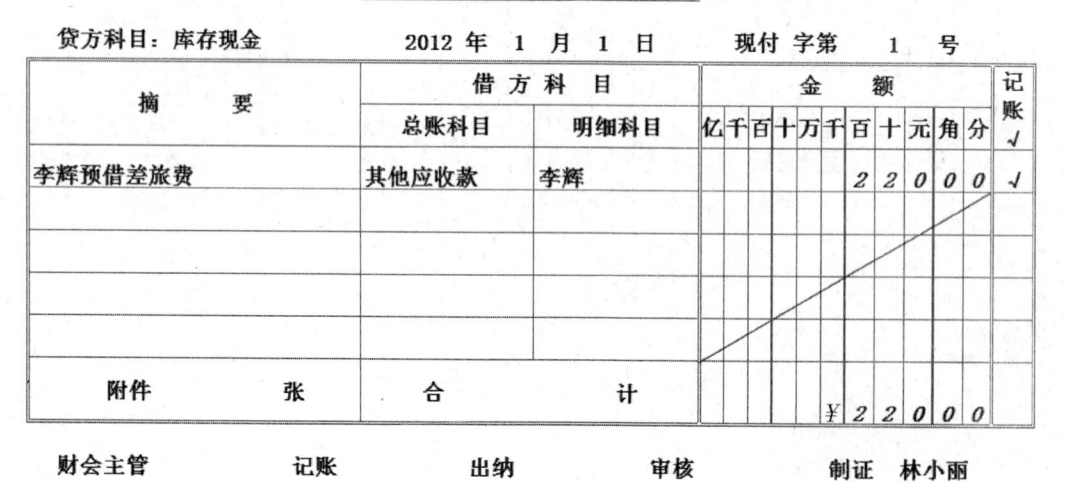

贷方科目：库存现金　　　　　2012 年 1 月 1 日　　　　　现付 字第　1　号

摘　要	借 方 科 目		金　额	记账
	总账科目	明细科目	亿千百十万千百十元角分	√
李辉预借差旅费	其他应收款	李辉	２２０００	√
附件　　　　张	合　　　计		￥　　　　２２０００	

财会主管　　　　　　记账　　　　　　出纳　　　　　　审核　　　　　　制证　林小丽

表 B3-54

总分类账

会计科目： 库存现金

总页数： 1
分户页数： 1

2012年		凭证		摘要	借方	贷方	借或贷	余额
月	日	种类	号数		千百十万千百十元角分	千百十万千百十元角分		千百十万千百十元角分
12	1			期初余额			借	1 8 0 0 0 0
	1			李辉预借差旅费		2 2 0 0 0		

表 B3-55

总分类账

会计科目： 其他应收款

总页数： 20
分户页数： 1

2012年		凭证		摘要	借方	贷方	借或贷	余额
月	日	种类	号数		千百十万千百十元角分	千百十万千百十元角分		千百十万千百十元角分
12	1			期初余额			借	1 6 0 0 0 0
	1			李辉预借差旅费	2 2 0 0 0			

20 日发现错误，采用补充登记法进行更正，按差额 1 980 元用蓝字填制了一张新的付款凭证，如表 B3-56，并据以登记总分类账，如表 B3-57、表 B3-58 所示。

表 B3-56

付款凭证

贷方科目：库存现金　　　　2012 年 1 月 20 日　　　　现付 字第　6　号

摘要	借方科目		金额	记账
	总账科目	明细科目	亿千百十万千百十元角分	√
补充12月1日现付1号错误凭证少记金额	其他应收款	李辉	1 9 8 0 0 0	√
附件　　张	合　　计		¥ 1 9 8 0 0 0	

财会主管　　　　记账　　　　出纳　　　　审核　　　　制证　林小丽

表 B3-57

总分类账

总页数： 1
分户页数： 1

会计科目： 库存现金

2012年		凭证		摘要	借方 千百十万千百十元角分	贷方 千百十万千百十元角分	借或贷	余额 千百十万千百十元角分
月	日	种类	号数					
12	1			期初余额			借	1800 00
	1			李辉预借差旅费		220 00		
	……							
	20			更正错账		1980 00		

表 B3-58

总分类账

总页数： 20
分户页数： 1

会计科目： 其他应收款

2012年		凭证		摘要	借方 千百十万千百十元角分	贷方 千百十万千百十元角分	借或贷	余额 千百十万千百十元角分
月	日	种类	号数					
12	1			期初余额			借	1600 00
	1			李辉预借差旅费	220 00			
	……							
	20			更正错账	1980 00			

三、任务实施

参照示范，运用正确的错账更正方法更正"模拟案例"操作过程中产生的错账。

【相关知识】

出现错账有两种可能原因，一是会计凭证填制错误，主要表现为记录内容有误、计算错误、会计科目错误、借贷方向错误、借贷金额有误；二是记账错误，主要表现在账簿记录出现重记、漏记、混记、错记等情况。记账发生错误时，不准涂改、挖补、刮擦或者用药水消除字迹，不准撕毁重新抄写，必须按规定的方法更正。更正错账的方法通常有划线更正法、红字更正法和补充登记法。

一、划线更正法

划线更正法是在结账前发现账簿记录有文字或数字错误，用红线划线注销并加以更正的一种方法。当记账凭证没有错误，只是账簿记录中发生文字或数字上的笔误时，可以采用这种方法加以更正。划线时，文字错误可只将错误的文字划掉；数字错误要将全部的数字划掉，并保证原字迹可以辨认，不能只划去或更改个别数字。如张玲在记账过程中，将"650"误写成"560"，发现后更改时应将"560"用单红线全部划去，再在红线上用蓝笔书写"650"字样，并在旁加盖私章。

具体的更正方法是：

（1）在错误的文字或数字上以红笔划一条横线注销；
（2）在红线上方用蓝笔写上正确的文字或数字；
（3）由更正人在划线处盖章，以明确责任。

二、红字更正法

红字更正法是指由于记账凭证错误而使账簿记录发生错误，用红字冲销该错误记账凭证，用以更正或调整账簿记录的一种方法。这种方法具体适用于两种情况：

1. 记账凭证中的会计科目或记账方向错误所导致的错误。具体更正方法是：

（1）用红字金额填写一张会计科目与原错误记账凭证完全相同的记账凭证，在摘要中注明"冲销×月×日第×号错误凭证"，并用红字金额登记入账，以冲销原来的账簿记录。

（2）用蓝字重新填写一张正确的记账凭证，在摘要栏中注明"更正×月×日第×号错误凭证"，用蓝字据以登记入账。

【例B3-1】某企业生产车间因一般消耗领用价值25 000元的原材料，编制记账凭证时，由于会计人员疏忽将分录错记，并已登记入账。该错误分录如下：

借：管理费用　　　　　　　　　　　　　　　　　　　25 000
　　贷：原材料　　　　　　　　　　　　　　　　　　　　　　25 000

此处错误应采用红字更正法更正：

第一步，用红字金额填制一张内容与原理错误凭证完全相同的记账凭证，用以注销原错误资料。

借：管理费用　　　　　　　　　　　　　　　　　　　25 000
　　贷：原材料　　　　　　　　　　　　　　　　　　　　　　25 000

第二步，用蓝字填制一张正确的记账凭证。

借：制造费用　　　　　　　　　　　　　　　　　　　25 000
　　贷：原材料　　　　　　　　　　　　　　　　　　　　　　25 000

将上述分录登记入账后，更正后的账簿记录如图B3-5所示。

2. 记账凭证中的所记金额大于应记金额所导致的错误。具体更正方法是：将多记的金额用红字填制一张记账凭证，借、贷方科目与原错误的记账凭证相同，在摘要栏注明"冲销×月×日第×号错误凭证多记金额"，并用红字金额登记入账。

【例B3-2】某企业本月支付银行借款利息8 000元。编制记账凭证时，误将金额错记，并已登记入账。原错误分录如下：

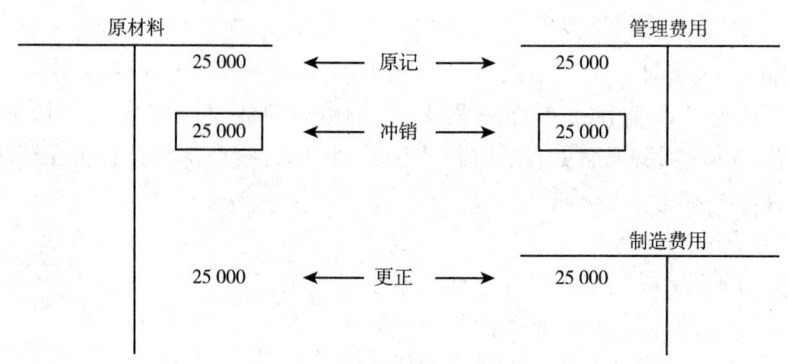

```
        原材料                              管理费用
     25 000      ←── 原记 ──→    25 000
    ┌──────┐                    ┌──────┐
    │25 000│    ←── 冲销 ──→    │25 000│
    └──────┘                    └──────┘

                                    制造费用
     25 000      ←── 更正 ──→    25 000
```

图 B3-5　红字更正法登账情况

　　借：财务费用　　　　　　　　　　　　　　　　　　　　　80 000
　　　　贷：银行存款　　　　　　　　　　　　　　　　　　　　　80 000

此处错误应采用红字更正法更正：

用红字金额填制一张记账凭证，冲销多记的金额。此处红字金额应为 72 000 元（80 000 - 8 000）。

　　借：财务费用　　　　　　　　　　　　　　　　　　　　　│72 000│
　　　　贷：银行存款　　　　　　　　　　　　　　　　　　　　　│72 000│

将上述分录登记入账后，更正后的账簿记录如图 B3-6 所示。

```
        银行存款                              财务费用
     80 000      ←── 原记 ──→    80 000
    ┌──────┐                    ┌──────┐
    │72 000│    ←── 冲减 ──→    │72 000│
    └──────┘                    └──────┘
```

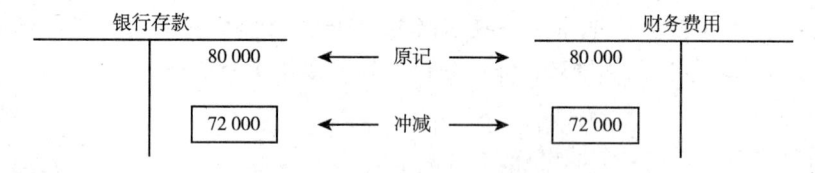

图 B3-6　红字更正法登账情况

三、补充登记法

　　补充登记法是指由于记账凭证错误导致账簿记录错误，从而编制补充记账凭证据以更正错账的方法。一般适用于只是记账凭证所记金额小于应记金额，应借、应贷会计科目没有错误的情况。

　　具体更正方法是：按少记的金额用蓝字填制一张记账凭证，其应借、应贷科目与原错误记账凭证相同，在摘要栏中注明"补充×月×日第×号错误凭证少记金额"，用蓝字据以登记入账。

　　【例 B3-3】 生产车间领用原材料一批，计价 75 000 元，原来编制记账凭证时，误写为 15 000 元，并已登记入账。

原错误凭证：

　　（1）借：生产成本　　　　　　　　　　　　　　　　　　　15 000
　　　　　　贷：原材料　　　　　　　　　　　　　　　　　　　　15 000

更正错误凭证：

(2) 借：生产成本　　　　　　　　　　　　　　　　　　　　　　　　60 000
　　　贷：原材料　　　　　　　　　　　　　　　　　　　　　　　　　　60 000

这种错误，也可以用红字更正法更正。但采用补充登记法，会更加方便。将上述分录登记入账后，更正后的账簿记录如图 B3-7 所示：

```
      原材料                              生产成本
   15 000        ←── 原记 ──→       15 000

   60 000        ←── 补记 ──→       60 000
```

图 B3-7　补充登记法登账情况

巩固与训练

一、单项选择题

1. 对库存现金存入银行的业务，登记银行存款日记账的依据是（　　）。
   A. 现金收款凭证　　　　　　　　B. 现金付款凭证
   C. 银行存款收款凭证　　　　　　D. 银行存款付款凭证

2. 如果发现账簿中的数字或文字错误，属于过账笔误和计算错误，可采用下列方法进行更正（　　）。
   A. 划线更正法　　B. 红字更正法　　C. 补充登记法　　D. 试算平衡法

3. 记账后，如果发现因记账中应借、应贷的会计科目发生错误，或已记金额大于应记金额而导致账户记录发生错误，可采用（　　）进行更正。
   A. 划线更正法　　　　　　　　　B. 红字更正法
   C. 补充登记法　　　　　　　　　D. 试算平衡法

4. 记账后，发现记账凭证中应借、应贷账户并无错误，只是所填金额小于应填金额，可采用（　　）进行更正。
   A. 划线更正法　　　　　　　　　B. 红字更正法
   C. 补充登记法　　　　　　　　　D. 试算平衡法

5. 企业开出转账支票 2 590 元购买办公用品，编制记账凭证时，误记金额为 2 950 元，科目及方向无误并已记账，应采用的更正方法是（　　）。
   A. 补充登记 360 元　　　　　　　B. 红字冲销 360 元
   C. 在凭证中划线更正　　　　　　D. 把错误凭证撕掉重编

6. 企业临时租入的固定资产应在（　　）中登记。
   A. 总分类账簿　　　　　　　　　B. 明细分类账簿
   C. 备查账簿　　　　　　　　　　D. 无须在账簿中作任何登记

7. 下列项目中，（　　）是连接会计凭证与会计报表的中间环节。
   A. 复式记账　　　　　　　　　　B. 设置会计科目与账户
   C. 设置与登记会计账簿　　　　　D. 编制会计分录

8. 下列不可以作为总分类账登记依据的是（ ）。
   A. 记账凭证　　　　　　　　　　B. 科目汇总表
   C. 明细账　　　　　　　　　　　D. 汇总记账凭证

9. 下列应该使用多栏式账簿的是（ ）。
   A. 应收账款明细账　　　　　　　B. 原材料明细账
   C. 管理费用明细账　　　　　　　D. 库存商品明细账

10. 更正错账，划线更正法适用的范围是（ ）。
    A. 记账凭证上会计科目或记账方向错误，导致账簿记录错误
    B. 记账凭证正确，在记账时发生错误，导致账簿记录错误
    C. 记账凭证上会计科目或记账方向正确，所记金额大于应记金额，导致账簿记录错误
    D. 记账凭证上会计科目或记账方向正确，所记金额小于应记金额，导致账簿记录错误

11. 采用科目汇总表账务处理程序，（ ）是其登记总账的直接依据。
    A. 汇总记账凭证　　　　　　　　B. 科目汇总表
    C. 记账凭证　　　　　　　　　　D. 原始凭证

12. 常见的三种账务处理程序中财务报表是根据（ ）资料编制的。
    A. 日记账、总账和明细账　　　　B. 日记账和明细分类账
    C. 明细账和总分类账　　　　　　D. 日记账和总分类账

13. 以下项目中，属于科目汇总表账务处理程序缺点的是（ ）。
    A. 增加了会计核算的账务处理程序　B. 增加了登记总分类账的工作量
    C. 不便于检查核对账目　　　　　　D. 不便于进行试算平衡

14. 在各种不同账务处理程序中，不能作为登记总账依据的是（ ）。
    A. 记账凭证　　　　　　　　　　B. 汇总记账凭证
    C. 汇总原始凭证　　　　　　　　D. 科目汇总表

15. 科目汇总表是依据（ ）编制的。
    A. 记账凭证　　　　　　　　　　B. 原始凭证
    C. 原始凭证汇总表　　　　　　　D. 各种总账

16. 下列属于记账凭证账务处理程序优点的是（ ）。
    A. 总分类账反映经济业务较详细　B. 减轻了登记总分类账的工作量
    C. 有利于会计核算的日常分工　　D. 便于核对账目和进行试算平衡

17. 汇总记账凭证是依据（ ）编制的。
    A. 记账凭证　　　　　　　　　　B. 原始凭证
    C. 原始凭证汇总表　　　　　　　D. 各种总账

18. 在下列账务处理程序中，最基本的账务处理程序是（ ）。
    A. 日记总账账务处理程序　　　　B. 记账凭证账务处理程序
    C. 科目汇总表账务处理程序　　　D. 汇总记账凭证账务处理程序

19. 下列属于记账凭证核算程序主要缺点的是（ ）。
    A. 不能体现账户的对应关系　　　B. 不便于会计合理分工

    C. 方法不易掌握　　　　　　　　D. 登记总账的工作量较大
20. 汇总记账凭证账务处理程序与科目汇总表账务处理程序的相同点是（　　）。
    A. 登记总账的依据相同　　　　　B. 记账凭证的汇总方法相同
    C. 保持了账户间的对应关系　　　D. 简化了登记总分类账的工作量
21. 关于记账凭证账务处理程序，下列说法不正确的是（　　）。
    A. 根据记账凭证逐笔登记总分类账，是最基本的账务处理程序
    B. 简单明了，易于理解，总分类账可以较详细地反映经济业务的发生情况
    C. 登记总分类账的工作量较大
    D. 适用于规模较大、经济业务量较多的单位
22. 在会计核算中填制和审核会计凭证、根据会计凭证登记账簿、根据账簿记录编制会计报表，这个过程的步骤以及三者的结合方式称为（　　）。
    A. 会计凭证传递　　　　　　　　B. 会计账簿组织
    C. 会计工作组织　　　　　　　　D. 账务处理程序
23. 下列不属于科目汇总表账务处理程序优点的是（　　）。
    A. 科目汇总表的编制和使用较为简便，易学易做
    B. 可以清晰地反映科目之间的对应关系
    C. 可以大大减少登记总分类账的工作量
    D. 科目汇总表可以起到试算平衡的作用，保证总账登记的正确性
24. 各种账务处理程序之间的区别在于（　　）。
    A. 总账的格式不同　　　　　　　B. 编制会计报表的依据不同
    C. 登记总账的程序和方法不同　　D. 会计凭证的种类不同
25. 汇总转账凭证是指按（　　）分别设置，用来汇总一定时期转账业务的一种汇总记账凭证。
    A. 每一个借方科目　　　　　　　B. 每一个非库存现金、银行存款科目
    C. 每一个贷方科目　　　　　　　D. 银行存款
26. 记账凭证账务处理程序一般适用于（　　）。
    A. 规模较大、经济业务比较复杂的企业
    B. 规模不大，但经济业务比较复杂的企业
    C. 规模不大、经济业务比较少的企业
    D. 工业企业和商品流通业
27. 科目汇总表账务处理程序适用于（　　）。
    A. 规模较小、业务较少的单位　　B. 所有单位
    C. 规模较大、业务较多的单位　　D. 工业企业
28. 汇总记账凭证账务处理程序适用于（　　）的单位。
    A. 规模较小，业务量较少　　　　B. 规模较大，业务量较多
    C. 规模较大，业务量较少　　　　D. 规模较小，业务量较多

二、多项选择题
  1. 总分类账户和明细分类账户平行登记要求做到:（　　）。

A. 登记次数相同 B. 登记会计期间相同
C. 记账的方向相同 D. 登记的金额相同

2. 下列情况中，可以用红色墨水记账的有（　　）。
A. 在不设借贷等栏的多栏式账页中，登记减少数
B. 按照红字冲账的记账凭证，冲销错误记录
C. 在三栏式账户的余额栏前如未印明余额方向的，在余额栏内登记负数余额
D. 根据国家统一的会计制度的规定可以用红字登记的其他会计记录

3. 以下凭证可以作为库存现金日记账的收入栏登记依据的有（　　）。
A. 库存现金收款凭证 B. 库存现金付款凭证
C. 银行存款收款凭证 D. 银行存款付款凭证

4. 登记账簿的依据可以是（　　）。
A. 原始凭证 B. 记账凭证
C. 记账凭证汇总表 D. 原始凭证汇总表

5. 以下登记总账的方法中，正确的有（　　）。
A. 根据记账凭证逐笔登记总账 B. 根据原始凭证或汇总记账凭证登记总账
C. 根据科目汇总表登记总账 D. 根据明细账逐笔登记总账

6. 下列账户中，只需反映金额指标的有（　　）。
A. "实收资本"账户 B. "原材料"账户
C. "库存商品"账户 D. "短期借款"账户

7. 下列各账户中，既要提供金额指标又要提供实物指标的明细分类账户有（　　）。
A. "库存商品"账户 B. "原材料"账户
C. "应付账款"账户 D. "应交税费"账户

8. 记账后发现记账凭证中应借、应贷会计科目正确，只是金额发生错误，可采用的错账更正方法是（　　）。
A. 划线更正法 B. 横线登记法
C. 红字更正法 D. 补充登记法

9. 在汇总记账凭证账务处理程序下，月末应与总分类账核对的内容有（　　）。
A. 明细分类账 B. 会计报表
C. 银行存款日记账 D. 记账凭证

10. 下列记账凭证中，可能用于登记银行存款日记账的有（　　）。
A. 银行存款收款凭证 B. 银行存款付款凭证
C. 库存现金收款凭证 D. 库存现金付款凭证

11. 对于汇总记账凭证账务处理程序，下列说法错误的有（　　）。
A. 登记总账的工作量大
B. 不能体现账户之间的对应关系
C. 明细账与总账无法核对
D. 当转账凭证较多时，汇总转账凭证的编制工作量较大

12. 各种会计账务处理程序下，登记明细账的依据可能有（　　）。
A. 原始凭证 B. 汇总原始凭证

C. 记账凭证 D. 汇总记账凭证

13. 下列不属于科目汇总表账务处理程序优点的有（　　）。
    A. 便于反映各账户间的对应关系　　B. 便于进行试算平衡
    C. 便于检查核对账目　　D. 简化登记总账的工作量

14. 下列项目中，属于科学、合理地选择适用于本单位的账务处理程序的意义有（　　）。
    A. 有利于会计工作程序的规范化　　B. 有利于增强会计信息可靠性
    C. 有利于提高会计信息的质量　　D. 有利于保证会计信息的及时性

15. 在我国，常用的账务处理程序主要有（　　）。
    A. 记账凭证账务处理程序　　B. 汇总记账凭证账务处理程序
    C. 多栏式日记账账务处理程序　　D. 科目汇总表账务处理程序

16. 以下属于记账凭证账务处理程序优点的有（　　）。
    A. 简单明了、易于理解
    B. 总分类账可较详细地记录经济业务的发生情况
    C. 便于进行会计科目的试算平衡
    D. 减轻了登记总分类账的工作量

17. 在常见的账务处理程序中，共同的账务处理工作有（　　）。
    A. 均应填制和取得原始凭证　　B. 均应编制记账凭证
    C. 均应填制汇总记账凭证　　D. 均应设置和登记总账

18. 在不同的会计核算组织程序下，登记总账的依据可以有（　　）。
    A. 记账凭证　　B. 汇总记账凭证
    C. 科目汇总表　　D. 汇总原始凭证

19. 账务处理程序也叫会计核算程序，它是指（　　）相结合的方式。
    A. 会计凭证　　B. 会计账簿
    C. 会计报表　　D. 会计科目

20. 各种账务处理程序的相同之处是（　　）。
    A. 根据原始凭证编制汇总原始凭证
    B. 根据原始凭证和记账凭证登记明细账
    C. 根据收款凭证和付款凭证登记现金、银行存款日记账
    D. 根据总账和明细账编制会计报表

21. 关于记账凭证账务处理程序，下列说法正确的是（　　）。
    A. 根据记账凭证逐笔登记总分类账，是最基本的账务处理程序
    B. 简单明了，易于理解，总分类账可以较详细地反映经济业务的发生情况
    C. 登记总分类账的工作量较大
    D. 适用于规模较大、经济业务量较多的单位

22. 以记账凭证为依据，按有关账户的贷方设置，按借方账户归类的有（　　）。
    A. 汇总收款凭证　　B. 汇总转账凭证
    C. 汇总付款凭证　　D. 科目汇总表

23. 采用科目汇总表账务处理程序时，月末应将（　　）与总分类账进行核对。

A. 银行存款日记账 B. 现金日记账
C. 明细分类账 D. 汇总记账凭证

24. 采用汇总记账凭证核算程序，转账凭证的会计分录应为（　　）。
A. 一借多贷 B. 多借多贷
C. 一借一贷 D. 一贷多借

三、判断题

1. 登记账簿要用蓝黑墨水或碳素墨水书写，不得使用铅笔书写，但可使用钢笔或圆珠笔书写。（　　）
2. 每一账页登记完毕结转下页时，应当结出本页合计数及余额，写在本页最后一行和下页第一行有关栏内，并在摘要栏内注明"过次页"和"承前页"字样。（　　）
3. 补充登记法一般适用于记账凭证所记会计科目无误，只是所记金额大于应记金额，从而引起的记账错误。（　　）
4. 各类账簿都必须直接根据记账凭证登记。（　　）
5. 设置和登记账簿是编制会计报表的基础，是连接会计凭证与会计报表的中心环节。（　　）
6. 会计人员在记账以后，若发现所依据的记账凭证中的应借、应贷会计科目有错误，则不论金额多记还是少记，均采用红字更正法进行更正。（　　）
7. 会计核算中，红笔一般只在划线、改错、冲账和表示负数金额时使用。（　　）
8. 库存现金日记账和银行存款日记账，既可使用订本账，也可使用活页账。（　　）
9. 如果在结账前发现账簿记录有文字或数字错误，而记账凭证没有错误，则可采用划线更正法，也可采用红字更正法。（　　）
10. 在不同的账务处理程序中，登记总账的依据相同。（　　）
11. 汇总记账凭证账务处理程序既能保持账户的对应关系，又能减轻登记总分类账的工作量。（　　）
12. 科目汇总表不仅可以起到试算平衡的作用，还可以反映账户之间的对应关系。（　　）
13. 汇总记账凭证账务处理程序的缺点在于保持账户之间的对应关系。（　　）
14. 记账凭证账务处理程序的特点是直接根据记账凭证逐笔登记总分类账，是最基本的账务处理程序。（　　）
15. 库存现金日记账和银行存款日记账不论在何种账务处理程序下，都是根据收款凭证和付款凭证逐日逐笔顺序登记的。（　　）
16. 科目汇总表账务处理程序能科学地反映账户的对应关系，且便于账目核对。（　　）
17. 汇总记账凭证账务处理程序和科目汇总表账务处理程序都适用于经济业务较多的单位。（　　）
18. 科目汇总表账务处理程序不能反映各科目的对应关系，不便于查对账目，但汇总记账凭证账务处理程序可以克服科目汇总表账务处理程序的这个缺点。（　　）

四、实务题

1. 目的：练习错账的更正方法。
2. 资料：湘东有限公司2012年10月发生下列经济业务。

（1）从银行取得两年借款 8 600 元，已存入银行。
（2）开出转账支票 5 000 元，偿还应付赔偿款。
（3）销售部门领用材料 560 元。
（4）开出转账支票 4 820 元，缴纳上月未缴税金。
（5）签发转账支票 4 950 元，支付前欠某单位货款。
（6）华大公司以商用设备一台作为投资，原价 265 000 元。

根据上述经济业务分别编制下列会计分录：

（1）借：银行存款　　　　　　　　　　　　　　6 800
　　　　贷：短期借款　　　　　　　　　　　　　　6 800

（2）借：应付账款　　　　　　　　　　　　　　5 000
　　　　贷：银行存款　　　　　　　　　　　　　　5 000

（3）借：销售费用　　　　　　　　　　　　　　 650
　　　　贷：原材料　　　　　　　　　　　　　　　 650

（4）借：应交税费　　　　　　　　　　　　　　4 280
　　　　贷：银行存款　　　　　　　　　　　　　　4 280

（5）借：应收账款　　　　　　　　　　　　　　4 950
　　　　贷：银行存款　　　　　　　　　　　　　　4 950

（6）借：固定资产　　　　　　　　　　　　　265 000
　　　　贷：实收资本　　　　　　　　　　　　　265 000

上列会计分录已登记入账，其中第 6 笔业务，在登记"固定资产"、"实收资本"账户时均以"256000"记录。

3. 要求：审查上述资料有无错误，对有错误的经济业务采用正确的更正方法予以更正。

项目四

期末对账和结账

职业活动

在会计工作中，由于种种原因，难免发生记错、算错等差错，也难免出现账实不符的现象。在结账前，为了确保账簿记录的完整、正确、真实，必须对账簿记录进行严格的核对。通过对账证、账账、账实的核对，发现和纠正账簿记录中的错误，然后才进行结账。与记账一样，结账和对账也是登记账簿的重要工作。

职业能力

能根据规范进行账证、账账、账实的核对，完成期末结账工作。

任务一 对 账

【工作任务】

一、工作任务

会计人员在有关经济业务登记入账以后，对账簿记录的数据进行检查和核对，主要进行账证、账账、账实的核对，确保账簿记录的完整、正确、真实。

二、任务示范

(1) 根据广东华天食品有限公司 2012 年 12 月的经济业务登记完总分类账后，编制发生额及余额试算平衡表，进行总账借方发生额合计与贷方发生额合计、借方余额合计与贷方余额合计的核对，如表 B4-1 所示。

表 B4-1　　　　　　　　　总分类账户本期发生额及余额试算平衡表

2012 年 12 月　　　　　　　　　　　　　　　　　　　　　　　　　单位：元

会计科目	期初余额 借方	期初余额 贷方	本期发生额 借方	本期发生额 贷方	期末余额 借方	期末余额 贷方
库存现金	1 800.00		108 420.00	105 551.00	4 669.00	
银行存款	537 490.00		437 173.80	367 216.00	607 447.80	
应收票据			23 821.20		23 821.20	
应收账款	129 000.00		85 701.00	75 000.00	139 701.00	
预付账款	25 000.00		4 520.00	28 080.00	1 440.00	
其他应收款	1 600.00		2 200.00	3 800.00		
在途物资			24 000.00		24 000.00	
原材料	73 500.00		42 300.00	60 545.00	55 255.00	
库存商品	111 540.00		185 143.00	103 570.00	193 113.00	
固定资产	1 342 105.00		15 000.00	0.00	1 357 105.00	
累计折旧		255 000.00	0.00	21 250.00		276 250.00
短期借款		100 000.00	100 000.00			
应付账款		90 000.00	90 000.00	58 582.00		58 582.00
……						
……						
合计	2 222 035.00	2 222 035.0	2 030 587.63	2 030 587.63	2 406 552.00	2 406 552.00

（2）根据广东华天食品有限公司 2012 年 12 月的经济业务，将银行存款日记账与银行对账单进行核对，编制"银行存款余额调节表"，如表 B4-2、表 B4-3、表 B4-4 所示。

表 B4-2

银行存款日记账

2012年 月	2012年 日	凭证 种类	凭证 号数	摘要	结算凭证 种类	结算凭证 号数	对方科目	借方	贷方	借或贷	余额
12	1			期初余额						借	537 490 00
	1	银收	1	收到投资款	转支		实收资本	300 000 00		借	837 490 00
	1	银付	1	提取现金	普支	9932	库存现金		3 500 00	借	833 990 00
	1	银付	2	购白砂糖	普支	9933	原材料		7 956 00	借	826 034 00
	1	银付	3	付货款	电汇		应付账款		80 000 00	借	746 034 00
				……							
	25	银付	16	支付代垫运费	普支	9942	应收账款		1 110 00	借	605 107 80
	25	银收	4	现金存银行			库存现金	2 340 00		借	607 447 80

表 B4－3　　　　　　　　　中国工商银行企业存款对账单　　　　　　　　　No：0407094746
　　　　　　　　　　　　　　　　　2012 年 12 月 31 日　　　　　　　　　　　　　第 20 页
户名：广东华天食品有限公司　　　　　　币种：人民币　　　　　　　　　　　单位：元
账号：325500224535138　　　　　　　　　　　　　　　　　　　　上页余额：537 490.00

2012 年		摘要	借方发生额	贷方发生额	余额
月	日				
12	1	普通支票#9932	3 500.00		533 990.00
	1	电汇	80 000.00		453 990.00
	1	普通支票#9933	7 956.00		446 034.00
	2	转账支票#2316		300 000.00	746 034.00
	7	转账支付税费	29 250.00		716 784.00
	7	托收		75 000.00	791 784.00
	10	普通支票#9935	100 500.00		691 284.00
	13	转账支票#5791		59 833.80	751 117.80
	13	普通支票#9938	2 000.00		749 117.80
	14	普通支票#9936	500.00		748 617.80
	15	普通支票#9934	11 700.00		736 917.80
	16	普通支票#9939	5 600.00		731 317.80
	16	电汇	3 080.00		728 237.80
	17	普通支票#9938	1 440.00		726 797.80
	19	普通支票#9940	780.00		726 017.80
	20	转账还银行借款	102 250.00		623 767.80
	25	现金存入		2 340.00	626 107.80
	31	支付银行手续费	800.00		625 307.80
	31	转账进账单		85 701.00	711 008.80

表 B4－4　　　　　　　　　　　银行存款余额调节表
　　　　　　　　　　　　　　　　2012 年 12 月 31 日　　　　　　　　　　　　　　单位：元

项　目	金　额	项　目	金　额
银行存款日记账余额	607 447.80	银行对账单余额	711 008.80
加：银行已收而企业未收的款项	85 701.00	加：企业已收而银行未收的款项	
减：银行已付而企业未付的款项	800.00	减：企业已付而银行未付的款项	18 660.00
调节后的余额	692 348.80	调节后的余额	692 348.80

　　（3）根据广东华天食品有限公司 2012 年 12 月的经济业务，编制"应付账款明细账发生额及余额对照表"（见表 B4－5）与应付账款总账（见表 B4－6）进行核对。

表 B4－5　　　　　　　　　应付账款明细账发生额及余额对照表

明细账户	期初余额		本期发生额		期末余额	
	借方	贷方	借方	贷方	借方	贷方
北京宏发油厂		80 000.00	80 000.00	41 382.00		41 382.00
供电局		10 000.00	10 000.00	17 200.00		17 200.00
合计		90 000.00	90 000.00	58 582.00		58 582.00

表 B4－6

总分类账

总页数　35
分户页数　1

会计科目：　应付账款

2012年		凭证		摘要	借方	贷方	借或贷	余额
月	日	种类	号数					
12	1			期初余额			贷	90 000.00
	1	银付	3	偿还货款	80 000.00		贷	10 000.00
	6	转	1	购货款未付		41 382.00	贷	51 382.00
	7	银付	5	支付电费	10 000.00		贷	41 382.00
	31	转	9	分配电费		17 200.00	贷	58 582.00
	31			本月合计	90 000.00	58 582.00	贷	58 582.00

三、任务实施

参照示范，在广东华天食品有限公司2012年12月经济业务全部登记入账后，进行总分类账的核对（编制"试算平衡表"）、总分类账与日记账的核对、总分类账与所属明细账的核对，并完成银行存款的核对，编制"银行存款余额调节表"。

【相关知识】

对账是指通过核对账簿记录，用以检查账簿是否正确的一种方法。账簿记录是否正确无误，并不完全取决于账簿本身，还要涉及记账的依据——会计凭证，以及记账的对象——实际情况。所以，对账包括账簿与凭证的核对，各种账簿之间的核对，账簿与实际情况的核对。即对账一般包括三个方面的工作，一是账证核对，二是账账核对，三是账实核对。

一、账证核对

账证核对是将账簿记录同有关会计凭证相核对。具体包括：
（1）日记账应与收、付款凭证相核对。
（2）总账应与记账凭证相核对。
（3）明细账应与记账凭证或原始凭证相核对。

通过核对,确认会计账簿记录与原始凭证、记账凭证的时间、凭证字号、内容、金额是否一致,记账方向是否相符。

这种核对是对账工作的基础,主要是在日常填制凭证和记账过程中进行。在月末结账时,账证核对主要是针对重要的经济业务及有可疑的记录进行重点排查核对。

二、账账核对

账账核对是将各种账簿之间的有关数据互相核对。具体包括:

(1)总分类账簿有关账户发生额、余额核对。可通过编制总分类账发生额及余额试算平衡表(见表 B4-1)进行核对。具体核对内容如下:

全部总分类账户的期初借方余额合计 = 全部总分类账户的期初贷方余额合计
全部总分类账户的本期借方发生额合计 = 全部总分类账户的本期贷方发生额合计
全部总分类账户的期末借方余额合计 = 全部总分类账户的期末贷方余额合计

(2)总分类账簿与所属明细分类账簿核对。总账账户的期末余额应与所属明细分类账户期末余额之和核对相符。可通过编制总分类账与其所属明细分类账发生额及余额对照表(见表 B4-5)进行核对。具体核对内容如下:

总分类账户的期初余额 = 所属明细分类账户的期初余额合计
总分类账户的本期借方发生额 = 所属明细分类账户的本期借方发生额合计
总分类账户的本期贷方发生额 = 所属明细分类账户的本期贷方发生额合计
总分类账户的期末余额 = 所属明细分类账户的期末余额合计

(3)总分类账簿与序时账簿核对。现金日记账和银行存款日记账本期发生额和期末余额,应分别同有关总分类账户的本期发生额和期末余额核对。

(4)明细分类账簿之间的核对。会计部门各种财产物资明细分类账的期末余额应与财产物资保管或使用部门有关明细账的期末余额核对相符。

三、账实核对

账实核对是将各项财产物资、债权债务等账面余额与实有数额之间的核对。主要包括:

(1)账款核对。即现金日记账账面余额与现金实际库存数额相核对;银行存款日记账账面余额与开户银行对账单相核对;各种应收、应付款明细分类账账面余额与有关债务、债权单位的对账单相核对。

(2)账物核对。各种材料、物资、固定资产等资产明细分类账账面余额与材料、物资、固定资产等资产的实际结存数额相核对。

在会计工作中,账实核对是通过财产清查来进行。

(一)财产清查的概念及意义

财产清查是指通过对货币资金、财产物资、债权债务的实地盘点和核对,查明其实存数与账存数是否相符的一种会计核算专门方法。

财产清查的意义主要包括如下几个方面：
(1) 保证会计核算资料的真实可靠。
(2) 保证财产物资的安全完整。
(3) 挖掘财产物资的潜力，加速资金周转。
(4) 加强和完善财产物资管理制度。
(5) 保证财经纪律和结算制度的执行。

（二）财产清查的分类

财产清查按照不同的标准有不同的分类。

1. 按清查的范围分类。财产清查按清查的范围不同，可分为全面清查和局部清查。

(1) 全面清查。全面清查是指对所有的财产进行全面的盘点和核对。它涉及企业资产的全部，包括：货币资金及有价证券、存货、固定资产、投资和债权债务等。不仅包括存放在本单位内部的财产物资，而且包括所有权属于本单位，但并未存放在本单位的财产物资。全面清查的范围广、工作量大、清查时间长、涉及人员多。

为不影响正常生产经营活动，全面清查只在下列情况下进行：①为确保年终决算会计信息的真实和准确，在年终决算时；②企业关停并转或改变隶属关系时；③按国家规定进行清产核资时；④企业主要负责人调离或离任时。

(2) 局部清查。局部清查是指根据需要对企业的部分财产进行盘点和核对。由于全面清查费时费力，难以经常进行，因而企业时常采用局部清查。

局部清查一般在下列情况下进行：①存货中流动性较大或易发生溢余或损耗的，除在年终决算时进行全面清查外，还应在每月、每季轮流盘点或重点抽查；②贵重物资至少每月清查盘点一次；③库存现金由出纳员在每日终了时自行清查一次；④银行存款每月应与银行核对一次；⑤各种债权债务每年至少核对一至两次；⑥各种财产物资的保管人员调动时：对其保管的财产物资要进行离岗清查。

2. 按清查的时间分类。财产清查按清查的时间不同，可分为定期清查和不定期清查。

(1) 定期清查。定期清查是指按照预先计划安排的时间对财产进行的盘点和核对。这种清查通常在年末、季末和月末结账时进行，可以进行全面清查，也可以进行局部清查，多数情况下，年末进行全面清查，季末和月末进行局部清查。

(2) 不定期清查。不定期清查是指事先并无规定的清查时间，而是根据实际需要临时决定对财产进行的盘点和核对。一般在下列情况下进行：①为明确经济责任，财产物资和现金保管人员更换时；②为查明损失情况，发生自然灾害和意外损失时；③监管部门对企业进行审计查账时；④按规定进行临时清产核资时。不定期清查通常为局部清查，如有必要也可进行全面清查。

另外，按其财产清查的主体，还可分为财产物资责任人的自查和专门清查小组的专查。

（三）财产清查的程序

1. 财产清查前的准备工作。财产清查是一项复杂、细致、具有较强技术性的工作，而且涉及面广，工作量也比较大，因此必须认真组织。各单位要做好清查前的准备工作，并选用适当的程序与方法。准备工作主要从以下两个方面开展：(1) 组织准备。在主要负责人领导下，组织财产清查小组，制订财产清查计划，安排清查工作的进度和人员分工等。（2）业务准备。会计部门应把截止清查日止的所有业务全部登记入账，结出余额，并做到账证、账账相符；准备好有关的清查登记表册；实物保管部门对各种财产物资，应整理清楚，排列整齐，分类设卡，注明品种、规格和结存数量；准备好相关的计量计算工具。

2. 对不同的财产物资，选用正确的方法进行财产清查。

对于不同的清查对象，清查人员应选择合适的方法清查出实有数，并与账面数进行比较，把结果在清查登记表上记录下来。具体方法见后面内容。

3. 清查过程中发现差异时，在账面上调整其差异，使得账实相符，并追究原因，做进一步的会计处理。

（四）财产物资的盘存制度

财产清查的重要环节是盘点财产物资的实存数量，为使盘点工作顺利进行，应建立财产物资的盘存制度。一般来说，企业所采用的财产物资的盘存制度有永续盘存制和实地盘存制。

1. 永续盘存制。永续盘存制也称"账面盘存制"，是指对企业各项财产物资的增减变化，都必须根据原始凭证，在有关的账簿中逐笔地进行连续登记，并随时给出账面余额。

$$存货期末账面余额 = 存货期初账面余额 + 存货本期增加数额 - 存货本期减少数额$$

采用这种盘存制度，能从账簿资料中及时反映出各项财产物资的增加、减少和结存数，随时了解资产变动情况，有利于加强对资产的控制和管理，在保护财产物资安全完整方面具有明显的优点，所以在实务中广泛应用，但登记账簿的工作量较大。在永续盘存制下，由于企业期末存货的账面记录是根据上述公式计算确定的，可能与存货的实际库存数不一致，因此需要进行财产清查，确定账存数与实存数是否一致。

2. 实地盘存制。实地盘存制也称"以存计耗"、"以存计销"，是指企业平时对各项财产物资只登记增加数，不登记减少数，期末通过实地盘点确定财产物资的实存数，再倒推出财产物资的减少数并登记入账的一种方法。

$$本期存货发出数额 = 存货期初账面余额 + 本期存货增加数额 - 期末盘点结存数额$$

实地盘存制由于平时只记录财产物资的增加数、不记录减少数，其优点就在于简化了核算工作。实地盘存制也存在着明显的缺点，由于是以存计耗，凡属本期减少的实物资产，都被视作已销售或被耗用，浪费、盗窃和自然损耗等现象都被掩盖，从而削弱了会计对财产物资的监督作用，也影响了成本计量的正确性，不利于财产物资的管理。所以实地盘存制的适用范围很小，在会计实务中，它只适用于那些价值低、损耗大且收发频繁的财产物资的核算。

(五) 财产清查的具体方法

1. 库存现金的清查。库存现金清查的主要方法是通过实地盘点的方法来确定库存现金的实存数,然后再与现金日记账的账面余额相核对,确定账存与实存是否相等以及盈亏情况。

实际工作中,除了由出纳人员对现金进行经常性清查外,还应由清查小组对库存现金进行定期或不定期的清查。现金清查时,出纳人员必须在场。

一般清查步骤如下:

(1) 由出纳员将与现金收支有关的记账凭证登记入账,结出现金日记账余额。

(2) 清点库存现金数量时,出纳员要在场,现钞应逐张查点。一切借条、收据不准抵冲库存现金,并查明库存现金是否超过库存限额,有无坐支现金的问题。

(3) 盘点结束,将库存现金的实存数与现金日记账的账面余额相核对,查明盈亏情况,编制"库存现金盘点报告表",如表 B4-7 所示,"库存现金盘点报告表"是反映库存现金实有数和调整账簿记录的原始凭证,应由盘点人员和出纳员共同签章方能生效。

表 B4-7 库存现金盘点报告表

单位名称:　　　　　　　　　　　　　年　月　日

实存金额	账存金额	对比结果		备注
		盘盈(长款)	盘亏(短款)	

盘点人:　　　　　　　　　　　　　　　　　　　出纳员:

国债、其他金融债券、公司债券、股票等有价证券的清查方法与现金的清查方法基本相同。

2. 银行存款的清查。银行存款的清查采用与银行核对账目的方法。银行存款日记账与开户银行对账单账目不一致,主要原因有两方面:双方(或一方)记账有误、存在未达账项。

所谓未达账项是指企业和银行之间,由于结算凭证传递的时间差,而造成的一方已经入账、而另一方因未收到结算凭证,尚未入账的款项。未达账项有以下四种情况:

(1) 企业已收入账,银行尚未收款入账。

例如企业将销售商品收到的转账支票存入银行,根据银行盖章退回的"进账单"回联已登记银行存款增加;而银行尚未登记入账。

(2) 企业已付入账,银行尚未付款入账。

例如企业开出一张转账支票购买办公用品,企业根据支票存根、发货票及入库单等原始凭证,已登记银行存款减少;而银行此时尚未收到付款凭证尚未登记减少。

(3) 银行已收入账,企业尚未收款入账。

例如外地某单位以汇兑方式支付企业销货款,银行收到汇款后已登记企业存款增加;而企业因未收到汇款凭证而尚未登记银行存款增加。

(4) 银行已付入账,企业尚未付款入账。

例如银行受委托代企业支付电费,银行已取得支付电费的凭证,已减少了企业的存款;而企业因未收到银行支付电费凭证而尚未登记银行存款减少。

其中（1）（4）两种情况下，会使企业账面的存款余额大于银行对账单的余额；而在（2）（3）两种情况下，又会使企业账面的存款余额小于银行对账单的余额。因此，在清查银行存款时，如出现未达账项，应通过编制"银行存款余额调节表"进行调整。

"银行存款余额调节表"的编制方法一般是补记法，是在企业与银行双方的账面余额的基础上，各自加上对方已收而本单位未收的款项，减去对方已付而本单位未付的款项。经过调节后，双方的余额应相互一致，如表 B4-8 所示。

表 B4-8　　　　　　　　　　　银行存款余额调节表

年　月　日　　　　　　　　　　　　　　　　　　　　　单位：元

项目	金额	项目	金额
银行存款日记账余额		银行对账单余额	
加：银行已收而企业未收的款项		加：企业已收而银行未收的款项	
减：银行已付而企业未付的款项		减：企业已付而银行未付的款项	
调节后的余额		调节后的余额	

【例 B4-1】美凌公司 2012 年 10 月末，银行存款日记账余额为 56 400 元，银行对账单的余额为 75 700 元，经双方核对查明，是由于下列未达账项所致。

（1）企业于 10 月 30 日从其他单位收到转账支票一张计 8 000 元，企业已作为存款的增加，银行尚未入账。

（2）企业于 10 月 29 日开出转账支票支付材料款 11 700 元，企业已作为存款的减少，收款单位尚未到银行办理转账。

（3）银行于 10 月 30 日收到某公司汇给企业的销货款 25 000 元，银行已作为企业存款的增加，企业尚未收到转账通知。

（4）银行于 10 月 31 日计扣借款利息 9 400 元，企业尚未收到付款通知，未入账。

要求：根据上述未达账项，编制"银行存款余额调节表"，如表 B4-9 所示。

表 B4-9　　　　　　　　　　　银行存款余额调节表

2012 年 10 月 31 日　　　　　　　　　　　　　　　　　单位：元

项目	金额	项目	金额
银行存款日记账余额	56 400.00	银行对账单余额	75 700.00
加：银行已收而企业未收的款项	25 000.00	加：企业已收而银行未收的款项	8 000.00
减：银行已付而企业未付的款项	9 400.00	减：企业已付而银行未付的款项	11 700.00
调节后的余额	72 000.00	调节后的余额	72 000.00

调节后的余额：既不等于本单位的账面余额，也不等于银行账面余额，而是本单位可以动用的银行存款实有数。

需要说明的是，银行存款双方余额调节相符后，对未达账项一般暂不作账务处理，"银行存款余额调节表"只起对账作用，不能作为调节银行存款日记账账面余额的凭证；对银行已入账而企业未入账的各项经济业务，不能根据银行存款余额调节表来编制会计分录，不作为记账依据，而必须在收到银行转来的有关原始凭证后方可入账。

3. 实物资产的清查。实物资产的清查主要是对原材料、委托加工材料、在产品、产成品等存货的清查以及固定资产的清查，清查的方法有：实地盘点法、技术推算法、抽样盘存法、函证核对法等，最常使用的清查方法是实地盘点法，实地盘点法清查的程序和方法如下：

（1）进行实地盘点。实地盘点就是到现场，通过点数、过秤、测量等方法来确定实物资产的实存数量。对体积大或大堆存放的存货，也可以采用技术推算法来确定其实存数量。在盘点过程中，为了明确经济责任，实物保管员必须在场，并参加盘点工作。

（2）登记盘存单。实地盘点后，应将盘点的结果如实地登记在"盘存单"上，由盘点人员和存货保管员签字或盖章。"盘存单"是记录各项实物资产实存数量盘点结果的书面证明，也是财产清查工作的原始凭证之一。盘存单中所列的实物编号、名称、规格、计量单位和单价等必须与账面记录保持一致，以便进行相互核对。"盘存单"的一般格式如表B4-10所示。

表B4-10　　　　　　　　　　　　　盘　存　单

单位名称：　　　　　　　　　　　　　　　　　　　　　　　　　　　　　编号：
盘点时间：　　　　　　　　　　　存放地点：　　　　　　　　　　　　　财产类别：

编号	名　称	计量单位	数　量	单价	金　额	备注

盘点人签字或盖章：　　　　　　　　　　　　　　　　　　　实物保管人签字或盖章：

（3）编制实存账存对比表。为了进一步查明实存数与账存数是否一致，在盘点出各种实物的实存数以后，会计人员应根据盘存单和账簿记录编制"实存账存对比表"，以分析实存数和账面数之间的差异，明确经济责任。此表是调整账簿记录的原始凭证。其一般格式如表B4-11所示。

表B4-11　　　　　　　　　　　　实存账存对比表
　　　　　　　　　　　　　　　　　年　月　日

单位名称：

编号	类别及名称	计量单位	单价	实存		账存		对比结果				备注
				数量	金额	数量	金额	盘盈		盘亏		
								数量	金额	数量	金额	

主管人员：　　　　　　　　　　　会计：　　　　　　　　　　　　制表：

表内的"实存"栏的数量和金额,应根据盘存单记录填列;"账存"栏的数量和金额,应根据各种物资明细账的余额填列。实存数大于账存数的,填列在"盘盈"栏内,反之,填列在"盘亏"栏内。其盘盈、盘亏的原因则在"备注"栏内注明。

4. 往来款项的清查。企业应收账款、其他应收款、应付账款、其他应付款等往来款项的清查,采用的是同对方核对账目的方法。清查截止日,首先应将本单位往来款项账目核对清楚,确认无误后,再将账簿中记录的每笔往来款项,按账簿中记录的往来对象逐户填写一式两联的"往来款项对账单",并寄送对方进行核对。对方单位核对后,应将核对结果在对账单上注明,将其中一联退回给清查单位。

清查单位应根据收到的对账单上的结果填写"往来款项清查报告表",如表B4-12所示,若有不符,将进一步分析不符的原因。

表 B4-12　　　　　　　　　　往来款项清查报告表

总分类账户名称:　　　　　　　　　清查日期:

明细账户名称	明细账户账面余额	清查结果		核对不符的原因和金额			备注
		核对相符金额	核对不符金额	有争执的账项	未达账项	其他	

清查人员:　　　　　　　　　　　　　　　　　　　　　　　　　　　会计:

(六) 财产清查结果的处理

进行财产清查时,如果各种财产的账存数与实存数一致相符,则不必进行账务处理。如果账存数与实存数之间存在差异,账实不符,比如说出现盘盈、盘亏、毁损、变质或超储、积压等问题,应认真核对数字,按照规定的程序上报批准后再行处理。

各项财产的账实不符有两种情况:当实存数大于账存数时,称为盘盈,二者的差额即为盘盈数;当实存数小于账存数时,称为盘亏,二者的差额即为盘亏数。

1. 财产清查结果处理的要求。

(1) 查明差异性质,分析原因,提出处理建议

一般来说,个人原因造成的损失,应由个人赔偿;因管理不善原因造成的损失,应作为企业"管理费用"入账;因自然灾害造成的非常损失,列入企业的"营业外支出"。

(2) 积极处理多余积压财产,清理长期拖欠的各项往来款项。

(3) 总结经验教训,建立健全各项管理制度。

(4) 及时调整账簿记录,保证账实相符。

企业会计人员对财产清查后账实不符的项目,会计部门有权处理的,要及时进行账务处理。会计部门无权处理的,先放入"待处理财产损溢"科目,先保证账实相符,再报上级部门批准,待批准后,再作进一步会计处理。

2. 财产清查结果的会计处理程序。财产清查的结果，必须按国家有关制度的规定予以处理。其基本程序如下：

（1）审批之前的处理。

① 根据清查结果报告表、盘点报告表等已经查实的数据资料，编制记账凭证，记入有关账簿，使账簿记录与实际盘存数相符。

② 同时根据企业的管理权限，将处理建议报股东大会或董事会，或经理（厂长）会议，或类似机构批准。

对财产清查过程中发生的账实不符情况，通过"待处理财产损溢"科目进行核算，调整账簿记录，做到账实相符，同时报请有关部门审批。

（2）审批之后的处理。根据审批的意见，进行差异处理，从而调整账项。

在报经审批的财产清查结果的意见批准后，应从"待处理财产损溢"科目中转出，按批准意见处理。

3. 财产清查的科目设置及核算要求。为了反映和监督各单位财产物资盘盈、盘亏及其处理情况，应设置"待处理财产损溢"账户。该账户属于资产类账户，其借方登记待处理财产物资的盘亏数及经批准后的盘盈转销数；该账户的贷方登记待处理财产物资的盘盈数及经批准后的盘亏转销数；借方余额表示尚待批准处理的财产物资盘亏数；贷方余额表示尚待批准处理的财产物资盘盈数。其账户结构如图 B4-1 所示。

借方	待处理财产损溢	贷方
待处理财产物资的盘亏数		待处理财产物资的盘盈数
批准后的盘盈转销数		批准后的盘亏转销数
尚待批准处理的财产物资的净损失		尚待批准处理的财产物资净溢余

图 B4-1 "待处理财产损溢"账户结构图

为了分别反映固定资产和流动资产的盘亏、盘盈情况，应在本账户下分别设置"待处理财产损溢——待处理流动资产损溢"和"待处理财产损溢——待处理固定资产损溢"两个明细账户，进行明细分类核算。

4. 库存现金清查结果的账务处理。

（1）库存现金盘盈的账务处理。企业在财产清查中发现库存现金的实存金额超过现金日记账余额，称为库存现金盘盈（长款）。库存现金发生盘盈，在报经有关领导审批之前，根据"库存现金盘点报告表"借记"库存现金"账户，贷记"待处理财产损溢——待处理流动资产损溢"账户。经批准后，若现金长款的原因系少付某人的款项，则借记"待处理财产损溢——待处理流动资产损溢"，贷记"其他应付款——××"；若无法查明原因，则借记"待处理财产损溢——待处理流动资产损溢"，贷记"营业外收入"。

（2）库存现金盘亏的账务处理。库存现金发生盘亏（短款），在报经有关领导审批之前，根据"库存现金盘点报告表"借记"待处理财产损溢——待处理流动资产损溢"账户，贷记"库存现金"账户。经批准后，若查明现金短款的原因系多付某人的款项，则借记"其他应收款——××"账户，贷记"待处理财产损溢——待处理流动资产损溢"账户；若属于出纳人员责任，应由出纳人员赔偿的，则借记"其他应收款——××"账户，贷记"待处理财产损溢——待处理流动资产损溢"账户；若无法查明原因，则借记"管理费用"

账户，贷记"待处理财产损溢——待处理流动资产损溢"账户。

【例 B4-2】美凌公司 2012 年 6 月对库存现金进行清查，发现现金长款 150 元，未查明原因之前应调整账目，使账实相符。

借：库存现金 150
　　贷：待处理财产损溢——待处理流动资产损溢 150

若长款系少付职工张海的款项，则有，

借：待处理财产损溢——待处理流动资产损溢 150
　　贷：其他应付款——张海 150

若长款无法查明原因，则有，

借：待处理财产损溢——待处理流动资产损溢 150
　　贷：营业外收入 150

【例 B4-3】美凌公司 2012 年 12 月对库存现金进行清查，发现现金短款 450 元，未查明原因前应调整账目，使账实相符。

借：待处理财产损溢——待处理流动资产损溢 450
　　贷：库存现金 450

若查明原因发现短款数额较小，确实无法查明原因的，经批准可以记为：

借：管理费用 450
　　贷：待处理财产损溢——待处理流动资产损溢 450

若短款属于出纳员黄芳的责任事故造成的，应由出纳员赔偿，

借：其他应收款——黄芳 450
　　贷：待处理财产损溢——待处理流动资产损溢 450

5. 存货清查结果的账务处理。

(1) 存货盘盈的账务处理。在财产清查中发现存货的实有数量大于其账面数量，称为存货的盘盈。存货发生盘盈时，应根据"实存账存对比表"，将盘盈存货的价值记入相关资产类账户的借方，使账面数与实际数相符，同时记入"待处理财产损溢——待处理流动资产损溢"账户的贷方，报经批准后，冲减管理费用。

【例 B4-4】美凌公司 2012 年 12 月进行财产清查，发现盘盈甲材料 2 000 千克，每千克 2 元，经查明原因系收发计量差错。其账务处理如下：

查明原因前

借：原材料——甲材料 4 000
　　贷：待处理财产损溢——待处理流动资产损溢 4 000

查明原因后

借：待处理财产损溢——待处理流动资产损溢 4 000
　　贷：管理费用 4 000

(2) 存货盘亏的账务处理。如果在财产清查中发现存货的实有数量大于其账面数量，称为存货的盘亏。存货发生盘亏时，应根据"实存账存对比表"，将盘亏存货的价值贷记相关资产类账户，使账面数与实际数相符，同时记入"待处理财产损溢——待处理流动资产损溢"账户的借方。对于非正常损失造成的存货盘亏或毁损，按相关规定，其已记入应交增值税账户的进项税额不得进行抵扣，应进行转出，贷记"应交税费——应交增值税（进

项税额转出)"。

报经批准后,再根据造成损耗的原因,分别以下情况进行账务处理:

① 属于自然损耗造成的定额内合理损耗,经批准记入管理费用。

② 属于超定额短缺或毁损,能确定过失人的,责成过失人赔偿;属于保险公司赔偿范围的,应向保险公司索赔;扣除过失人赔偿或保险公司赔偿款及残料价值后的损失,记入管理费用。

③ 属于意外灾害造成的非常损失,在扣除保险公司赔款和残料价值后,记入营业外支出。

【例B4-5】美凌公司公司2012年12月进行财产清查,发现盘亏乙材料2 000千克,每千克1元。经查明为管理不善所致,其中收回残料500元,保管员陈东赔偿600元。

① 批准前,调整存货账面数。

借:待处理财产损溢——待处理流动资产损溢	2 000
贷:原材料——乙材料	2 000

② 批准后,分别不同情况进行处理。

借:管理费用	900
其他应收款——陈东	600
原材料——残料	500
贷:待处理财产损溢——待处理流动资产损溢	2 000

6. 固定资产清查结果的账务处理。

(1) 固定资产盘盈的账务处理。盘盈的固定资产,应作为前期差错处理,在按管理权限报经批准处理前,应先通过"以前年度损益调整"账户核算,按同类或类似固定资产的市场价格,减去该项固定资产按新旧程度估计的价值损耗后的余额,借记"固定资产"账户,贷记"以前年度损益调整"账户。批准处理后,借记"以前年度损益调整"账户,按所得税税率计算应交的所得税,贷记"应交税费——应交所得税"账户,按提取的盈余公积,贷记"盈余公积——法定盈余公积"账户,其余贷记"利润分配——未分配利润"账户。

【例B4-6】美凌公司公司2012年12月对企业的全部固定资产进行盘查,发现盘盈一台七成新的机器设备,该设备同类产品市场价为200 000元,企业所得税为25%,法定盈余公积提取比例10%。

① 批准前,调整固定资产账面数。

借:固定资产	140 000
贷:以前年度损益调整	140 000

② 批准后,根据批复意见进行处理。

借:以前年度损益调整	140 000
贷:应交税费——应交所得税	35 000
盈余公积——法定盈余公积	10 500
利润分配——未分配利润	94 500

(2) 固定资产盘亏的账务处理。盘亏的固定资产,报经批准处理前,按其账面净值,借记"待处理财产损溢"账户,按已提折旧,借记"累计折旧"账户,按固定资产原值,

贷记"固定资产"账户。批准转销时，由过失人和保险公司赔偿的部分，借记"其他应收款"账户，其余部分借记"营业外支出"账户，贷记"待处理财产损溢"账户。

【例B4-7】 美凌公司公司2012年12月对固定资产进行清查时，发现丢失一台冷冻设备。该设备原价82 000元，已计提折旧40 000元。经查，冷冻设备丢失的原因在于保管员王清看守不当。经批准，由保管员王清赔偿5 000元。有关账务处理如下：

① 发现冷冻设备丢失时。

借：待处理财产损溢——待处理固定资产损溢	42 000
累计折旧	40 000
贷：固定资产——冷冻设备	82 000

② 报经批准后。

借：其他应收款——王清	5 000
营业外支出——盘亏损失	37 000
贷：待处理财产损溢—待处理固定资产损溢	42 000

7. 往来款项清查结果的账务处理。在财产清查过程中，如果发现长期不清的往来款项，应及时处理。由于债务人死亡、破产、经营困难等原因确实无法收回的应收款项，应确认为坏账损失，经批准予以转销。坏账损失的转销在批准前不用通过"待处理财产损溢"科目进行核算。当企业按备抵法核算坏账损失时，在经规定的程序批准后，直接记入"坏账准备"，并冲减应收账款。

由于债权单位撤销等原因形成的长期无法支付的应付款项，经批准应予转销。无法支付的款项在尚未批准之前不作账务处理，按规定的程序批准后，将其转入"营业外收入"。

【例B4-8】 由于甲公司经营情况恶化，应收甲公司的货款90 000元，经清查确属无法收回。经批准转作坏账损失，其账务处理如下：

借：坏账准备	90 000
贷：应收账款——甲公司	90 000

【例B4-9】 由于乙公司撤销，企业应付乙公司的货款10 000元无法支付，经批准予以转销，其账务处理如下：

借：应付账款——乙公司	10 000
贷：营业外收入	10 000

任务二　结　账

【工作任务】

一、工作任务

单位的会计人员，在将本期内所发生的所有经济业务全部登记入账，并在对账无误的基础上，于期末按规定的方法，计算并记录各账户的本期发生额和期末余额，并把余额结转至下一个会计期间。

二、任务示范

(1) 日记账期末结账,如表 B4-13 所示。

表 B4-13

库存现金日记账

2012年		凭证		摘要	对方科目	借方	贷方	借或贷	余额	
月	日	种类	号数			千百十万千百十元角分	千百十万千百十元角分		千百十万千百十元角分	
12	1			期初余额				借	1 8 0 0 0 0	
	1	银付	1	提取现金	银行存款	3 5 0 0 0 0		借	5 3 0 0 0 0	
	1	现付	1	李辉预借差旅费	其他应收款		2 2 0 0 0 0	借	3 1 0 0 0 0	
	1	现付	2	支付白砂糖运费	原材料		1 1 1 0 0	借	2 9 9 9 0 0	
	7	现收	1	王力还借款	其他应收款	8 0 0 0		借	3 0 6 9 0 0	
				……						
12	31			本月合计		1 0 8 4 2 0 0	1 0 5 5 5 1 0 0	借	4 6 6 9 0 0	← 单红线
	31			本年累计		略	略	借	4 6 6 9 0 0	← 双红线
				结转下年						

(2) 明细账期末结账,如表 B4-14、表 B4-15、表 B4-16 所示(红字加底色表示)。

表 B4-14

应收账款明细分类账

明细科目: 上海利达商场

2012年		凭证		摘要	借方	贷方	借或贷	余额	
月	日	种类	号数		千百十万千百十元角分	千百十万千百十元角分		千百十万千百十元角分	
12	1			期初余额			借	7 5 0 0 0 0	
	7	银收	2	收到货款		7 5 0 0 0 0	平	0	
	25	转	7	销售商品	8 4 5 9 1 0 0		借	8 4 5 9 1 0 0	
	25	银付	16	支付代垫运费	1 1 1 0 0 0		借	1 1 1 0 0 0	← 双红线
				结转下年					

表 B4-15

其他业务收入明细分类账

明细科目： 面粉

2012年		凭证		摘要	借方	贷方	借或贷	余额
月	日	种类	号数		千百十万千百十元角分	千百十万千百十元角分		千百十万千百十元角分
12	25	现收	2	销售原材料		2 0 0 0 0 0	贷	2 0 0 0 0 0
	31	转	19	结转收入	1 2 0 5 0 0 0 0		平	0
	31			本月合计	1 2 0 5 0 0 0 0	1 2 0 5 0 0 0 0	平	0
	31			本年累计	略	略	平	0

→ 单红线
→ 双红线

表 B4-16

制造费用

明细科目

2012年		凭证字号	摘要	合计	借方			
					材料消耗	职工薪酬	水电费	折旧费
月	日			千百十万千百十元角分	千百十万千百十元角分	千百十万千百十元角分	千百十万千百十元角分	千百十万千百十元角分
12	31	转8	领用材料	3 2 8 0 0	3 2 8 0 0			
	31	转9	分配电费	1 6 0 0 0 0			1 6 0 0 0 0	
	31	转10	计提折旧	1 5 7 5 0 0 0				1 5 7 5 0 0 0
	31	转11	分配工资费用	9 5 0 0 0 0		9 5 0 0 0 0		
	31	转12	计提工会经费	1 9 0 0 0				
	31	转13	分配制造费用	2 7 3 6 8 0 0	3 2 8 0 0	9 5 0 0 0 0	1 6 0 0 0 0	1 5 7 5 0 0 0
	31		12月份发生额	2 7 3 6 8 0 0	3 2 8 0 0	9 5 0 0 0 0	1 6 0 0 0 0	1 5 7 5 0 0 0
			本年累计	略	略	略	略	略

→ 单红线
→ 双红线

（3）总账期末结账，如表 B4-17 所示。

表 B4-17

总分类账

总页数： 55
分户页数： 1

会计科目： 主营业务收入

2012年		凭证		摘要	借方	贷方	借或贷	余额
月	日	种类	号数		千百十万千百十元角分	千百十万千百十元角分		千百十万千百十元角分
12	20	科汇	2	11～20日汇总		7 1 5 0 0 0 0	贷	7 1 5 0 0 0 0
	31	科汇	3	21～31日汇总	1 4 3 8 0 0 0 0	7 2 3 0 0 0 0	平	0
				本年合计	略	略	平	0

→ 单红线
→ 双红线

三、任务实施

参照示范，在广东华天食品有限公司 2012 年 12 月经济业务全部登记入账后，在对账无误的基础上，完成日记账、明细分类账和总分类账的结账工作。

【相关知识】

结账是指在本期内所发生的经济业务全部登记入账的基础上，于会计期末按照规定的方法对本期内的账簿记录进行结算，包括结计出本期发生额和期末余额，并把余额结转下一个会计期间。

一、结账的程序

（1）将本期发生的经济业务事项全部登记入账，并保证其正确性。
（2）根据权责发生制的要求，调整有关账项，合理确定本期应计的收入和应计的费用。
（3）将损益类科目转入"本年利润"科目，结平所有损益类科目。
（4）结算出资产、负债和所有者权益科目的本期发生额和余额，并结转下期。

二、结账的方法

期末结账主要采用划线结账法。具体地说，就是期末结出各账户的本期发生额和期末余额后，加以划线标记，将期末余额结转下期。会计期间一般按日历时间划分为年、季、月，结账于各会计期末进行，所以分为月结、季结、年结。结账时应根据不同的账户记录，分别采用不同的结账方法。

（1）库存现金日记账、银行存款日记账和需要按月结计发生额的收入、费用等明细账的结账方法。现金日记账、银行存款日记账和需要按月结计发生额的各种明细账，每月结账时，要在每月的最后一笔经济业务下面通栏划单红线，结出本月发生额和月末余额写在红线下面，并在摘要栏内注明"本月合计"或"×月份发生额及余额"字样，再在下面通栏划单红线，如表 B4-13、表 B4-15、表 B4-16 所示。

（2）不需要按月结计发生额的债权、债务和财产物资等明细分类账的结账方法。对这类明细账，每次记账后，都要在该行余额栏内随时结出余额，每月最后一笔余额即为月末余额。也就是说月末余额就是本月最后一笔经济业务记录的同一行内的余额。月末结账时只需在最后一笔经济业务记录之下通用栏划单红线即可（年终结账双红线），无须再结计一次余额，如表 B4-14 所示。

（3）总账账户的结账方法。总账账户平时只需结计月末余额，不需要结计本月发生额。每月结账时，应将月末余额计算出来并写在本月最后一笔经济业务记录的同一行内，并在下面通栏划单红线。年终结账时，为了反映全年各会计要素增减变动的全貌，便于核对账目，要将所有总账账户结计全年发生额和年末余额，在摘要栏内注明"本年合计"字样，并在"本年合计"行下划双红线，如表 B4-17 所示。若是需要结计"本月合计"及"本年累计"发生额的账户，如损益类账户，其结账方法与上述收入、费用等明细账的结账方法相同。

（4）需要结计本年累计发生额的收入、成本等明细账的结账方法。对这类明细账，先按照需按月结计发生额的明细账的月结方法进行月结，再在"本月合计"行下的摘要栏内注明"本年累计"字样，并结出自年初起至本月末止的累计发生额，再在下通栏划单红线。12月末的"本年累计"就是全年累计发生额，全年累计发生额下面通栏划双红线。

（5）年度终了结账时，有余额的账户，要将其余额结转到下一会计年度，并在摘要栏内注明"结转下年"字样；在下一会计年度新建有关会计账簿的第一行余额栏内填写上年结转的余额，并在摘要栏内注明"上年结转"字样，如表B4-18所示。结转下年时，既不需要编制记账凭证，也不必将余额再记入本年账户的借方或贷方，使本年有余额的账户的余额变为零，而是使有余额的账户的余额如实反映在账户中，以免混淆有余额账户和无余额的账户的区别。

表 B4-18

库存现金日记账

2012年		凭证		摘要	对方科目	借方	贷方	借或贷	余额	
月	日	种类	号数							
1	1			上年结转				借	1200 00	
	1	银付	1	提取现金	银行存款	5000 00		借	6200 00	
	1	现付	1	张梅报销差旅费	管理费用		4000 00	借	2200 00	
	1	现付	2	购办公用品	管理费用		200 00	借	2000 00	
	1			本日合计		5000 00	4200 00	借	2000 00	
	2	现付	3	王东预借差旅费			1000 00	借	1000 00	
				……						
	31			本月合计		14000 00	13200 00	借	2000 00	←单红线
2	1	现付	1	支付清洁费	管理费用		1000 00	借	1000 00	
	1	银付	1	提取现金	银行存款	3000 00		借	4000 00	
				……						
	29			本月合计		9000 00	9500 00	借	1500 00	←单红线
	29			本年累计		23000 00	22700 00	借	1500 00	
3	1	现付	1	支付办公用品	管理费用		400 00	借	1100 00	
	1	银付	1	提取现金	银行存款	2000 00		借	3100 00	
				……						
12	31			本月合计		11000 00	12500 00	借	1500 00	←单红线
	31			本年累计		176000 00	175700 00	借	1500 00	←双红线
				结转下年						

三、会计账簿的更换

会计账簿是记录和反映经济业务的重要历史资料和证据。为了使每个会计年度的账簿资料明晰和便于保管，一般来说，总账、日记账和多数明细账要每年更换一次，这些账簿在每年年终按规定办理完毕结账手续后，就应更换、启用新的账簿，并将余额结转记入新账簿中。但有些明细账如果更换新账，重抄一遍的工作量相当大，因此可以跨年度使用，不必每年更换一次。如品种和规格较多的财产物资明细账、往来单位较多的债权债务明细账、变动较小的固定资产明细账、各种备查账簿等。

巩固与训练

一、单项选择题

1. 财产清查中，发现的下列情况，不通过"待处理财产损溢"账户反映的有（　　）。
   A. 未查明原因的流动资产的盘盈盘亏
   B. 未查明原因的固定资产盘亏
   C. 已知盘亏原因，但上级尚未下达处理意见的固定资产盘亏
   D. 尚未批准处理的逾期三年的应收账款

2. 年度结账时，除结算出本年四个季度的发生额合计数，记入第四季度季结的下一行，在摘要栏注明"本年累计"字样外，还应在该行下画（　　）红线。
   A. 一道　　　　　　　　　　　B. 双道
   C. 三道　　　　　　　　　　　D. 四道

3. 下列项目中，属于账证核对内容的是（　　）。
   A. 会计账簿与记账凭证核对
   B. 总分类账簿与所属明细分类账簿核对
   C. 原始凭证与记账凭证核对
   D. 银行存款日记账与银行对账单核对

4. 企业银行存款日记账与银行对账单的核对属于（　　）。
   A. 账实核对　　　　　　　　　B. 账账核对
   C. 账证核对　　　　　　　　　D. 账表核对

5. 企业财产清查后，据以填制待处理财产盘盈、盘亏记账凭证的原始凭证是（　　）。
   A. 收料单　　　　　　　　　　B. 盘存单
   C. 实存账存对比表　　　　　　D. 发出材料汇总表

6. 下列项目清查时应采用实地盘点法的是（　　）。
   A. 应收账款　　　　　　　　　B. 应付账款
   C. 银行存款　　　　　　　　　D. 固定资产

7. 企业实际可以动用的银行存款数额是（　　）。
   A. 银行存款日记账余额　　　　B. 银行对账单余额
   C. 调节前余额　　　　　　　　D. 调节后余额

8. 在永续盘存制下，平时在账簿中对各项财产物资的登记方法是（　　）。
   A. 只登记增加数，不登记减少数
   B. 只登记减少数，不登记增加数
   C. 既登记增加数，又登记减少数
   D. 上述方法都可以

9. 现金的清查采用（　　）。
   A. 实地盘点法　　　　　　　　B. 技术推算法
   C. 询证法　　　　　　　　　　D. 核对法

10. 银行存款的清查是将银行存款日记账与（　　）核对，以查明账实是否相符。
    A. 银行存款凭证　　　　　　　B. 银行存款总账
    C. 银行存款备查账　　　　　　D. 银行对账单

11. 盘亏的存货，在减去过失人或者保险公司等赔款和残料价值之后，属于非常损失的应计入（　　）。
    A. 管理费用　　　　　　　　　　B. 营业外支出
    C. 营业费用　　　　　　　　　　D. 其他业务支出

12. 盘亏的固定资产在处理时应（　　）。
    A. 计入其他业务成本　　　　　　B. 计入营业外支出
    C. 冲减其他业务收入　　　　　　D. 冲减营业外收入

13. 通常情况下，往来款项的清查方法是（　　）。
    A. 实地盘点法　　　　　　　　　B. 估算法
    C. 推算法　　　　　　　　　　　D. 对账法

14. 银行对账单余额为 118 500 元，银行已收，企业未收款项为 5 700 元，企业已收，银行未收款项为 11 700 元，企业已付，银行未付款项为 3 500 元，则调整后银行存款余额为（　　）。
    A. 126 700 元　　　　　　　　　B. 118 500 元
    C. 110 300 元　　　　　　　　　D. 132 400 元

15. 对于财产清查中盘亏的存货，在批准处理前，借方应计（　　）科目。
    A. 管理费用　　　　　　　　　　B. 营业外支出
    C. 待处理财产损溢　　　　　　　D. 其他应收款

16. 企业与银行对账后，为消除未达账项的影响，应通过（　　）的方法进行处理。
    A. 将日记账复印件提交银行对账　B. 补充登记未达账项
    C. 编制银行存款调节表　　　　　D. 编制银行存款盘存报告单

17. 在记账无误的情况下，银行对账单与银行存款日记账账面余额不一致的原因是（　　）。
    A. 应付账款　　　　　　　　　　B. 应收账款
    C. 外埠存款　　　　　　　　　　D. 未达账款

18. 不属于原始凭证的有（　　）。
    A. 现金盘点表　　　　　　　　　B. 账存实存对比表
    C. 销货发票　　　　　　　　　　D. 银行存款余额调节表

19. 下列情况会使企业存款日记账余额大于银行对账单余额的是（　　）。
    A. 企业已开出的支票，持票人尚未去银行提现
    B. 企业委托银行收取的款项，银行已收妥入账，尚未通知企业收账
    C. 企业已开出的支票，被银行退票
    D. 企业已存入银行的支票，银行尚未收妥款项，尚未入账

20. 财产清查中，发现流动资产的定额内损耗，应计入（　　）。
    A. 其他业务支出　　　　　　　　B. 管理费用
    C. 财务费用　　　　　　　　　　D. 营业外支出

二、多项选择题

1. 账账核对包括（　　）。
    A. 总分类账簿有关账户的余额核对
    B. 总分类账簿与所属明细分类账簿核对

C. 总分类账簿与序时账簿核对

   D. 债权债务明细账账面余额与对方单位的账面记录核对

2. 账实核对的内容主要包括（　　）。

   A. 账簿记录与实物核对相符

   B. 银行存款日记账与银行对账单核对相符

   C. 现金日记账的余额与实际库存现金核对相符

   D. 应收、应付款项余额与债权、债务方核对相符

3. 账证核对指的是核对会计账簿记录与原始凭证、记账凭证的（　　）是否一致，记账方向是否相符。

   A. 时间　　　　　　　　　　B. 凭证字号

   C. 内容　　　　　　　　　　D. 金额

4. 下列属于对账的是（　　）。

   A. 账簿记录与原始凭证之间的核对

   B. 总分类账簿与其所属明细分类账簿之间的核对

   C. 现金日记账的期末余额合计与现金总账期末余额的核对

   D. 财产物资明细账账面余额与财产物资实存数额的核对

5. 下列内容中，属于结账工作的有（　　）。

   A. 结算有关账户的本期发生额及期末余额

   B. 编制试算平衡表

   C. 按照权责发生制对有关账项进行调整

   D. 清点库存现金

6. 在财产清查结果的账务处理中，经批准计入"营业外支出"的盘亏损失有（　　）。

   A. 固定资产盘亏净损失　　　B. 自然灾害造成的流动资产损失

   C. 坏账损失　　　　　　　　D. 责任事故造成的流动资产损失

7. 流动资产的盘亏和毁损，经批准后，所编的会计分录涉及到的账户有（　　）。

   A. "管理费用"的借方　　　　B. "营业外支出"的借方

   C. "待处理财产损溢"的贷方　D. "其他应收款"的借方

8. 关于"待处理财产损溢"账户，下列表述中正确的有（　　）。

   A. 借方登记待处理财产物资盘亏净额

   B. 借方登记结转已批准处理财产物资盘盈数

   C. 贷方登记待处理财产物资盘盈数

   D. 贷方登记结转已批准处理财产物资盘盈净额

9. 关于企业编制的"银行存款余额调节表"，下列表述中不正确的有（　　）。

   A. 可调节银行存款账面余额

   B. 确定企业可实际动用的款项

   C. 调节后，说明双方记账均无错误

   D. 通过对所有未达账项调整后，双方余额一定相等

10. 下列各项中，对永续盘存制表述正确的是（　　）。

A. 账面随时反映财产物资的收入、发出和结余数额
B. 对各项财产物资的增加数和减少数，平时要根据会计凭证登记账簿
C. 平时在账簿中只登记财产物资的增加数，不登记减少数
D. 财产物资品种繁杂的企业，其明细分类核算工作量较大

11. 关于银行存款余额调节表，下列说法不正确的是（   ）。
    A. 调节后的余额表示企业可以实际动用的银行存款数额
    B. 该表是通知银行更正错误的依据
    C. 不能够作为调整本单位银行存款日记账记录的原始凭证
    D. 是更正本单位银行存款日记账记录的依据

12. 采用实地盘点法清查的项目有（   ）。
    A. 固定资产   B. 原材料
    C. 应收账款   D. 库存现金

13. 下列业务不需要通过"待处理财产损溢"账户核算的是（   ）。
    A. 库存现金丢失   B. 原材料盘亏
    C. 发现账外固定资产   D. 应收账款无法收回

14. 下列可用作原始凭证，调整账簿记录的有（   ）。
    A. 库存现金盘点报告表   B. 银行存款余额调节表
    C. 未达账项登记表   D. 实存账存对比表

15. 以下账簿需要在每年初更换新账的是（   ）
    A. 总账   B. 库存现金日记账
    C. 银行存款日记账   D. 固定资产卡片账

16. 造成财产物资账实不符的原因有（   ）。
    A. 贪污盗窃   B. 自然损耗或升溢
    C. 管理不善   D. 未达账项

17. 使企业银行存款日记账余额小于银行对账单余额的未达账项有（   ）。
    A. 企业已收，银行未收的账项   B. 企业已付，银行未付的账项
    C. 银行已收，企业未收的账项   D. 银行已付，企业未付的账项

18. 一般应对财产进行不定期清查的是（   ）。
    A. 更换财产、物资和现金保管人员   B. 财产发生非常灾害和意外损失
    C. 上级和有关部门进行会计检查   D. 企业进行兼并、破产或转移财产

三、判断题

1. 造成财产物资账实不符的原因主要是登账错误。（   ）
2. 永续盘存制下，通过实地盘点确定的财产物资期末实存数等于其期末账面结存数。（   ）
3. 全面清查可以是定期进行，也可以是不定期进行。（   ）
4. 银行存款的清查，是通过实地盘点的方法来确定其实存数。（   ）
5. 企业应根据银行存款余额调节表调节后的存款余额去更改账簿记录。（   ）
6. 盘亏的存货，在减去过失人或者保险公司等赔款和残料价值之后，均应计入当期管理费用。（   ）

7. 盘亏的固定资产，计入当期营业外支出。（　　）
8. 当银行存款未达账项出现企业已收银行未收或银行已付企业未付的情况时，会使企业账面存款余额大于银行对账单的余额。（　　）
9. 对盘亏固定资产，报经批准后进行会计处理时，应借记"待处理财产损溢"科目，贷记"管理费用"科目。（　　）
10. "银行存款余额调节表"既起到对账的作用，又可以作为调节账面余额的凭证。（　　）
11. 进行财产清查时，如发现账存数小于实存数则为盘亏。（　　）
12. 存货的盘亏、毁损和报废，在报批后均应记入"管理费用"科目。（　　）
13. 实存账存对比表是对存货清查盘盈盘亏进行账务处理，作为调整账簿记录依据的原始凭证。（　　）
14. 会计部门的财产物资明细账期末余额与财产物资使用部门的财产物资明细账期末余额相核对，属于账实核对。（　　）
15. 账簿记录正确并不一定保证账实相符。（　　）
16. 企业应收应付款明细账与对方单位账户记录核对属于账账核对。（　　）
17. 企业在清查中盘盈的固定资产，通过"以前年度损益调整"账户核算。（　　）
18. "待处理财产损溢"账户按经济内容分类，属于资产类账户。（　　）
19. 一般来说，定期清查均为全面清查。（　　）
20. 局部清查是指对流动性较大的财产物资的清查。（　　）

四、实务题

【实务题一】

1. 目的：练习银行存款余额调节表的编制。

2. 资料：湘东有限公司 2012 年 6 月 30 日银行存款日记账余额为 132 000 元，银行对账单上的余额为 133 200 元，经过逐笔核对发现以下未达账项：

（1）企业于 6 月 30 日存入从其他单位收到的转账支票一张计 15 000 元，银行尚未入账。

（2）企业于 6 月 30 日开出转账支票 9 000 元，持票人尚未到银行办理转账，银行尚未入账。

（3）6 月 30 日，委托银行代收外地货款 21 600 元，银行已经收妥入账，但收款通知尚未到达企业，企业尚未入账。

（4）6 月 30 日，银行受电力公司委托代收电费，从企业账户中划出 17 400 元，但企业因尚未收到转账付款通知，尚未入账。

（5）6 月 30 日，银行计算企业的存款利息 3 000 元，已经计入企业存款账户，但企业尚未入账。

3. 要求：编制"银行存款余额调节表"，并分析调节后是否需要编制会计分录。

【实务题二】

1. 目的：练习财产清查账务处理。

2. 资料：湘东有限公司年终进行财产清查，在清查中发现以下事项：

（1）盘亏设备一台，账面原值 13 000 元，已提折旧 9 800 元。后经查明系自然灾害造成的损失。

（2）发现账外机器一台六成新，市场同类机器价值85 000元。账外机器尚可使用，交车间投入生产。企业所得税税率为25%，法定盈余公积提取比例10%。

（3）甲材料盘盈150千克，金额3 000元。经查明原因属于日常收发计量差错。

（4）乙材料盘亏500千克，金额8 000元。经查明为管理不善造成，保管员李兵需赔偿1 000元。

（5）库存现金长款700元，经查明其中300元系少付职工王某款项，另外400元无法查明原因。

（6）由于对方单位撤销，10 000元应付账款无法归还，经批准予以转销。

3. 要求：编制上述关于财产清查的会计分录。

项目五

期末编制财务会计报告

职业活动

在一个会计期间，经过取得会计信息、加工会计信息，记录会计信息后，期末需要输出会计信息。财务会计报告是会计单位输出会计信息的主要手段。财务会计报告主要包括资产负债表、利润表、现金流量表、所有者权益（股东权益）变动表及附注。每个会计期末，根据会计核算资料，按照规定的格式、内容和编制方法，编制相应的财务会计报告，是会计不可缺的一项职业活动。

职业能力

能整理会计核算资料，根据编制要求和编制方法，规范编制会计单位的财务会计报告。

任务一 编制资产负债表

【工作任务】

一、工作任务

会计人员在整理好会计资料的基础上，根据资产负债表编制要求和编制方法，查阅有关账户的余额，填列资产负债表各项目的年初数和期末数，全面反映每个会计单位的财务状况。

二、任务示范

根据广东华天食品有限公司 2012 年 12 月的账户资料，编制资产负债表（部分）如表 B5-1 所示。

表 B5-1　　　　　　　　　　　　　　资产负债表

编制单位：广东华天食品有限公司　　　　2012 年 12 月 31 日　　　　　　　　　　　会企 01 表　单位：元

资产	期末余额	年初余额	负债和所有者权益（或股东权益）	期末余额	年初余额
流动资产：			流动负债：		
货币资金	612 116.80	（略）	短期借款		（略）
交易性金融资产			交易性金融负债		
应收票据	23 821.20		应付票据		
应收账款	139 701.00		应付账款	58 582.00	
……			……		
……			……		
其他非流动资产			所有者权益（或股东权益）合计	1 944 677.97	
非流动资产合计	1 080 855.00				
资产总计	2 130 302.00		负债和所有者权益（或股东权益）总计	2 130 302.00	

三、任务实施

参照示范，在广东华天食品有限公司 2012 年 12 月经济业务全部登记入账、对账和结账后，根据有关账户的期末余额，编制 12 月份的资产负债表。

【相关知识】

财务会计报告是指会计单位对外提供的反映企业某一特定日期财务状况和某一会计期间经营成果、现金流量的书面文件。它是会计单位日常会计核算资料归集、加工和汇总后形成的，是会计核算的最终成果。

一、财务会计报告的构成

财务会计报告由会计报表及其附注和其他需要在财务报告中披露的相关信息和资料构成。

会计报表又称财务报表，是对企业财务状况、经营成果和现金流量等的结构性表述，是财务报告的核心。财务报表的组成：资产负债表、利润表、现金流量表、所有者权益（股东权益）变动表及附注，称为"四表一注"。

二、财务会计报告的分类

1. 按财务会计报告编制时期分类。财务会计报告按编制时间不同，可分为中期财务会计报告和年度财务会计报告。

中期财务会计报告是以短于一个完整会计年度的报告期间为基础编制的会计报表，包括月报、季报和半年报等。月报是指月度编制的财务会计报告，应于月份终了后6日内报出，包括资产负债表、利润表。季报是指季度编制的财务会计报告，应于季度终了后15日内报出，包括资产负债表、利润表。半年报是指半年度编制的财务会计报告，应于年度中期结束后60日内报出，包括基本会计报表、利润分配表等附表以及账务情况说明书。

年报是指年度编制的财务会计报告，应于年度终了后4个月内报出，包括财务会计报告的全部内容。

2. 按财务会计报告所反映的经济内容分类。财务会计报告按反映经济内容的不同，可分为财务状况报表和经营成果报表。

财务状况报表是反映会计主体在一定日期或一定时期财务状况的报表，如资产负债表、现金流量表。经营成果表是反映会计主体在一定时期内收入、费用和经营成果的报表，如利润表。

3. 按财务会计报告反映的资金运动形态分类。财务会计报告按反映的资金运动形态不同，可分为静态会计报表和动态会计报表。

静态会计报表是指反映企业某一特定日期经济指标处于相对静止状态的报表，如资产负债表。动态报表是指企业一定会计期间完成的经济指标的报表，如利润表、现金流量表及所有者权益变动表。

4. 按财务会计报告报送对象分类。财务会计报告按报送对象不同，可分为外送报表和内部报表。

外送报表是会计主体按照有关法规编制的对外公开报送的会计报表，如资产负债表，利润表，现金流量表和所有者权益变动表等。内部报表是会计主体根据单位自己需要编制的会计报表，如销售分析表，成本分析表，经营费用表等。

5. 按财务会计报告编制主体分类。财务会计报告按编制主体不同，可分为个别会计报表和合并会计报表。

个别会计报表是由企业在自身会计核算基础上对账簿记录进行加工而编制的会计报表，它主要用以反映企业自身的财务状况，经营成果和现金流量情况。合并会计报表是以母公司和子公司组成的企业集团为会计主体，根据母公司和所属子公司的会计报表，由母公司编制的综合反映企业集团财务状况，经营成果及现金流量的会计报表。

6. 按财务会计报告编报范围不同分类。财务会计报告按照其编报范围的不同，可分为基层财务会计报表和汇总财务会计报表。

基层财务会计报表是由实行独立核算的基层单位编制的会计报表。汇总财务会计报表是根据上级主管部门所属单位的基层会计报表和本部门的会计报表资料汇总编制的会计报表。汇总财务会计报表通常按行政隶属关系逐级汇总，以反映某一部门、行业或地区的总括情况。

三、财务会计报告的编制要求

编制财务会计报告的基本目的，是向会计信息的使用者提供有关财务方面的信息资料，及时、准确、完整、清晰地反映会计主体的财务状况和经营成果。为了充分发挥会计信息的作用，确保信息质量，各会计主体单位必须按照一定的程序、方法和要求，编报合法、真实和公允的财务会计报告。财务会计报告的编制要求主要有如下几个方面：

(1) 真实可靠。真实可靠是指财务会计报告所揭示的会计信息必须如实反映会计对象，不允许用计划数、估计数代替实际数，更不得弄虚作假、篡改伪造数字。

(2) 全面完整。全面完整是指财务会计报告所揭示的会计信息的内容必须是全面、系统地反映出会计对象的全部情况，不得漏填、漏报。

(3) 编报及时。财务会计报告的编制与报送必须及时，必须按照规定的期限编制完成，保证会计信息的时效性，以便财务会计报告的使用者及时、有效地利用财务会计报告资料。

(4) 便于理解。便于理解是指财务会计报告应当清晰明了，易于理解，使得财务会计报告使用者能够有效使用会计信息。

四、资产负债表的编制

（一）资产负债表的格式和结构

资产负债表是反映企业在某一特定日期的财务状况的会计报表，是静态报表。资产负债表的作用：反映经济资源及分布情况、企业资本结构；据以评价和预测企业短期、长期偿债能力；有助于评价企业资本保值、增值情况。

1. 资产负债表的格式。资产负债表的格式主要有账户式（如表B5-2所示）和报告式（如表B5-3所示）两种，我国企业的资产负债表采用账户式结构。

账户式资产负债表是依据"资产＝负债＋所有者权益"这一会计等式的基本原理设置的，分为左右两方。左方列示资产各项目，反映全部资产的分布及存在形态，资产项目按流动性大小从上至下排列；右方列示负债和所有者权益各项目，反映全部负债和所有者权益的内容及构成情况，负债项目按债务偿还期的长短顺序排列，偿还期短的流动负债排列在前，偿还期长的长期负债排列在后；所有者权益项目按永久性递减的顺序排列。

表 B5-2　　　　　　　　　　　　　资产负债表（账户式）

会企01表

编制单位：　　　　　　　　　　　　　　年　月　日　　　　　　　　　　　　　　单位：元

资　　产	期末余额	年初余额	负债和所有者权益（或股东权益）	期末余额	年初余额
流动资产：			流动负债：		
货币资金			短期借款		
交易性金融资产			交易性金融负债		
应收票据			应付票据		
应收账款			应付账款		
预付账款			预收账款		
应收利息			应付职工薪酬		
应收股利			应交税费		
其他应收款			应付利息		
存货			应付股利		
一年到期的非流动资产			其他应付款		
其他流动资产			一年内到期的非流动负债		
流动资产合计			其他流动负债		
非流动资产：			流动负债合计		
可供出售金融资产			非流动负债：		
持有至到期投资			长期借款		
长期应收款			应付债券		
长期股权投资			长期应付款		
投资性房地产			专项应付款		
固定资产			预计负债		
在建工程			递延所得税负债		
工程物资			其他非流动负债		
固定资产清理			非流动负债合计		
生物性生物资产			负债合计		
油气资产			所有者权益（或股东权益）：		
无形资产			实收资产（或股本）		
开发支出			资本公积		
商誉			减：库存股		
长期待摊费用			盈余公积		
递延所得税资产			未分配利润		
其他非流动资产			所有者权益（或股东权益）合计		
非流动资产合计					
资产总计			负债和所有者权益（或股东权益）总计		

表 B5-3　　　　　　　　　　资产负债表（报告式）
　　　　　　　　　　　　　　　　（简化式）

会企 01 表

编制单位：　　　　　　　　　　　　年　月　日　　　　　　　　　　　　单位：元

项目	金额
一、资产	
流动资产	
非流动资产	
资产合计	
二、负债	
流动负债	
非流动负债	
负债合计	
三、所有者权益	
实收资本	
资本公积	
盈余公积	
未分配利润	
所有者权益合计	

2. 资产负债表的结构。资产负债表由表头、表身、表尾三部分组成。表头部分应包括表名、编制单位、日期、报表编号、计量单位等内容；表身部分说明企业财务状况；表尾部分为补充说明。其中表身部分是资产负债表的主体和核心。

（二）资产负债表的编制方法

1. "年初余额"的填列方法。"年初余额"根据上年末资产负债表"期末余额"栏内数字填列。若本年度资产负债表规定的各项目名称和内容同上年度不相一致，应对上年末资产负债表各项目的名称和数字按本年度规定调整，填入表中"年初余额"栏内。

2. "期末余额"的填列：

（1）根据总账账户期末余额直接填列。例如，"交易性金融资产"、"可供出售金融资产"、"应收票据"、"应收股利"、"固定资产清理"、"短期借款"、"应付票据"、"应付职工薪酬"、"应付股利"、"应交税费"、"实收资本"、"资本公积"、"盈余公积"等项目都是根据总账账户的期末余额直接填列。

（2）根据几个总账账户期末余额计算填列。

①"货币资金"项目需要根据"库存现金"、"银行存款"、"其他货币资金"账户的期末余额合计填列。

②"存货"项目应根据"材料采购"、"在途物资"、"原材料"、"周转材料"、"库存商品"、"发出商品"、"委托加工物资"、"生产成本"等账户的期末余额合计减去"存货跌价准备"账户期末余额后的金额填列。

③"未分配利润"项目需要根据"本年利润"和"利润分配"账户的期末余额计算填列。未弥补的亏损,在本项目内以"-"号填列

(3) 根据明细分类账户期末余额计算填列。资产负债表中的一部分项目,应按照几个明细账户的期末余额相互加减后的金额填列。

①"应收账款"项目金额 = "应收账款"明细账借方余额 + "预收账款"明细账借方余额 - "坏账准备"账户中有关应收账款已计提的坏账准备余额。

②"预收账款"项目金额 = "预收账款"明细账贷方余额 + "应收账款"明细账贷方余额。

③"应付账款"项目金额 = "应付账款"明细账贷方余额 + "预付账款"明细账贷方余额。

④"预付账款"项目金额 = "预付账款"明细账借方余额 + "应付账款"明细账借方余额。

(4) 根据总账账户和明细分类账户余额分析计算填列。例如,"长期借款"项目需要根据"长期借款"总账账户期末余额,扣除"长期借款"账户所属明细科目中反映的将于1年内到期的长期借款部分,分析计算填列。

(5) 根据有关账户余额减去备抵账户余额填列。例如:

①"固定资产"项目金额 = "固定资产"账户期末余额 - "累计折旧"账户期末余额 - "固定资产减值准备"账户期末余额。

②"无形资产"项目金额 = "固定资产"账户期末余额 - "累计摊销"账户期末余额 - "无形资产减值准备"账户期末余额。

③"在建工程"项目金额 = "在建工程"账户期末余额 - "在建工程减值准备"账户期末余额。

(三) 资产负债表编制举例

【例 B5-1】长城公司 2012 年 12 月 31 日有关总账账户余额如表 B5-4 所示。

表 B5-4　　　　　　　　　　　总账账户余额表

账 户 名 称	借方余额	贷方余额
库存现金	70 000.00	
银行存款	250 000.00	
其他货币资金	10 000.00	
应收账款	300 000.00	
应收票据	25 000.00	
坏账准备		6 000.00
预付账款	50 000.00	
原材料	80 000.00	
生产成本	5 000.00	
库存商品	650 000.00	

续表

账户名称	借方余额	贷方余额
固定资产	800 000.00	
累计折旧		500 000.00
固定资产减值准备		20 000.00
无形资产	1 000 000.00	
累计摊销		80 000.00
短期借款		200 000.00
应付票据		100 000.00
应付账款		60 000.00
其他应付款		50 000.00
预收账款		30 000.00
应付职工薪酬		18 000.00
应交税费	2 000.00	
长期借款		500 000.00
实收资本		1 438 000.00
资本公积		60 000.00
盈余公积		100 000.00
利润分配		80 000.00
合　计	3 242 000.00	3 242 000.00

另外，通过分析得知以下情况：

(1) 有一笔长期借款60 000元将于一年内到期。

(2) "应收账款"明细账分别为：A公司借方余额150 000元，B公司贷方余额50 000元，C公司借方余额200 000元。

(3) "应付账款"明细账分别为：D公司贷方余额95 000元，E公司借方余额35 000元。

(4) "预收账款"明细账分别为：F公司贷方余额38 000元，G公司借方余额8 000元。

(5) "预付账款"明细账分别为：H公司借方余额56 000元，I公司贷方余额6 000元。

根据前面所讲的编制方法以及表B5-4所示的各账户余额，编制出长城公司2012年12月31日的资产负债表，如表B5-5所示（年初余额略）。

其中，"货币资金"项目的余额=70 000+250 000+10 000=330 000（元）

"存货"项目的余额=80 000+5 000+650 000=735 000（元）

"固定资产"项目的余额=800 000-500 000-20 000=280 000（元）

"无形资产"项目余额=1 000 000-80 000=920 000（元）

"长期借款"项目余额=500 000-60 000=440 000（元）

"应收账款"项目余额=150 000（"应收账款"明细账借方余额）+200 000（"应收账款"明细账借方余额）+8 000（"预收账款"明细账借方余额）-6 000（坏账准备）=352 000（元）

"预收款项"项目余额=38 000("预收账款"明细账贷方余额)+50 000("应收账款"明细账贷方余额)=88 000(元)

"应付账款"项目余额=95 000("应付账款"明细账贷方余额)+6 000("预付账款"明细账贷方余额)=101 000(元)

"预付款项"项目余额=56 000("预付账款"明细账借方余额)+35 000("应付账款"明细账借方余额)=91 000(元)

长城公司 2012 年 12 月的资产负债表填列如表 B5-5 所示。

表 B5-5　　　　　　　　　　　　　　　资产负债表

会企 01 表

编制单位:长城公司　　　　　　　　2012 年 12 月 31 日　　　　　　　　单位:元

资　产	期末余额	年初余额	负债和所有者权益(或股东权益)	期末余额	年初余额
流动资产:		(略)	流动负债:		(略)
货币资金	330 000.00		短期借款	200 000.00	
交易性金融资产			交易性金融负债		
应收票据	25 000.00		应付票据	100 000.00	
应收账款	352 000.00		应付账款	101 000.00	
预付款项	91 000.00		预收款项	88 000.00	
应收利息			应付职工薪酬	18 000.00	
应收股利			应交税费	-2 000.00	
其他应收款			应付利息		
存货	735 000.00		应付股利		
一年内到期的非流动资产			其他应付款	50 000.00	
其他流动资产			一年内到期的非流动负债	60 000.00	
流动资产合计	1 533 000.00		其他流动负债		
非流动资产:			流动负债合计	615 000.00	
可供出售金融资产			非流动负债:		
持有至到期投资			长期借款	440 000.00	
长期应收款			应付债券		
长期股权投资			长期应付款		
投资性房地产			专项应付款		
固定资产	280 000.00		预计负债		
在建工程			递延所得税负债		
工程物资			其他非流动负债		
固定资产清理			非流动负债合计	440 000.00	
生产性生物资产			负债合计	1 055 000.00	
油气资产			所有者权益(或股东权益):		
无形资产	920 000.00		实收资本(或股本)	1 438 000.00	
开发支出			资本公积	60 000.00	
商誉			减:库存股		

续表

资产	期末余额	年初余额	负债和所有者权益（或股东权益）	期末余额	年初余额
长期待摊费用			盈余公积	100 000.00	
递延所得税资产			未分配利润	80 000.00	
其他非流动资产			所有者权益（或股东权益）合计	1 678 000.00	
非流动资产合计	1 200 000.00				
资产总计	2 733 000.00		负债和所有者权益（或股东权益）总计	2 733 000.00	

任务二　编制利润表

【工作任务】

一、工作任务

单位的会计人员，将本期全部业务登记入账、对账和结账后，期末根据利润表编制要求和编制方法，查阅有关损益类账户的发生额，填列利润表各项目的本期金额和本年累计金额（或上期金额），全面反映每个会计单位的经营成果。

二、任务示范

根据广东华天食品有限公司2012年12月的账户资料，编制利润表（部分）如表 B5 – 6 所示。

表 B5 – 6　　　　　　　　　　　　　利润表

会企02表

编制单位：广东华天食品有限公司　　　2012 年 12 月　　　　　　　　　　　单位：元

项　目	行次	本期数	本年累计数
一、营业收入	1	145 800.00	略
减：营业成本	2	105 210.00	
营业税金及附加	3	930.70	
销售费用	4	5 600.00	
……		……	
……		……	

续表

项　目	行次	本期数	本年累计数
四、净利润（净亏损以"－"号填列）	17	1 092.97	
五、每股收益	18		
（一）基本每股收益	19	略	
（二）稀释每股收益	20	略	

三、任务实施

参照示范，在广东华天食品有限公司 2012 年 12 月经济业务全部登记入账、对账和结账后，根据有关损益类账户的本期发生额，编制 12 月份的利润表。

【相关知识】

一、利润表的格式和结构

利润表是总括反映企业在一定时期（年度、季度或月份）内经营成果的会计报表，用以反映企业一定时期内利润（或亏损）的实际情况，是动态报表。

1. 利润表的格式。利润表正表的格式一般有两种：单步式利润表（如表 B5-7 所示）和多步式利润表（如表 B5-8 所示）。单步式利润表是将当期所有的收入列在一起，然后将所有的费用列在一起，两者相减得出当期净损益。多步式利润表是通过对当期的收入、费用、支出项目按性质加以归类，按利润形成的主要环节列示一些中间性的利润指标，如营业利润、利润总额、净利润，分步计算当期净损益。我国企业的利润表一般采用多步式。

表 B5-7　　　　　　　　　　利润表（单步式）

会企02表

编制单位：　　　　　　　　　年　月　　　　　　　　　　单位：元

项　目	行次	本期数	本年累计数	项　目	行次	本期数	本年累计数
一、收入				管理费用			
营业收入				财务费用			
投资收益				销售费用			
营业外收入				营业外支出			
收入合计				所得税费用			
二、费用				费用合计			
营业成本				三、净利润			
营业税金及附加							

表 B5-8　　　　　　　　　　　利润表（多步式）

会企 02 表
编制单位：　　　　　　　　　　年　　月　　　　　　　　　　单位：元

项目	行次	本期数	本年累计数
一、营业收入	1		
减：营业成本	2		
营业税金及附加	3		
销售费用	4		
管理费用	5		
财务费用（收益以"-"号填列）	6		
资产减值损失	7		
加：公允价值变动净收益（净损失以"-"号填列）	8		
投资收益（净损失以"-"号填列）	9		
其中：对联营企业和合营企业的投资收益	10		
二、营业利润（亏损以"-"号填列）	11		
加：营业外收入	12		
减：营业外支出	13		
其中：非流动资产处置损失	14		
三、利润总额（亏损总额以"-"号填列）	15		
减：所得税费用	16		
四、净利润（净亏损以"-"号填列）	17		
五、每股收益	18		
（一）基本每股收益	19		
（二）稀释每股收益	20		

2. 利润表的结构。利润表一般包括表首、正表两部分。其中，表首概括说明报表名称、编制单位、编制日期、报表编号、货币名称、计量单位；正表表示利润表的主体，反映形成经营成果的各个项目和计算过程，体现了"利润＝收入－费用"的会计等式。

二、利润表的编制方法

利润表中的各个项目，都是根据有关会计账户记录的本期实际发生数和累计发生数分别填列的。

（1）"营业收入"项目，反映企业经营活动所取得的收入总额。本项目应根据"主营业务收入"、"其他业务收入"账户的本期发生额分析填列。如果有借方发生额，应予以扣除，按实际收入净额填列。

（2）"营业成本"项目，反映企业经营活动发生的实际成本。本项目应根据"主营业务成本"、"其他业务成本"账户的本期发生额分析填列。如果有贷方发生额，应予以扣除，按实际成本填列。

(3)"营业税金及附加"项目，反映企业经营活动应负担的营业税、消费税、城市维护建设税、资源税、土地增值税和教育费附加等。本项目应根据"营业税金及附加"账户的本期发生额分析填列。

(4)"销售费用"项目，反映企业在销售商品和商品流通企业在购入商品等过程中发生的费用。本项目应根据"销售费用"账户的本期发生额分析填列。

(5)"管理费用"项目，反映企业发生的管理费用。本项目应根据"管理费用"账户的本期发生额分析填列。

(6)"财务费用"项目，反映企业发生的财务费用。本项目应根据"财务费用"账户的本期发生额分析填列。

(7)"资产减值损失"项目，反映企业确认的资产减值损失。本项目应根据"资产减值损失"账户的本期发生额分析填列。

(8)"公允价值变动损益"项目，反映企业资产在持有期间因公允价值变动而产生的损益。本项目应根据"公允价值变动损益"账户的本期发生额分析填列。如果公允价值变动损益为净损失，以"-"号填列。

(9)"投资收益"项目，反映企业以各种方式对外投资所取得的收益。本项目应根据"投资收益"账户的本期发生额分析填列。如果为投资净损失，以"-"号填列。

(10)"营业利润"项目，应根据以上各项目加减计算后的金额填列。如果为亏损，以"-"号填列。

(11)"营业外收入"项目和"营业外支出"项目，反映企业发生的与其生产经营无直接关系的各项收入和支出。这两个项目应分别根据"营业外收入"和"营业外支出"账户的本期发生额分析填列。

(12)"利润总额"项目，反映企业实现的利润总额，应根据以上各项目加减计算后的金额填列。如果为亏损总额，以"-"号填列。

(13)"所得税"项目，反映企业按规定从本期损益中减去的所得税。本项目应根据"所得税"账户的本期发生额分析填列。

(14)"净利润"项目，反映企业实现的净利润，应根据以上各项目加减计算后的金额填列。如果为净亏损，以"-"号填列。

(15)"基本每股收益"项目，反映企业普通股每股的收益额。本项目应根据"归属于普通股东的当期净利润÷当期发行在外普通股股数的加权平均数"填列。

(16)"稀释每股收益"项目，反映企业考虑了稀释性潜在普通股后的普通股每股收益额。本项目应根据"归属于普通股东的当期净利润÷假定稀释性潜在普通股转换为已发行普通股的前提下普通股股数的加权平均数"填列。

报表中的"本月数"应根据各有关会计账户的本期发生额直接填列；"本年累计数"反映各项目自年初起至本报告期末止的累计发生额，应根据上月"利润表"的累计数加上本月"利润表"的本月数之和填列。如年度"利润表"，将"本月数"改为"本年金额"，"本年累计数"改为"上年金额"。"上年金额"应根据上年"利润表"的数字填列。如果上年"利润表"和本年"利润表"的项目名称和内容不相一致，应将上年的报表项目名称和数字按本年度的规定进行调整，然后填入"上年金额"栏。

【例 B5-2】 美凌公司 2012 年度利润表有关账户的累计发生额如表 B5-9 所示。

表 B5-9　　　利润表有关账户累计发生额　　　单位：元

账户名称	借方发生额	贷方发生额
主营业务收入		23 750 000.00
其他业务收入		574 600.00
投资收益		7 198 000.00
营业外收入		5 520 000.00
主营业务成本	16 387 000.00	
营业税金及附加	1 020 000.00	
其他业务成本	174 800.00	
销售费用	465 000.00	
管理费用	2 174 000.00	
财务费用	1 987 400.00	
资产减值损失	45 000.00	
营业外支出	98 000.00	
所得税费用	3 672 850.00	

根据前面所讲的编制方法以及表 B5-9 所示的各账户发生额，编制出美凌公司 2012 年度利润表，如表 B5-10 所示。

表 B5-10　　　　　　　利润表

会企02表

编制单位：美凌公司　　　2012 年度　　　单位：元

项　目	行次	本年金额	上年金额
一、营业收入	1	24 324 600.00	（略）
减：营业成本	2	16 561 800.00	
营业税金及附加	3	1 020 000.00	
销售费用	4	465 000.00	
管理费用	5	2 174 000.00	
财务费用（收益以"-"号填列）	6	1 987 400.00	
资产减值损失	7	45 000.00	
加：公允价值变动净收益（净损失以"-"号填列）	8		
投资收益（净损失以"-"号填列）	9	7 198 000.00	
其中：对联营企业和合营企业的投资收益	10		
二、营业利润（亏损以"-"号填列）	11	9 269 400.00	
加：营业外收入	12	5 520 000.00	
减：营业外支出	13	98 000.00	
其中：非流动资产处置损失	14		
三、利润总额（亏损总额以"-"号填列）	15	14 691 400.00	

续表

项　　目	行次	本年金额	上年金额
减：所得税费用	16	3 672 850.00	
四、净利润（净亏损以"－"号填列）	17	11 018 550.00	
五、每股收益	18		
（一）基本每股收益	19	（略）	
（二）稀释每股收益	20	（略）	

巩固与训练

一、单项选择题

1. 下列各项中，属于资产负债表中流动资产项目的有（　　）。
   A. 预收账款　　　B. 货币资金　　　C. 实收资本　　　D. 工程物资
2. 下列资产负债表项目中，不可以直接根据总分类账户期末余额填列的项目是（　　）。
   A. 资本公积　　　　　　　　B. 短期借款
   C. 应收账款　　　　　　　　D. 应付股利
3. 资产负债表中，货币资金项目是根据（　　）填制。
   A. 现金和银行存款期末余额汇总
   B. 现金的期末余额
   C. 现金、银行存款和其他货币资金的期末余额汇总
   D. 银行存款的期末余额
4. 在利润表的表体中，全部指标均依据有关账簿的（　　）填写。
   A. 期末余额　　　　　　　　B. 发生额
   C. 期末余额或发生额　　　　D. 本期数额
5. 反映企业在某一特定日期财务状况的会计报表是（　　）。
   A. 资产负债表　　　　　　　B. 利润表
   C. 所有者权益变动表　　　　D. 现金流量表
6. 下列各项中，不属于资产负债表中流动资产项目的有（　　）。
   A. 存货　　　　　　　　　　B. 预付账款
   C. 应收账款　　　　　　　　D. 无形资产
7. 编制资产负债表时，需根据有关总账所属的明细账期末余额分析、计算填列的项目有（　　）。
   A. 长期借款　　　　　　　　B. 预付款项
   C. 存货　　　　　　　　　　D. 固定资产清理
8. 资产负债表是根据（　　）这一会计等式编制的。
   A. 收入－费用＝利润
   B. 现金流入－现金流出＝现金净流量

C. 资产 = 负债 + 所有者权益 + 收入 – 费用

D. 资产 = 负债 + 所有者权益

9. 在资产负债表中，资产是按照（　　）排列的。

　　A. 清偿时间的先后顺序　　　　B. 会计人员的填写习惯

　　C. 金额大小　　　　　　　　　D. 流动性大小

10. 反映企业在一定会计期间的经营成果的会计报表是（　　）。

　　A. 资产负债表　　　　　　　　B. 利润表

　　C. 所有者权益变动表　　　　　D. 现金流量表

11. 某企业"应付账款"明细账期末余额情况如下：应付甲企业贷方余额为 120 000 元，应付乙企业借方余额为 350 000 元，应付丙企业贷方余额为 470 000 元，假如该企业"预付账款"明细账均为借方余额，则根据以上数据计算的反映在资产负债表上"应付账款"项目的金额为（　　）元。

　　A. 940 000　　　　　　　　　　B. 350 000

　　C. 590 000　　　　　　　　　　D. 240 000

12. 资产负债表中的"存货"项目，应根据（　　）。

　　A. "存货"科目的期末借方余额直接填列

　　B. "原材料"科目的期末借方余额直接填列

　　C. "原材料"、"生产成本"和"库存商品"等科目的期末借方余额之和减去"存货跌价准备"等账户期末余额后的金额填列

　　D. "原材料"、"工程物资"和"库存商品"等科目的期末借方余额之和填列

13. 下列报表中属于静态报表的是（　　）。

　　A. 资产负债表　　　　　　　　B. 损益表

　　C. 现金流量表　　　　　　　　D. 利润分配表

14. 关于资产负债表的格式，下列说法不正确的是（　　）。

　　A. 资产负债表主要有账户式和报告式

　　B. 我国的资产负债表采用报告式

　　C. 账户式资产负债表分为左右两方，左方为资产，右方为负债和所有者权益

　　D. 负债和所有者权益按照求偿权的先后顺序排列

15. "生产成本"账户的期末借方余额为尚未完工产品的生产费用，在填制资产负债表时应填入的项目是（　　）。

　　A. 工程物资　　　　　　　　　B. 开发支出

　　C. 存货　　　　　　　　　　　D. 递延收益

16. 在企业不单设"预付账款"账户时，资产负债表中的"预付账款"项目应根据（　　）。

　　A. "应收账款"账户明细账借方余额分析填列

　　B. "应付账款"账户明细账借方余额分析填列

　　C. "应收账款"账户借方余额

　　D. "应付账款"账户借方余额

17. "预收账款"账户所属有关明细科目如有借方余额，应在资产负债表（　　）项目

内反映。

　　A. 应收账款　　　　　　　　　B. 预收账款

　　C. 预付账款　　　　　　　　　D. 应付账款

18. 我国企业的资产负债表采用的格式是（　　）。

　　A. 账户式　　　　　　　　　　B. 报告式

　　C. 单步式　　　　　　　　　　D. 多步式

二、多项选择题

1. 通过编制资产负债表可以（　　）。

　　A. 从总体上了解企业收入、成本和费用、净利润（或亏损）的实现及构成情况

　　B. 反映企业资产的构成及其状况

　　C. 反映企业某一日期的负债总额及其结构

　　D. 反映企业所有者权益的情况

2. 中期财务会计报表是指（　　）。

　　A. 月报　　　　　　　　　　　B. 季报

　　C. 半年报　　　　　　　　　　D. 年报

3. 下列各项中，影响利润总额但不影响营业利润的是（　　）。

　　A. 营业外收入　　　　　　　　B. 营业外支出

　　C. 所得税费用　　　　　　　　D. 投资收益

4. 利润表提供的信息包括（　　）。

　　A. 实现的营业收入　　　　　　B. 发生的营业成本

　　C. 投资收益　　　　　　　　　D. 利润或亏损总额

5. 直接根据总分类账户余额填列的资产负债表项目有（　　）。

　　A. 短期借款　　　　　　　　　B. 应付票据

　　C. 实收资本　　　　　　　　　D. 未分配利润

6. 我国企业的基本会计报表包括（　　）。

　　A. 资产负债表　　　　　　　　B. 利润表

　　C. 所有者权益变动表　　　　　D. 现金流量表

7. 不能直接根据总分类账户余额填列的资产负债表项目有（　　）。

　　A. 固定资产清理　　　　　　　B. 货币资金

　　C. 存货　　　　　　　　　　　D. 应收账款

8. 资产负债表中的"存货"项目反映的内容包括（　　）。

　　A. 在途物资　　　　　　　　　B. 材料成本差异

　　C. 周转材料　　　　　　　　　D. 生产成本

9. 下列账户中，可能影响资产负债表中"预付款项"项目金额的有（　　）。

　　A. 预收账款　　　　　　　　　B. 应收账款

　　C. 应付账款　　　　　　　　　D. 预付账款

10. 企业提供的财务会计报告的使用者有（　　）。

　　A. 投资者　　　　　　　　　　B. 债权人

　　C. 政府及相关机构　　　　　　D. 企业管理人员、职工和社会公众等

11. 资产负债表中的应付账款项目应根据（　　）两者合计填列。
    A. 应付账款总账余额　　　　　　　　B. 应付账款所属明细账借方余额合计
    C. 应付账款所属明细账贷方余额合计　D. 预付账款所属明细账贷方余额合计
12. 下列各项中，属于资产负债表中流动负债项目的有（　　）。
    A. 应付利息　　　　　　　　　　　　B. 应付股利
    C. 预付账款　　　　　　　　　　　　D. 其他应付款
13. 利润表中的"营业成本"项目填列的依据有（　　）。
    A. "营业外支出"发生额　　　　　　　B. "主营业务成本"发生额
    C. "其他业务成本"发生额　　　　　　D. "营业税金及附加"发生额
14. 下列各项中，应当记入资产负债表"预收账款"项目的有（　　）。
    A. "应收账款"账户所属明细账的贷方金额合计数
    B. "预收账款"账户所属明细账的贷方金额合计数
    C. "应收账款"账户所属明细账的借方金额合计数
    D. "预收账款"账户所属明细账的借方金额合计数
15. 资产负债表中需要根据若干明细科目的期末余额计算填列的项目有（　　）。
    A. 存货　　　　　　　　　　　　　　B. 应收账款
    C. 应付账款　　　　　　　　　　　　D. 预付账款

三、判断题

1. 利润表中"本期数"栏的数字，应根据各损益类账户本期发生额填列。　　　（　　）
2. 利润表属于动态会计报表。　　　　　　　　　　　　　　　　　　　　　（　　）
3. 我国的资产负债表采用账户式结构，左方为资产项目，一般按要求清偿时间的先后顺序排列，右方为负债和所有者权益项目，大体按照流动性大小排列。　　（　　）
4. 资产负债表是总括反映企业特定日期资产、负债和所有者权益情况的静态报表，通过它可以了解企业的资产分布、资金的来源和承担的债务以及资金的流动性和偿债能力。
　　　　　　　　　　　　　　　　　　　　　　　　　　　　　　　　　　（　　）
5. 资产负债表中"固定资产"项目应根据"固定资产"账户余额直接填列。　（　　）
6. 利润表中收入类项目大多是根据收入类账户期末结转前借方发生额减去贷方发生额后的差额填列，若差额为负数，以"－"号填列。　　　　　　　　　　　（　　）
7. 资产负债表中的"应收账款"项目，应根据"应收账款"和"预付账款"科目所属明细科目的借方余额合计数填列。　　　　　　　　　　　　　　　　　　（　　）
8. 编制会计报表的主要目的就是为会计报表使用者决策提供信息。　　　　（　　）
9. 我国利润表的格式采用多步式。　　　　　　　　　　　　　　　　　　（　　）
10. "利润分配"总账的年末余额一定与资产负债表中未分配利润项目的数额一致。
　　　　　　　　　　　　　　　　　　　　　　　　　　　　　　　　　　（　　）
11. 资产负债表的编制依据为"资产＝负债＋所有者权益"。　　　　　　　（　　）
12. 会计等式"收入－费用＝利润"是编制利润表的基础。　　　　　　　　（　　）

四、实务题

【实务题一】

1. 目的：练习资产负债表的编制。

2. 资料：宝吉公司 2012 年 12 月 31 日全部总分类账户和有关明细分类账户期末余额如表 B5-11 所示。

表 B5-11　　　　　　　　　　　　各总分类账和明细分类账户余额

总账科目	明细科目	借方余额	贷方余额
现金		2 000.00	
银行存款		114 000.00	
交易性金融资产		14 000.00	
应收账款		23 000.00	
	——A 单位	10 000.00	
	——B 单位		2 000.00
	——C 单位	15 000.00	
预付账款		4 700.00	
	——D 单位	5 000.00	
	——E 单位		300.00
其他应收款		5 000.00	
	——行政科	4 000.00	
	——李峰	2 000.00	
	——卫生室		1 000.00
原材料		97 000.00	
生产成本		8 000.00	
库存商品		120 000.00	
应收票据		2 000.00	
长期股权投资		200 000.00	
固定资产		400 000.00	
累计折旧			130 000.00
应付票据			10 000.00
长期待摊费用		2 000.00	
短期借款			160 000.00
应付账款			10 000.00
	——F 单位		7 000.00
	——G 单位	5 000.00	
	——H 单位		8 000.00
预收账款			3 000.00
	——I 单位		4 000.00
	——J 单位	1 000.00	
其他应付款			6 000.00
	——工会	2 000.00	

续表

总账科目	明细科目	借方余额	贷方余额
	——代扣款		8 000.00
应付职工薪酬			34 700.00
应交税费			60 000.00
应付股利			20 000.00
长期借款			130 000.00
实收资本			280 000.00
盈余公积			22 080.00
利润分配			125 920.00
	——未分配利润		125 920.00

3. 要求：根据上述资料，编制宝吉公司2012年12月份资产负债表，如表B5-12所示。

表 B5-12　　　　　　　　　　　资产负债表

编制单位：宝吉公司　　　　　2012年12月31日　　　　　　　　会企01表
　　　　　　　　　　　　　　　　　　　　　　　　　　　　　金额单位：元

资　产	期末余额	负债和所有者权益	期末余额
流动资产：		流动负债：	
货币资金		短期借款	
交易性金融资产		交易性金融负债	
应收票据		应付票据	
应收账款		应付账款	
预付款项		预收款项	
应收利息		应付职工薪酬	
应收股利		应交税费	
其他应收款		应付股利	
存货		其他应付款	
一年内到期的非流动资产		一年内到期的非流动负债	
其他流动资产		其他流动负债	
流动资产合计		流动负债合计	
非流动资产：		非流动负债：	
可供出售金融资产		长期借款	
持有至到期投资		应付债券	
长期股权投资		其他非流动负债	
固定资产		非流动负债合计	
在建工程		负债合计	
工程物资		所有者权益（或股东权益）：	
固定资产清理		实收资本（股本）	

续表

资　　产	期末余额	负债和所有者权益	期末余额
无形资产		资本公积	
长期待摊费用		减：库存股	
递延所得税资产		盈余公积	
其他非流动资产		未分配利润	
非流动资产合计		所有者权益合计	
资产合计		负债和所有者权益总计	

【实务题二】

1. 目的：练习利润表的编制。
2. 资料：昌胜公司2012年度利润表有关账户的累计发生额，如表B5-13所示。

表 B5-13　　　　　　　　　　利润表有关科目累计发生额

科目名称	借方发生额	贷方发生额
主营业务收入		12 500 000.00
主营业务成本	750 000.00	
其他业务收入		100 000.00
其他业务成本	20 000.00	
营业税金及附加	7 000.00	
销售费用	18 000.00	
管理费用	183 100.00	
财务费用	39 500.00	
资产减值损失	22 900.00	
投资收益	50 000.00	
营业外收入		46 000.00
营业外支出	13 200.00	
所得税费用	2 885 575.00	

3. 要求：根据上列资料，编制昌胜公司2012年度利润表，如表B5-14所示。

表 B5-14　　　　　　　　　　利　润　表

会企02表

编制单位：　　　　　　　　　　年度　　　　　　　　　　单位：元

项　　目	行次	本年金额	上年金额
一、营业收入	1		（略）
减：营业成本	2		
营业税金及附加	3		
销售费用	4		
管理费用	5		

续表

项　　目	行次	本年金额	上年金额
财务费用（收益以"－"号填列）	6		
资产减值损失	7		
加：公允价值变动净收益（净损失以"－"号填列）	8		
投资收益（净损失以"－"号填列）	9		
其中：对联营企业和合营企业的投资收益	10		
二、营业利润（亏损以"－"号填列）	11		
加：营业外收入	12		
减：营业外支出	13		
其中：非流动资产处置损失	14		
三、利润总额（亏损总额以"－"号填列）	15		
减：所得税费用	16		
四、净利润（净亏损以"－"号填列）	17		
五、每股收益	18		
（一）基本每股收益	19		
（二）稀释每股收益	20		

项目六

会计档案的管理

职业活动

各单位必须加强对会计档案管理工作的领导，建立会计档案的立卷、归档、保管、查阅和销毁等管理制度，保证会计档案妥善保管、有序存放和方便查阅，严防毁损、散失和泄密。

职业能力

根据《会计档案管理办法》对会计档案进行整理、装订和归档保管。

任务一 会计档案的整理与装订

【工作任务】

一、工作任务

会计人员每年按照会计档案归档的要求，对会计凭证、会计账簿和财务会计报告等会计资料进行整理立卷，装订成册。

二、任务示范

对广东华天食品有限公司 2012 年 12 月的会计凭证进行整理，装订成册，如图 B6-1 所示。

(a) 角订法　　　　　　　　　　　(b) 侧订法

图 B6-1　会计凭证装订成册

三、任务实施

参照示范，将广东华天食品有限公司 2012 年 12 月会计凭证按顺序逐张排放好，原始凭证附于记账凭证后面，对页面超过记账凭证的原始凭证按正确的方法进行折叠，加上凭证封面，然后用角订法或侧订法装订成册。

【相关知识】

一、会计档案的概述

我国《会计法》规定，会计凭证、会计账簿、会计报表和其他会计资料，应当按照国家有关规定建立档案，妥善保管。国家也颁布了《会计档案管理办法》，对会计档案的管理作了原则规定。根据《会计档案管理办法》的规定，国家机关、社会团体、企业、事业单位，按规定应当建账的个体工商户和其他组织，应当依照本办法管理会计档案。各单位必须加强对会计档案管理工作的领导，建立会计档案的立卷、归档、保管、查阅和销毁等管理制度，保证会计档案的安全、完整。

（一）会计档案的定义和种类

会计档案是指会计凭证，会计账簿和财务报告等会计核算专业材料，是记录和反映单位经济业务的重要史料和证据。

在手工记账条件下，会计档案具体包括：
（1）会计凭证类：原始凭证、记账凭证、汇总凭证，其他会计凭证。
（2）会计账簿类：总账，明细账，日记账，固定资产卡片，辅助账簿，其他会计账簿。
（3）财务报告类：月度、季度、年度财务报告，包括会计报表、附表、附注及文字说明，其他财务报告。
（4）其他类：银行存款余额调节表，银行对账单，其他应当保存的会计核算专业资料，会计档案移交清册，会计档案保管清册，会计档案销毁清册。

在会计电算化条件下，电算化会计档案包括存储在计算机硬盘中的会计数据，以其他磁性介质或光盘存储的会计数据，计算机打印出来的书面形式的会计数据。会计数据是指记账凭证、会计账簿、会计报表等数据。

（二）会计档案的作用

会计档案是会计活动的产物，是记录和反映经济活动的重要史料和证据，其重要作用表现在以下方面：

（1）会计档案是总结经验、揭露责任事故、打击经济领域犯罪、分析和判断事故原因的重要依据。

（2）利用会计档案提供的过去经济活动的史料，有助于各单位进行经济前景的预测进行经营决策，编制财务、成本计划。

（3）利用会计档案资料，可以为解决经济纠纷，处理遗留的经济事务提供依据。

此外，会计档案在经济学的研究活动中，发挥着重要史料价值的作用。

会计档案是国家档案的重要组成部分，也是各单位的重要档案之一。会计档案是会计业务的历史资料，是总结历史经验，进行经济预测和经营决策必不可少的资料，同时也是财务会计检查、审计检查、税收检查的重要资料。因此，各单位都应在各级财政机关和各级档案业务管理机关的指导下，做好会计档案的管理工作。

二、会计档案的整理与装订

各单位每年形成的会计档案，应由会计机构按照归档要求，负责整理立卷，装订成册，编制会计档案保管清册。

会计年度终了后，对会计资料进行整理立卷。会计档案的整理一般采用"三统一"的办法，即：分类标准统一、档案形成统一、管理要求统一，并分门别类按各卷顺序编号。

（1）分类标准统一。一般将财务会计资料分成一类账簿，二类凭证，三类报表，四类文字资料及其他。

（2）档案形成统一。案册封面、档案卡夹、存放柜和存放序列统一。

（3）管理要求统一。建立财务会计资料档案簿、会计资料档案目录；会计凭证装订成册，报表和文字资料分类立卷，其他零星资料按年度排序汇编装订成册。

（一）会计凭证的整理与装订

1. 会计凭证的整理。会计凭证装订前的准备工作，即是会计凭证的整理工作，主要对凭证进行排序、粘贴和折叠，准备工作如下：

（1）分类整理，按顺序排列，检查日数、编号是否齐全。

（2）按凭证汇总日期归集（如按上、中、下旬汇总归集）确定装订成册的本数。

（3）摘除凭证内的金属物（如订书钉、大头针、回形针），对大的张页或附件要折叠成同记账凭证大小一致，且要避开装订线，以便翻阅保持数字完整。

对于纸张面积过小的原始凭证，一般不能直接装订，可先按一定次序和类别排列，再粘在一张同记账凭证大小相同的白纸上，粘贴时以胶水为宜。小票应分张排列，同类同金额的单据尽量粘在一起，同时，在一旁注明张数和合计金额。如果是板状票证（如火车票），可以将票面票底轻轻撕开，厚纸板弃之不用，如图 B6-2 所示。

对于纸张面积略小于记账凭证的原始凭证，可以用回形针或大头针别在记账凭证后面，待装订凭证时，抽去回形针或大头针。

对于纸张面积大于记账凭证的原始凭证，可按记账凭证的面积尺寸，先自右向后，再自下向后两次折叠。注意应把凭证的左上角或左侧面让出来，以便装订后，还可以展开查阅，如图 B6-3 所示。

有的原始凭证不仅面积大，而且数量多，可以单独装订，如工资单、耗料单。但在记账凭证上应注明保管地点。

原始凭证附在记账凭证后的顺序应与记账凭证所记载的内容顺序一致，不应按原始凭证的面积大小来排序。

（4）整理检查凭证顺序号，如有颠倒要重新排列，发现缺号要查明原因。再检查附件有否漏缺，领料单、入库单、工资、奖金发放单是否随附齐全；

（5）记账凭证上有关人员（如财务主管、复核、记账、制单等）的印章是否齐全。

会计凭证经过上述的加工整理之后，就可以装订了。

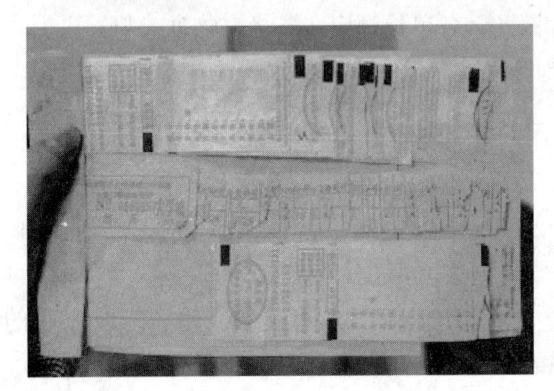

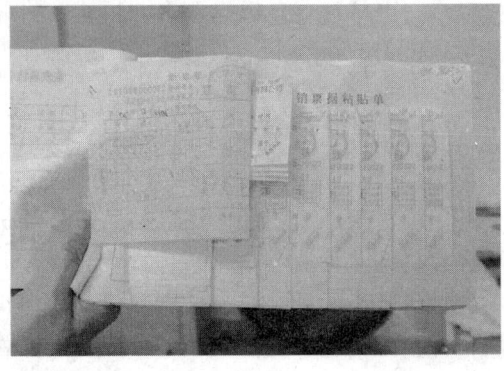

图 B6-2 原始凭证粘贴

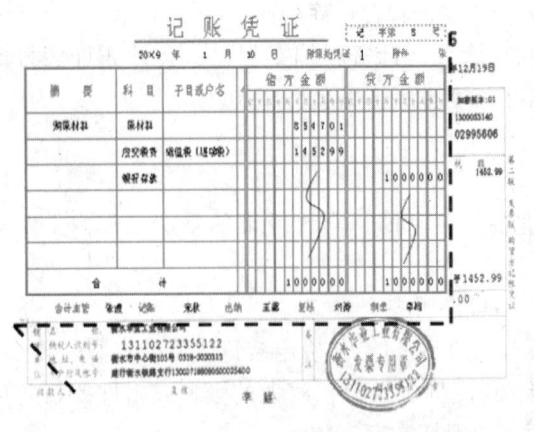

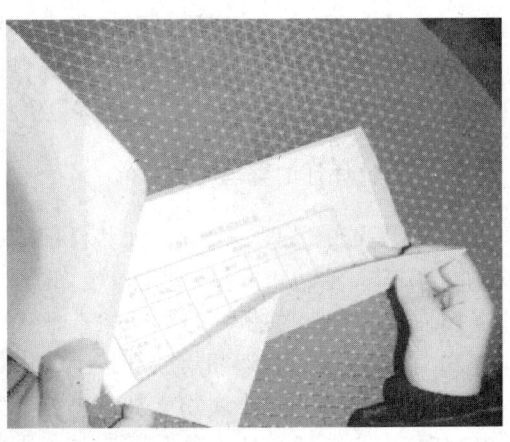

图 B6-3 纸张面积大于记账凭证的原始凭证的折叠

2. 会计凭证的装订。凭证装订是指将整理完毕的会计凭证按照编号顺序，外加封面和封底，装订成册，并在装订线上加贴封签的一系列工作。科目汇总表的工作底稿也可以装订在内，作为科目汇总表的附件。使用计算机的企业，还应将转账凭证清单等装订在内。

会计凭证一般每月装订一次，装订好的凭证按年分月妥善保管归档。装订好的会计凭证厚度通常在1.5cm至2cm之间。

会计凭证的装订程序如下：①将记账凭证按编号顺序码摆放；②将记账凭证汇总表、银行存款余额调节表放在最前面，并放上封面、封底；③选择凭证装订方法；④将装订线印章盖于骑缝处，并在每本封面上填写好凭证种类、起止号码、凭证张数、会计主管人员和装订人员签章。⑤在封面上编好卷号，按编号顺序入柜（以凭证上边向下，左边向外放置，侧脊上面写上"年、月、第几册共几册"的字样也应以此方向书写），并要在显露处标明凭证种类编号，以便于调阅。

会计凭证的装订方法有二孔角订法和侧订法，如图B6-4所示。本书只介绍角订法，具体操作如下：

① 将凭证封皮和封底裁开，分别附在凭证前面和后面，再拿一张质地相同的纸放在封皮上角，做护角纸。

② 在凭证的左上角画一边长为5厘米（一般为凭证宽度的2/5）的等腰三角形（一般包角纸的长度为凭证封面的3/5，具体长度以包角后能盖住装订线，且凭证背面包角纸成完整的近似正方形为准；高度至少与凭证封面相等），用夹子夹住，用装订机在底线上分布均匀地打两个眼儿（孔的位置离凭证邻边距离1.5厘米左右）。

③ 用大针引线绳穿过两个眼儿，如果没有针，可以将回形别针顺直，然后两端折向同一个方向，折向时将线绳夹紧，即可把线引过来，因为一般装订机打出的眼儿是可以穿过的。

④ 在凭证的正面打结，结的位置应靠近一孔，以便将结塞进孔中，保证封面平整。线绳最好把凭证两端也系上。

⑤ 将护角向左上侧面折，并将一侧剪开（注意包侧边的部分）至凭证的左上角，然后抹上胶水。

⑥ 向上折叠，将侧面和背面的线绳扣包住。

⑦ 待晾干后，在凭证本的侧脊上面写上"年、月、第几册共几册"的字样（建议使用号码印）。装订人在装订线封签处签名或者盖章。现金凭证、银行凭证和转账凭证最好依次顺序编号，一个月从头编一次序号，如果单位的凭证少，可以全年顺序编号。

细节：串线的顺序为①从正面上孔向下，线头留长为能接近左侧边；②从正面上侧边绕过后再入上孔；③从背面串入小孔往上引出；④绕过左侧边后再从下孔往正面引线；⑤打结，结位置为上空边缘，剪连针线，留长0.5~1厘米；⑥将线头分别塞入相邻两孔，短线头塞入上孔，长线头塞入下孔，见图B6-4。

3. 装订后注意事项。若采用科目汇总表账务处理程序的，要将科目汇总表装订进去，这样便于不查看账本就能快速查找某笔凭证（科目汇总表的工作底稿也可以装订在内，作为科目汇总表的附件。使用计算机的企业，还应将转账凭证清单等装订在内）。

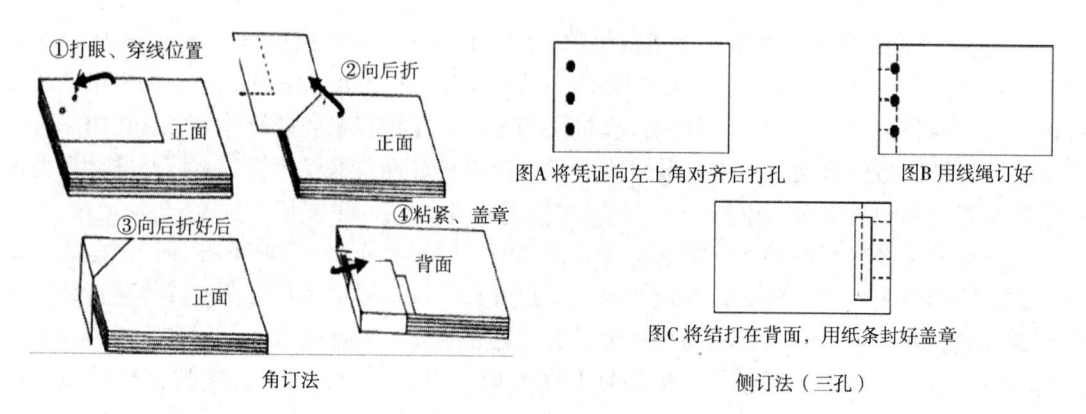

图 B6-4　会计凭证的装订方法

（二）会计账簿的整理与装订

1. 会计账簿的整理。会计账簿的整理立卷比较简单，这是由于会计账簿在形成时，一般都有固定的格式和明确的分类，所以在年终结账、决算后稍加整理，按照账簿的种类按年分别立卷，一本账簿就可以成为一个案卷。

整理时应当注意以下几点：

（1）订本账中的空白页不能拆账去掉，应保持账簿本身的完整性。

（2）活页账可以拆账，会计人员将账中的空白账去掉后可重新组织，并应当在账页的右上角编上页码，加上账簿封面和封底，用脱脂线绳装订成册；有的活页账账页较少，可将科目内容相近的账页按类别排列编号，合并装订成册——年终结账后装订成册。如图 B6-5 所示。

图 B6-5　活页账的整理与装订

（3）会计账簿案卷封面应写明单位名称、内部机构名称、账簿名称、所属年度、卷内张数、保管期限、档号，并由会计机构负责人、立卷人签名或盖章。

（4）跨年度使用的固定资产账簿，应在使用完的那一个年度立卷。

（5）各种会计账簿办理完年度结账后，除跨年使用的账簿外，其他需整理、立卷。

（6）会计账簿在装订前，首先按账簿启用表的使用页数核对各个账户是否相符，各个账户账页数是否齐全，序号排列是否连续。

2. 会计账簿的装订。会计账簿装订时的顺序：会计账簿装订封面；账簿启用表；账户目录；按本账簿页数项顺序装订账页；会计账簿装订封底。会计账簿装订时，应注意以下方面：

（1）活页账簿保留已使用过的账页，去空白页后，将本账页数项填写齐全，撤账夹，用坚固耐磨的纸张做封面、封底，装订成册。多栏式活页账、三栏式活页账、数量金额式活页账等不同规格的活页账不得装订在一起，应按同类业务、同类账页装订在一起。

（2）装订后的会计账簿应牢固、平整、不得有折角、掉页现象。

（3）会计账簿的封口处，应加盖装订印章。

（4）装订后，会计账簿的脊背应平整，并注明所属年度及账簿名称和编号。

（5）封面应齐全、平整，并注明所属年度及账簿名称、编号，会计账簿的编号为一年一编，编号顺序为总账、现金日记账、银行存（借）款日记账、分户明细账。

（6）会计账簿按保管期限分别编制卷号，如现金日记账全年按顺序编制卷号；总账、各类明细账、辅助账全年按顺序编制卷号。

（三）财务报表的整理与装订

月度、季度、年度财务报告应分别装订立卷，一本为一卷。

决算审核意见书、审计报告等应分别附在该期财务报告后一起装订，卷内须逐页顺序编写页码。

财务报告案卷封面应写明单位名称、内部机构名称、报表名称、所属年度、卷内张数、保管期限、档号，并由会计机构负责人、立卷人分别签名或盖章。

（1）会计报表编制完成并按时报送后，留存报表均应按月装订成册。

（2）会计报表装订前整理报表页数，上边和左边对齐压平，防止折角，如有损坏部位应修补后，完整无缺地装订；会计报表应整理平整，防止折角。

（3）会计报表在装订前，应按编报目录核对是否齐全。

（4）会计报表的装订顺序是：会计报表封面；会计报表编制说明；各种会计报表按会计报表的编号顺序排列；会计报表封底。如图B6-6所示。

（5）按保管期限编制卷号。

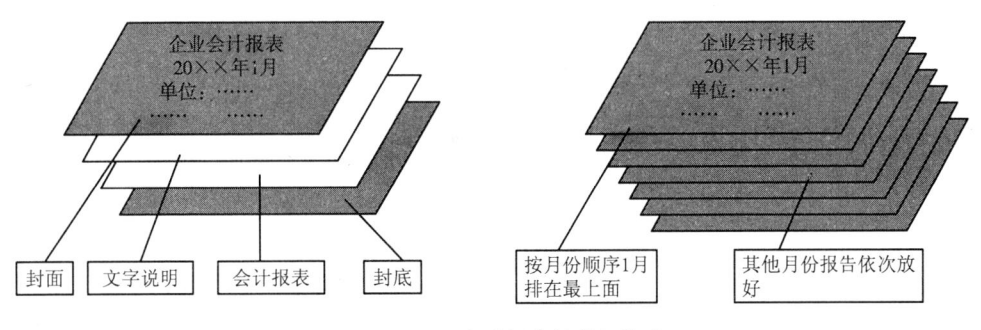

图 B6-6　会计报表的装订顺序

（四）其他类会计档案的整理与装订

其他类会计档案是指与会计核算、会计监督密切相关，由会计部门负责办理的有关数据资料。但不包括生产计划书、企业财务计划、财务制度、企业生产经营报告、企业的生产、经营、劳动合同、政策法规、计划总结、请示批复、工资年报、职工工资、奖金及各种福利审批名册、养老保险缴纳名册、调整、新增审批表、职工聘用、转正等审批表、协议书、事业统计报表、清产核资材料、上级指标文件。

各单位会计机构、会计人员对其他类会计档案要认真收集、审查、核对,并分别进行整理立卷。会计移交清册,会计档案保管清册,会计档案销毁清册应单独装订立卷,单独编制卷号。

会计档案案卷后应附备考表。卷内若有需要说明的情况和问题,可在备考表上说明。

各单位应将整理立卷的会计档案分别装入卷盒(视其厚度,一个盒子可装一卷或数卷),卷盒形式要统一、整齐、美观。

任务二　保管和使用会计档案

【工作任务】

各会计单位每年对本年度形成的会计资料整理立卷、装订成册后,按照会计档案管理的规定进行保管和使用。

【相关知识】

装订成册的会计凭证、会计账簿、财务会计报告等会计档案按年分月顺序排列,并指定专人保管,但出纳不得兼管会计档案。年度终了后,可暂由财会部门保管一年,期满后,编造清册移交本单位的档案部门保管。

各单位档案部门要建立会计档案定期检查制度,发现可疑情况和发生意外事故,要及时向单位领导和上级主管部门汇报。

财务会计部门在将会计档案移交本单位档案部门时,应按下列程序进行:
① 开列清册,填写交接清单;
② 在账簿使用日期栏填写移交日期;
③ 交接人员按移交清册和交接清单项目核查无误后签章。

一、会计档案的保管

(一)会计档案的保管要求

各单位对会计档案必须进行科学管理,做到妥善保管、存放有序、便于查找。同时,严格执行安全和保密制度,严防毁损、散失和泄密。对电算化会计档案管理要做好防磁、防火、防潮和防尘工作,重要会计资料应准备双份,存放在两个不同地点。采用磁性介质保存会计档案,要定期检查,定期进行复制,防止由于磁性介质损坏,而使会计档案丢失。会计档案保管应做好以下要求:

（1）会计档案室应选择在干燥防水的地方，并远离易燃品堆放地，周围应备有相应的防火器材。

（2）采用透明塑料膜作防尘罩、防尘布，遮盖所有档案架和堵塞鼠洞。

（3）会计档案室内应经常用消毒药剂喷洒，经常保持清洁卫生，以防虫蛀。

（4）会计档案室保持通风透光，并有适当的空间、通道和查阅地方，以利查阅，并防止潮湿。

（5）设置归档登记簿、档案目录登记簿、档案借阅登记簿，严防毁坏损失、散失和泄密。

（6）会计电算化档案保管要注意防盗、防磁等安全措施。

（二）会计档案保管期限

会计档案保管期限指会计档案的最低保管期限，从会计年度终了后的第1天算起（1月1日）。各种会计档案的保管期限，根据其特点分为永久和定期两类。凡是在立档单位会计核算中形成的，记述和反映会计核算的，对工作总结、查考和研究经济活动具有长远利用价值的会计档案，应永久保存。永久保管的会计档案在50年以上。定期保管的会计档案分25年、20年、15年、10年、5年等几个层次。就企业会计而言，国家规定的会计档案保管期限为：

（1）会计凭证保管期限为15年，其中，涉及外事和重大事项的会计凭证为永久保管。

（2）会计账簿保管期限为：一般日记账15年，现金和银行存款日记账为25年，明细账和总账为15年，固定资产卡片在固定资产报废清理后保存5年，辅助账簿15年，涉外和重大事项会计账簿为永久保存。

（3）会计报表保管期限为：年度会计报表永久保管，月、季度会计报表保管5年。

（4）其他类保管期限为：会计移交清单保管15年，会计档案保管清册和销毁清单保管25年。

通用会计软件、定点开发会计软件、通用与定点开发相结合会计软件的全套文档资料以及会计软件程序，视同会计档案保管，保管期截至该软件停止使用或重大更改之后5年。会计档案保管期限如表B6-1所示。

表B6-1　　　　　　　　　　会计档案保管期限表

序号	档案名称	保管期限	备注
一	会计凭证类		
1	原始凭证	15年	
2	记账凭证	15年	
3	汇总凭证	15年	
二	会计账簿类		
4	总账	15	包括日记总账

续表

序号	档案名称	保管期限	备注
5	明细账	15	
6	日记账	15 年	现金和银行存款日记账保管 25 年
7	固定资产卡片	固定资产报废清理后保管 5 年	
8	辅助账簿	15 年	
三	财务报告类		包括各级主管部门汇总财务报告
9	月、季度财务报告	3 年	包括文字分析
10	年度财务报告（决算）	永久	包括文字分析
四	其他类		
11	会计移交清册	15 年	
12	会计档案保管清册	永久	
13	会计档案销毁清册	永久	
14	银行余额调节表	5 年	
15	银行对账单	5 年	

二、会计档案的查阅和复制

各单位应当建立健全会计档案查阅、复制、登记制度。各单位保管的会计档案，可以为本单位和外单位提供利用。具体规定如下：

（1）会计档案在财会部门管理的，除填写"会计档案案卷目录"以外，还应分别建立会计档案清册和借阅登记清册，即应将历年的会计档案的内容、保管期限、存放地点等情况登记清楚。使用会计档案借阅登记清册即将借阅人姓名、单位、日期、数量、内容、归期等情况登记清楚。

（2）外单位借阅会计档案时，应持有单位正式介绍信，经会计主管人员或单位领导人批准后，方可办理借阅手续。在向外单位提供利用时，原始凭证不得外借，其他单位如因特殊原因需要使用原始凭证时，经本单位会计机构负责人、会计主管人员批准，可以复制，避免抽出原凭证。向外单位提供的原始凭证复制件，应当专设登记簿登记，说明所复制的会计凭证名称、张数，并由提供人员和收取人员共同签名或者盖章。

（3）单位内部人员借阅会计档案，应经会计主管人员或单位领导人批准后，办理借阅手续。

（4）借阅会计档案人员，不得在案卷中标画，不得拆散原卷册，更不得抽换。

（5）借阅会计档案人员，不得将会计档案携带出外，特殊情况，须经单位领导批准。需要复制会计档案的，也应经单位领导人批准后才能进行复制。

（6）经批准借阅会计档案，应限定期限，并由会计档案管理人员按期收回。

三、移交

撤销、合并单位的会计档案,应随同单位的全部档案移交给指定单位,并按规定办理交接手续。单位合并后原各单位解散或一方存续其他方解散的,原各单位的会计档案应当由合并后的单位统一保管。单位因撤销、解散、破产或者其他原因而终止的,在终止和办理注销登记手续之前形成的会计档案,应当由终止单位的业务主管部门或财产所有者代管或移交有关档案馆代管。法律、行政法规另有规定的,从其规定。

交接会计档案时,交接双方应当按照会计档案移交清册所列内容逐项交接,并由交接双方的单位负责人负责监交。交接完毕后,填写会计档案移交清册,其格式如表B6-2所示。移交本单位档案机构保管的会计档案,原则上应当保持原卷册的封装。个别需要拆封重新整理的,档案机构应当会同会计机构和经办人员共同拆封整理,以分清责任。

表 B6-2　　　　　　　　　　　会计档案移交清册

年度	会计凭证（卷）	会计账簿（卷）		财务报告（卷）	工资册（卷）	其他（卷）
		25年	15年			
2011	22	5	5	5		
2012	30	5	6	3		1
总计	52	10	11	8		1

移交单位：（盖章）　　　　　　　　　　　　　　　　　　　　接收单位：（盖章）
移交人：　　　　　　　　　　　　　　　　　　　　　　　　　接收人：
单位领导：

　　　　　　　　　　　　　　　　　　　　　　　　　　　　　年　　月　　日

四、销毁

会计档案的销毁是会计档案管理的重要内容,必须严格、规范、有序进行。根据《会计档案管理办法》的规定,会计档案保管期满需要销毁的,除特殊规定外,可以按照程序予以销毁。

（一）会计档案的销毁程序和办法

会计档案保管期满需要销毁的,可以按以下程序办法进行。

(1) 由本单位档案机构会同会计机构提出销毁意见,共同鉴定和审查,提出销毁意见,编制会计档案销毁清册，并列明销毁会计档案的名称、卷号、册数、起止年度和档案编号、应保管期限、已保管期限、销毁时间等内容。

（2）单位负责人在会计档案销毁清册上签署意见。

（3）销毁前监销人员应对销毁的会计档案按照会计档案销毁清册所列内容进行清点校对。

（4）销毁会计档案时，应当由单位档案机构和会计机构共同派员监销。①一般企事业单位销毁会计档案时，应由单位档案机构和会计机构共同派员监销。②国家机关的会计档案，应由同级财政、审计部门派员监销。

（5）监销人在销毁会计档案前，应当按照会计档案销毁清册所列内容清点核对所要销毁的会计档案；销毁后，应当在会计档案销毁清册上签名盖章，注明"已销毁"字样和销毁日期，同时将监销情况写出书面报告（一式两份），一份报告本单位负责人，另一份归入档案备查。

（二）保管期满但不得销毁的会计档案

有些会计档案虽然保管期满但仍不得销毁。

（1）对于保管期满但未结清的债权债务原始凭证和涉及其他未了事项的原始凭证，不得销毁，应单独抽出立卷，由档案部门保管到未了事项完结时为止。单独抽出立卷的会计档案应当在会计档案销毁清册和会计档案保管清册中列明。

（2）正在建设期间的建设单位的会计档案，不论是否已满保管期限，一律不得销毁，必须妥善保管，待项目办理竣工决算后，按规定的交接手续交给接收单位。

巩固与训练

一、单项选择题

1. 国家机关销毁会计档案时，应由（　　）派员参加监销。
   A. 同级财政部门　　　　　　　　B. 同级财政部门和审计部门
   C. 同级审计部门　　　　　　　　D. 上级财政部门和审计部门

2. 原始凭证和记账凭证的保管期限为（　　）年。
   A. 3 年　　　　　　　　　　　　B. 5 年
   C. 10 年　　　　　　　　　　　 D. 15 年

3. 当年形成的会计档案在会计年度结束以后，可暂由会计机构保管（　　）。
   A. 半年　　　　　　　　　　　　B. 1 年
   C. 2 年　　　　　　　　　　　　D. 5 年

4. 各种会计档案的保管期限，根据其特点分为永久、定期两类。定期保管期限分为（　　）。
   A. 1 年、3 年、5 年、10 年、25 年 5 种
   B. 3 年、5 年、10 年、15 年、20 年 5 种
   C. 3 年、5 年、10 年、15 年、25 年 5 种
   D. 1 年、5 年、10 年、15 年、20 年 5 种

5. 会计档案其他类是指与会计核算、会计监督密切相关，由会计部门负责办理的有关

数据资料，不包括（　　）。

　　A. 银行对账单　　　　　　　　B. 存储在磁性介质上的会计数据

　　C. 财务数据统计资料　　　　　D. 生产计划书

6. 某企业 2006 年 8 月 14 日收到其开户银行的银行对账单，按规定应保存至（　　）。

　　A. 2011 年 12 月 31 日　　　　B. 2016 年 12 月 31 日

　　C. 2011 年 3 月 4 日　　　　　D. 企业清算完毕

7. 需要永久保存的会计档案是（　　）。

　　A. 现金日记账　　　　　　　　B. 原始凭证

　　C. 会计档案保管清册　　　　　D. 银行对账单

8. 保管期限为 25 年的会计档案是（　　）。

　　A. 各类会计凭证和会计账簿　　B. 银行存款余额调节表和银行对账单

　　C. 现金、银行存款及税收日记账　D. 月度和季度财务会计报告

9. 下列说法正确的是（　　）。

　　A. 会计档案销毁清册需要保管 15 年　　B. 银行存款余额调节表需要保管 5 年

　　C. 固定资产卡片账应保管 15 年　　　　D. 现金日记账需要保管 15 年

10. 以下内容不属于会计档案的是（　　）。

　　A. 银行存款日记账　　　　　　B. 总账

　　C. 购销合同　　　　　　　　　D. 购货发票

11. 各单位每年形成的会计档案，都应由本单位（　　）负责整理立卷，装订成册，编制会计档案保管清册。

　　A. 档案部门　　　　　　　　　B. 财务会计部门

　　C. 人事部门　　　　　　　　　D. 指定专人

12. 下列会计档案中需要保管 15 年的是（　　）。

　　A. 月、季度财务报告　　　　　B. 明细账

　　C. 会计档案保管清册　　　　　D. 银行对账单

13. 下列资料中，属于会计档案的是（　　）。

　　A. 企业财务计划　　　　　　　B. 企业生产经营报告

　　C. 企业财务会计报告　　　　　D. 企业的生产、经营、劳动合同

14. 下列会计档案中，不需要永久保存的是（　　）。

　　A. 会计档案销毁清册　　　　　B. 辅助账簿

　　C. 年度财务报告　　　　　　　D. 会计档案保管清册

15. 一般企事业单位会计档案保管期满需要销毁时应由（　　）监销。

　　A. 档案部门派员　　　　　　　B. 会计机构派员

　　C. 审计机构派员　　　　　　　D. 单位档案机构和会计机构共同派员

二、多项选择题

1. 会计档案的内容包括（　　）。

　　A. 会计凭证类　　　　　　　　B. 会计账簿类

　　C. 财务报告类　　　　　　　　D. 其他会计核算资料

2. 关于会计档案的销毁，下列说法正确的有（　　）。

A. 应当由本单位财务会计部门提出销毁意见
B. 应当编制会计档案销毁清册
C. 单位负责人应在销毁清册上签署意见
D. 应当由单位档案机构和会计机构共同派员监销

3. 下列有关会计档案查阅的表述中，正确的有（　　）。
   A. 会计档案可以借出
   B. 外部人员查阅会计档案需持有单位正式介绍信
   C. 单位内部人员查阅会计档案，应经会计主管人员或单位负责人批准
   D. 查阅人员可以自行拆散原卷册

4. 按照《会计档案管理办法》的规定，下列说法中正确的有（　　）。
   A. 会计档案的保管期限分为3年、5年、10年、15年、25年5类
   B. 正在建设期间的建设单位，其会计档案不论是否已满保管期限，一律不得销毁
   C. 固定资产卡片于固定资产报废清理后保管5年
   D. 会计档案为本单位提供查阅利用，不得借出，如有特殊需要，经本单位负责人批准，可以提供查阅或复制

5. 下列关于会计档案管理的说法中正确的有（　　）。
   A. 出纳人员不得兼管会计档案
   B. 会计档案的保管期限，从会计档案形成后的第一天算起
   C. 单位负责人应在会计档案销毁清册上签署意见
   D. 采用电子计算机进行会计核算的单位，应保存打印出的纸质会计档案

6. 下列属于会计档案的内容的有（　　）。
   A. 记账凭证　　　　　　　　B. 明细分类账
   C. 会计报表　　　　　　　　D. 银行存款余额调节表

7. 下列选项中，符合《会计档案管理办法》管理规定的有（　　）。
   A. 单位会计档案经本单位会计机构负责人批准后可以对外提供查询
   B. 单位会计档案销毁须经单位负责人批准
   C. 保管期满但未结清债权债务的原始凭证，不得销毁
   D. 正在项目建设期间的建设单位，其保管期满的会计档案不得销毁

8. 对档案机构保管的会计档案，需要拆封重新整理的，应由（　　）同时参与，以分清责任。
   A. 原财务会计部门　　　　　B. 经办人
   C. 本单位档案机构　　　　　D. 单位业务部门

9. 会计档案中的定期档案的保管期限有（　　）。
   A. 5年　　　　　　　　　　B. 10年
   C. 15年　　　　　　　　　 D. 20年

10. 企业的下列会计档案中，保管期限为15年的应有（　　）。
    A. 固定资产总账　　　　　　B. 库存商品明细账
    C. 现金日记账　　　　　　　D. 长期股权投资总账

11. 《会计档案管理办法》规定了我国（　　）等的会计档案的保管期限。

A. 企业 B. 其他组织
C. 行政、事业单位 D. 家庭

12. 下列会计档案中，需要永久保存的有（　　）。
　　A. 汇总凭证 B. 辅助账簿
　　C. 年度财务报告 D. 会计档案销毁清册

三、判断题

1. 财务报告类会计档案具体包括：月度、季度、年度财务报告、会计报表、附表、附注及文字说明，其他财务报告。（　）
2. 采用电子计算机进行会计核算的单位，只能保存磁性介质的会计档案，不能保存打印出的纸质会计档案。（　）
3. 查阅或者复制会计档案的人员，可根据需要对会计档案进行拆封。（　）
4. 单位合并后原各单位解散或一方存续其他方解散的，原各单位的会计档案应当由合并后的单位统一保管。（　）
5. 单位因撤销、解散、破产或者其他原因而终止的，在终止和办理注销登记手续之前形成的会计档案，应当由终止单位的业务主管部门或财产所有者代管或移交有关档案馆代管。（　）
6. 单位之间交接会计档案的，交接双方应当办理会计档案交接手续。移交会计档案的单位，应当编制会计档案移交清册。（　）
7. 各级人民政府财政部门不得参与会计档案工作的指导、监督和检查。（　）
8. 会计档案的保管期限分为永久、定期两类。（　）
9. 会计档案是各单位档案的重要种类之一，也是国家全部档案的重要组成部分。（　）
10. 对于保管期满的会计档案可以直接销毁。（　）
11. 会计凭证组卷时需要填写凭证封面，如单位名称、起止时间、凭证编号、起止号码、页数、经办人、会计主管及档号等。（　）
12. 会计移交清册、会计档案保管清册和会计档案销毁清册要永久保管。（　）
13. 会计账簿组卷时，订本式账簿中的空白页需要拆除。（　）
14. 未设立档案管理机构的企业，应在会计机构内指定会计记账人员或出纳人员保管会计档案。（　）
15. 销毁会计档案时，应当由档案机构和会计机构共同派员监销，单位负责人不需要在会计档案销毁清册上签署意见。（　）
16. 总账、明细账和日记账是会计档案，固定资产卡片和辅助账簿不是会计档案。（　）
17. 按规定应当建账的个体工商户也应当遵循《会计档案管理办法》的规定，管理会计档案。（　）
18. 所有单位的会计账簿类会计档案其保管期限均为15年。（　）
19. 对于保管期满但未结清的债权债务原始凭证和涉及其他未了事项的原始凭证，不得销毁，应单独抽出立卷，由档案部门保管到未了事项完结时为止。（　）
20. 外单位人员查询会计档案，要有正式介绍信，经单位领导批准。（　）

实训耗材清单

一、会计凭证

1. 收款凭证 6 张
2. 付款凭证 21 张
3. 转账凭证 25 张

二、会计账页

1. 总账 32 页
2. 库存现金日记账 1 页
3. 银行存款日记账 1 页
4. 三栏式明细账 26 页
5. 数量金额明细账 6 页
6. 多栏式明细账 7 页
7. 增值税明细账 2 页
8. 固定资产项目明细账 6 页

三、表

1. 科目汇总表 3 张
2. 试算平衡表 1 张
3. 银行存款余额调节表 1 张
4. 资产负债表 1 张
5. 利润表 1 张

四、其他

1. 会计凭证封面 1 张
2. 档案袋 1 个

参考文献

[1] 财政部会计资格评价中心. 初级会计实务 [M]. 北京：中国财政经济出版社，2013

[2] 会计从业资格考试辅导教材编写组. 会计基础 [M]. 北京：中国财政经济出版社，2012

[3] 张秀霞，谢咏梅. 基础会计 [M]. 北京：中国人民大学出版社，2011

[4] 杨桂洁，张春杨. 会计基础与实务 [M]. 北京：人民邮电出版社，2012

[5] 刘毅. 基础会计 [M]. 北京：中国传媒大学出版社，2010

[6] 中华人民共和国财政部. 企业会计准则 [M]. 北京：中国财政经济出版社，2006

[7] 赵红英. 会计基础与实务 [M]. 北京：经济科学出版社，2010

[8] 姜大源. "学习领域"——工作过程导向的课程模式 [J]. 职教论坛，2004. 8

[9] 姜大源. 职业教育学研究新论 [M]. 北京：教育科学出版社，2007

ESP

全国高职高专人才培养规划教材
财政部推荐规划教材

会计基础与实训

KuaiJi JiChu Yu ShiXun

丛书策划：广东道锋文化发展有限公司
责任编辑：王东萍
装帧设计：黄细红
封面设计：王　坦
ISBN 978-7-5141-3707-1
定价：39.80元